《菩薩地持經》與《菩薩善戒經》詞彙比較研究

曾昱夫 著

臺灣學生書局印行

《菩薩地持經》與《菩薩善戒經》詞彙比較研究

目　次

表目次

第一章　緒　論

在佛教研究領域裡，以漢語系文字書寫而成的漢譯佛典，大量且豐富，是佛教研究不可或缺的重要資源。除了以宗教、哲學、文學等面向作為探論之外，現今學者也都普遍能夠重視佛經在語言學方面的研究價值，從而發展出「佛經語言學」的研究領域。對於「佛經語言學」，竺家寧（2005）曾經作過如下的定義：

> 所謂「佛經語言學」，也就是弄清楚古代佛經裡面所說的話，包括東漢以後所有翻譯為中文的佛教經典，也包括唐、宋、元、明各代本國和尚所撰寫的禪宗語錄。「佛經語言學」就是要把裡面的語言現象弄得清清楚楚，這樣不但能幫助讀者克服讀經時的語言障礙，更可以作為探索古代漢語的重要憑藉。[1]

因此，從語言學的角度切入，對佛經文獻進行研究與分析，不僅可以讓我們更加了解佛經語言的面貌，正確理解佛經的經義，達到通讀佛經的目的，同時也可以透過佛經語料所反映出來的語言現象，

1　竺家寧：〈認識佛經的一條新途徑——談談「佛經語言學」〉，《佛經語言初探・序》（臺北：橡樹林文化出版，2005 年），頁 13。

掌握漢語歷史變遷的過程。

第一節　研究背景及目的

談及佛經語言的研究，辛嶋靜志（2002）認為必需具備兩種研究視角：一是將漢譯佛典裡的詞彙、語法與外典中的用法作比較；二是就漢譯佛典中不同譯者的異譯，或是與梵語、巴利語、藏語的經典進行比對，他說：

> 如果我們帶著這兩個視點認真精讀漢譯佛典，它們就會超越千年星霜，呈現出本來的生動面貌。此時，難解、無味的幾百部古譯佛經就會變成為研究中古漢語史、印度佛教史的珍貴材料。[2]

其中關於不同譯者的異譯，或稱為「重譯經」，或稱為「同經異譯」。就其所翻譯的佛經內容來看，又可劃分為：原典相同，而譯者、譯時、譯地不同的「同本重譯類」；經師為求宣教的需求，僅抽譯大部經典中的一經或數經的「總集重譯類」；以及只摘要譯出某部原典，或節譯某部原典片段的「殘本重譯類」等三種類別。[3]

2　（日）辛嶋靜志：〈《道行般若經》和「異譯」的對比研究——《道行般若經》中的難詞〉，朱慶之編《佛教漢語研究》（北京：商務印書館，2009 年），頁 319-320。（原載《漢語史研究集刊（第五輯）》，成都：巴蜀書社，2002 年）

3　王文顏：《佛典重譯經研究與考錄》（臺北：文史哲出版社，1993 年），頁 55。

由於譯者不同，或者翻譯年代的差異，因此往往可藉由重譯經觀察漢語語言歷史的變化，正如朱慶之（1992）云：

> 節譯本和異譯本的價值在於，節譯本與全本、異譯本與初譯本都有共同的來源……可是譯出的年代不同，譯者不同，語言就會帶上各自時代的特徵和個人言語特徵。如果把它們放在一起加以比勘，不但能夠幫助確定某些疑難詞語的含義，而且可以從中發現語言演變的軌跡。[4]

除此之外，透過重譯經的比對，還能提供辨偽、校勘及社會文化等相關方面的知識，如汪禕（2005）談到：

> 同經異譯詞彙比較研究的價值在於，通過比較不同時代不同譯者內容上有所關聯的譯經，可以反映出某些詞語隨時代演變的軌迹；可以歸納出個人譯經的用詞特點，作為辨識疑偽經、失譯經的標準；可以提供確定某些疑難詞語含義的線索；可以進行異譯經之間的互校。……還可以使我們發現詞彙所體現出來的中印文化背景、社會習俗、思維方式的差異性或互通性，啟發我們全面深入的去分析探察佛經語言，更深刻的理解佛經語言。[5]

4　朱慶之：《佛典與中古漢語詞彙研究》（臺北：文津出版社，1992年），頁 40-41。

5　汪禕：《中古同經異譯佛典詞彙比較研究——以竺法護和鳩摩羅什譯經為例》（南京：南京師範大學漢語言文字學碩士學位論文，2005 年），頁3。

可見得重譯經的研究，在佛經語言學領域中，具有諸多方面的功效與價值。不過，在做同經異譯的比對研究時，學者做得比較多的，多半都是從歷時演變的角度進行觀察與探論，較少將研究的視角放在共時地域的比對上。之所以如此，可能是與重譯經的性質有關。因為由不同時代的譯者對於同一部佛教經典的重新翻譯，本就可能存在著時代用語的差別，故多半較能反映出歷時的變化。因此從不同時代的語料，觀察詞彙的發展與演變，相對於地域性區別的分析，就成為比較容易的作法。然而語言的變異，不會只有歷時的因素，它同時還有空間因素的影響，存在著地域分布的差異，一如顏之推《顏氏家訓・音辭篇》所云：

> 南方水土和柔，其音清舉而切詣，失在浮淺，其辭多鄙俗。北方山川深厚，其音沈濁而鈋鈍，得其質直，其辭多古語。……易服而與之談，南方士庶，數言可辯；隔垣而聽其語，北方朝野，終日難分。而南染吳、越，北雜夷虜，皆有深弊，不可具論。[6]

因此，除了歷時的觀照以外，我們也應該努力去發掘、累積能夠用以分析、證明地域性差異的佛經語料，使我們對佛經語言的內涵，或是漢語史的研究，能夠有更為全面的掌握與了解。

在漢譯佛經中，《菩薩地持經》（以下簡稱《地持經》）與《菩薩善戒經》（以下簡稱《善戒經》）是屬於大乘戒法中的兩部

---

6 王利器：《顏氏家訓集解（增補本）》（北京：中華書局，1993 年（1996 年重印）），頁 529-530。

重要經典，內容同樣歸屬於瑜伽行派〈菩薩地〉修行「菩薩道」，追求無上正等正覺的實踐過程。《地持經》為北涼曇無讖於玄始三年（414 A.D.）至玄始十五年（426 A.D.）間，在姑臧譯出的佛經，[7]是大乘戒法在北方譯出的重要經典。《善戒經》則是劉宋求那跋摩約於元嘉八年（431 A.D.）在建業所翻譯的佛經，[8]為大乘戒法南傳之始。[9]由於兩部經所談內容相同，翻譯年代相近，且在地域分布上，一經譯出於北方姑臧，一經則譯於南方建業。因此，兩部佛經「品名多同，製辭各異」的內容，將可提供我們做為比對、分析的語料，藉以觀察、探論南北朝時期是否存在著地域性用語南北殊異的現象。基於上述這些理由，本書即以《地持經》與《善戒經》作為研究的對象，探論兩部譯經在翻譯詞彙使用上的異同，並進而論述其與南北朝時期，南、北地域語言現象之間的關聯性。

第二節　前人研究成果概述

本節敘述前輩時賢的研究成果，大致上從兩個方向來談：一是有關佛經同經譯異的研究；二是關於中古漢語南北地域差異的探索。除了這兩個視角的觀察以外，在這一小節裡，也同時就語料性

7　劉美琴：《初期瑜伽行派於佛陀觀的發展——以《瑜伽師地論・菩薩地・菩提品》為中心之考察》（臺南：成功大學中國文學研究所碩士論文，2006年），頁16。

8　同上注，頁18。

9　湯用彤：《漢魏兩晉南北朝佛教史（上冊）》（臺北：臺灣商務印書館，1938年（1998年重印）），頁399。

質在詞彙比較上的優缺點，進行簡要的論述。

一、同經異譯的研究

早期重譯經典的研究，多是著重佛學取向的考量，如三國時期，吳支謙利用會譯之法，對勘《微密持經》、《阿難陀目佉尼呵離陀隣尼經》與《佛說總持經》三部經典，而以《陀隣尼經》為正文，其餘二經附列注文。[10]湯用彤（1938）說道：

> 支恭明曾重譯《般若小品》，校改支讖之《首楞嚴經》及維祇難之《法句經》，彼蓋深重經典文字之出入，故有會譯之作。會譯者，蓋始於集引眾經，比校其文，以明其義也。[11]

可知會譯之法，目的在於「比校其文，以明其義」，乃是以佛經經義的詮釋與理解為中心的探索。支謙之後，東晉道安著《合放光光讚隨略解》，支愍度著《合維摩詰經》、《合首楞嚴經》等，也都是屬於相同研究方式的合本之法，所重皆在經義的掌握。

其後梁啟超在〈翻譯文學與佛典〉一文裡提及：「欲察譯學之進步，莫如將同本異譯之書為比較之研究。」[12]並舉《大般若經》之第四分（《小品般若》）為例，列舉五種漢譯版本，比較譯文的差異，以及譯者翻譯風格的不同，將同經異譯的分析導入了現代翻譯學研究領域當中。只是該文雖亦論及詞彙、語法之比較，但主要

---

10 同上注，頁 131-132。

11 同上注，頁 132-133。

12 梁啟超：〈翻譯文學與佛典〉，《佛學研究十八篇》（上海：上海古籍出版社，2001 年），頁 188。

關注的焦點，還是放在「翻譯」與「文學」之間相互影響的關聯上，而非漢語史的研究。[13]

較早利用重譯經的分析為漢語史進行論述的，要以胡湘榮（1993）[14]與胡湘榮（1994）[15]的研究為代表。如胡湘榮（1994）利用支謙翻譯的《維摩詰經》和鳩摩羅什翻譯的《維摩詰所說經》，以及竺法護所譯《正法華經》、《持心梵天所問經》、《等集眾德三昧經》、《持人菩薩經》跟鳩摩羅什譯《妙法蓮華經》、《思益梵天所問經》、《集一切福德三昧經》、《持世經》等五組舊譯、新譯的重譯經典作為比較分析的對象，列舉舊譯、新譯對應出現的詞語，以及只出現在舊譯而不見於新譯，或只出現在新譯而不見於舊譯的詞語若干，藉以觀察詞彙消亡、替代的發展過程。

在胡氏之後，朱慶之（2000）[16]與朱慶之（2001）[17]同樣以竺法護《正法華經》及鳩摩羅什《妙法蓮華經》為對象，再加上梵本

---

13 汪禕：《中古同經異譯佛典詞彙比較研究——以竺法護和鳩摩羅什譯經為例》（南京：南京師範大學漢語言文字學碩士學位論文，2005 年），頁 5。

14 胡湘榮：〈從鳩摩羅什的佛經重譯本與原譯譯本的對比看系詞「是」的發展〉，朱慶之編《佛教漢語研究》（北京：商務印書館，2009 年），頁 336-347。（原載《湖南師範大學學報》第 3 期，1993 年。）

15 胡湘榮：〈鳩摩羅什同支謙、竺法護譯經中語詞的比較〉，《古漢語研究》第 2 期，1994 年，頁 75-79（含頁 21）。又〈鳩摩羅什同支謙、竺法護譯經中語詞的比較（續）〉，《古漢語研究》第 3 期，1994 年，頁 82-86。

16 朱慶之：〈梵漢《法華經》中的「偈」「頌」和「偈頌」（一）〉，《漢語史研究集刊（第三輯）》（成都：巴蜀書社，2000 年），頁 176-192。

17 朱慶之：〈梵漢《法華經》中的「偈」「頌」和「偈頌」（二）〉，《漢語史研究集刊（第四輯）》（成都：巴蜀書社，2001 年），頁 328-344。

經文作為比對。辛嶋靜志（2001）[18]及辛嶋靜志（2002）[19]則以東漢支讖所譯的《道行般若經》與其梵本、異譯本[20]進行比較。他們所分析的語料，除了梵、漢對比以外，也都以漢文異譯經典作為分析的基本依據。辛嶋靜志（2001）在文中還特別強調了透過梵、漢及同經異譯的分析，對掌握佛經詞語意義的重要性，以及可藉以得知語法、詞彙、音韻發展演變的情況。之後，辛嶋靜志（2011）[21]除了用相同的幾種般若經典作為依據外，還加上了《九色鹿經》的幾種不同版本資料，討論用字、讀法上的差異，說明版本比對裡所存在的詞語置換現象，在中古漢語的語言變遷方面具有重要的研究價值。其餘如胡敕瑞（2004）[22]、王玥雯（2006）[23]、江傲霜

---

18 （日）辛嶋靜志：〈《道行般若經》和「異譯」的對比研究——《道行般若經》與異譯及梵本對比研究〉，《漢語史研究集刊（第四輯）》（成都：巴蜀書社，2001 年），頁 313-327。

19 （日）辛嶋靜志：〈《道行般若經》和「異譯」的對比研究——《道行般若經》中的難詞〉，朱慶之編《佛教漢語研究》（北京：商務印書館，2009 年），頁 319-320。（原載《漢語史研究集刊（第五輯）》，成都：巴蜀書社，2002 年）。

20 異譯本的部分包含：吳支謙譯《大明度經》、西晉竺佛念譯《摩訶般若鈔經》、後秦鳩摩羅什譯《小品般若波羅蜜經》、唐玄奘譯《大般若波羅蜜經》第四會與第五會、北宋施護譯《佛母出生三法藏般若波羅蜜多經》等經典。

21 （日）辛嶋靜志：〈利用「翻版」研究中古漢語演變：以《道行般若經》「異譯」與《九色鹿經》為例〉，《中正大學中文學術年刊》第 2 期，2011 年，頁 165-188。

22 胡敕瑞：〈略論漢文佛典異譯在漢語詞彙研究上的價值——以「小品般若」漢文異譯為例〉，《古漢語研究》第 3 期，2004 年，頁 80-85。

23 王玥雯：〈三部《維摩詰經》疑問詞比較研究〉，《長江學術》第 3 期，2006 年，頁 170-173。

（2006）[24]、江傲霜（2007）[25]、陳源源（2008）[26]、李建生（2008）[27]、程曉朝（2012）[28]等，也都分別利用了不同的異譯經典，對漢語詞彙、語法的發展與演變作出了相關的論述。

除了專就詞彙、語法進行分析以外，有些學者則是利用異譯經典進行對勘，探討佛經經文中「誤字」、「脫字」、「倒文」與「衍文」等版本用字的問題，如胡敕瑞（2004）[29]、陳祥明（2007）[30]等。或是藉由同經異譯討論譯者翻譯理論與風格差異的現象，如高婉瑜（2009）[31]從名詞翻譯的詞彙分析與異譯本共同段落的比較兩個角度切入，探索鳩摩羅什與玄奘譯本在詞彙翻譯與篇章風格上的差異，指出鳩摩羅什的翻譯傾向於 free translation，因此具有「簡潔」的風格；而玄奘本的翻譯則較傾向 literal

---

24 江傲霜：〈從《維摩詰經》管窺同經異譯在詞彙發展中的重要地位〉，《上饒師範學院學報》第 2 期，2006 年，頁 94-97。

25 江傲霜：〈同經異譯的《維摩詰經》及其對漢語詞彙發展的貢獻〉，《海南大學學報（人文社會科學版）》第 2 期，2007 年，頁 192-197。

26 陳源源：〈同經異譯佛經人名管窺——以《法華經》異譯三經為例〉，《西南交通大學學報（社會科學版）》第 3 期，2008 年，頁 22-26。

27 李建生：〈兩部《維摩詰經》「云何」歷時研究〉，《湖北廣播電視大學學報》第 2 期，2008 年，頁 93-94。

28 程曉朝：〈《修行本起經》與其異譯本《過去現在因果經》詞語比較舉隅〉，《遵義師範學院學報》第 5 期，2012 年，頁 46-49。

29 胡敕瑞：〈《道行般若經》與其漢文異譯的互校〉，《漢語史學報（第四輯）》（上海：上海教育出版社，2004 年），頁 127-146。

30 陳祥明：〈略論異譯經在佛典校勘方面的作用——以《起世經》及其異譯為例〉，《泰山學院學報》第 1 期，2007 年，頁 75-79。

31 高婉瑜：〈論《阿彌陀經》漢文異譯本的詞彙與篇章風格〉，《淡江中文學報》第 21 期，2009 年，頁 89-118。

translation，所以反映出較為「詳實」的特色。這類著作，雖然不是以漢語史的議題為其論述的主要內容，但往往亦兼而述及中古漢語的相關比較。

另外，胡敕瑞（2013）[32]比對東漢支讖所譯《道行般若經》和三國支謙所譯《大明度經》，指出兩經在翻譯語言上，明顯呈現出文言與白話兩種不同的風格。並以之為例，強調在漢語史的研究裡，不能單純以時代先後作為判斷詞彙、語法演變的標準，而必須重視語料的性質。因為具有文言風格的語料，即使時代較晚，但所呈現的語言現象反而會較尊古、較保守。而較具白話風格的口語語料，相對較能真實地展示語言的共時特點，如實反映語言的歷時變化。

在諸多重譯經研究的論著裡，較為特別的是董琨〈「同經異譯」與佛經語言特點管窺〉[33]一文，該文利用後漢安世高翻譯的《太子慕魄經》與題為西晉竺法護所譯的《太子慕魄經》，以及題為西晉支法度翻譯的《逝童子經》與西晉白法祖譯的《菩薩逝經》作為分析的對象。在這兩組重譯經中，前一組具有歷時性的特點，後一組則屬共時性的文獻，試圖從歷時與共時的角度，全面觀察佛經語言的特點。就同經異譯的佛經而論，學者大都承認存在著歷時與共時兩種性質的重譯經典。然而在具體分析時，卻都往往著重於歷時經典的探討，較少關注共時層面的分析，因此董琨（2002）的

32 胡敕瑞：〈漢譯佛典所反映的漢魏時期的文言與白話——兼論中古漢語口語語料的鑒定〉，馮勝利主編《漢語書面語的歷史與現狀》（北京：北京大學出版社，2013 年），頁 157-180。

33 董琨：〈「同經異譯」與佛經語言特點管窺〉，《中國語文》第 6 期，2002 年，頁 559-566。

研究，能夠同時注意歷時與共時的差異，在研究視角上實為更大的突破。不過，該文在共時分析的部分，由於支法度為月支人，白法祖是中原人，因此所著重的焦點，是放在胡、漢之間的差異性。上面所列研究成果，乃是以單篇的期刊論文為主。

在學位論文方面，從 2004 年以來，也相繼出現了許多以這方面研究領域為主題的碩博士論文，其中胡曉（2016）的碩士論文，就是以《《菩薩地持經》同經異譯詞彙研究》為題進行探論。該論文比較了曇無讖譯《菩薩地持經》、劉宋求那跋摩譯《菩薩善戒經》與唐玄奘譯《瑜伽師地論》三部同經異譯的詞彙現象。但所分析的詞語，在佛教名相方面，只比較了「摩訶衍－大乘」、「方便－加行」、「辟支佛－緣覺－獨覺」及「檀－施」等四組詞語，在一般詞語方面，更是只有「變現－變化」與「若多若少－若少若多」兩組詞。其所觀察的視角，也是以歷時的詞彙演變作為觀察討論的焦點，而沒有考量共時地域的因素。[34]

其餘同經異譯研究的學位論文，還有如：季琴（2004）[35]、汪禕（2005）[36]、鄒偉林（2006）[37]、何運敏（2007）[38]、熊娟

---

34 胡曉：《《菩薩地持經》同經異譯詞彙研究》（杭州：浙江大學漢語言文字學碩士學位論文，2016 年）。

35 季琴：《三國支謙譯經詞彙研究》（杭州：浙江大學漢語言文字學博士學位論文，2004 年）。

36 汪禕：《中古同經異譯佛典詞彙比較研究——以竺法護和鳩摩羅什譯經為例》（南京：南京師範大學漢語言文字學碩士學位論文，2005 年）。

37 鄒偉林：《《普曜經》詞彙研究》（長沙：湖南師範大學漢語言文字學碩士學位論文，2006 年）。

38 何運敏：《《六度集經》同經異譯研究》（長沙：湖南師範大學漢語言文字學碩士學位論文，2007 年）。

（2007）[39]、倪小蘭（2009）[40]及曾憲武（2011）[41]等。這些論著，在內容上大體也是以「詞彙差異與演變」作為探論的主題，部分則擴及了校勘與詞典編纂的討論，如熊娟（2007）談及利用同經異譯校勘佛典；倪小蘭（2009）與曾憲武（2011）論及同經異譯材料在訂補語文辭書方面的功用等。只有季琴（2004）與何運敏（2007），除了詞彙以外，另外還討論了重譯經典所呈現的句式與語法上的差異。

根據上述這些研究同經異譯的論著來看，雖然論文所探討的內容各自不同，其中或著重在詞彙的演變與替換，或強調比較同經異譯對詞義掌握的重要性，或有重視語法現象的探索，又或者主張經由同經異譯以觀察譯者翻譯風格的差異等等，但是就其所比較的異譯經典文獻而言，仍可看出多數是利用「同經異譯」探討語言的變遷，所著重的都是歷時性的分析，對共時地域差別的討論，則相對著墨較少。

二、中古漢語南北地域差異的探索

中古漢語因介於上古漢語與近代漢語之間，是漢語歷史研究裡不可或缺的一環，在漢語史的領域裡，本即具有高度歷時分析的價值。然而除了縱向的歷時演變以外，中古漢語在南北朝時期所形成

39 熊娟：《中古同經異譯佛典詞彙研究——以《梵天所問經》異譯三經為例》（杭州：浙江大學漢語言文字學碩士學位論文，2007 年）。

40 倪小蘭：《《無量壽經》同經異譯研究》（杭州：浙江大學漢語言文字學碩士學位論文，2009 年）。

41 曾憲武：《《菩薩念佛三昧經》同經異譯詞彙研究》（杭州：浙江大學漢語言文字學碩士學位論文，2011 年）。

的南、北對立現象，亦是學者們普遍的認知。單以中古音系而論，周祖謨在〈切韻的性質和它的音系基礎〉一文中提及：

> 當時論韻的人，三人代表金陵，五人代表鄴下。……陸序所謂「南北」實際指的就是「江東」與「河北」……而江東以金陵為主，河北以鄴下為主，從諸人的生長的地方可以斷定。[42]

由於陸法言編撰的《切韻》，實際上包含著當時南、北兩大通語的音韻層次，致使以《切韻》系韻書為基礎所構擬的中古音系，在聲母與韻母系統的數量上都顯得非常的龐大。故丁邦新（1995）提出了替《切韻》分別擬測「鄴下音系」與「金陵音系」的構想。[43]周玟慧（2004）比對《切韻》音系、《玄應音義》音系與《慧琳音義》音系，指出在音韻系統上，《切韻》與《玄應音義》較為接近，而與《慧琳音義》相去較遠的情況，並證明在陸法言《切韻》音系裡，確實混有長安方音的語言成分。[44]這些研究，都是在原有中古音系統底下，更進一步的分析，試圖為漢語音韻發展，鉤勒出更為精準的中古音系統，讓我們能夠更深入的掌握漢語的歷史。

42　周祖謨：〈切韻的性質和它的音系基礎〉，《問學集》（臺北：河洛圖書出版社，1979 年），頁 440-441。

43　丁邦新：〈重建漢語中古音系的一些想法〉，《中國語文》第 6 期，1995 年，頁 414-419。

44　周玟慧：《從中古音方言層重探《切韻》性質——《切韻》、《玄應音義》、《慧琳音義》的比較研究》（臺北：臺灣大學中國文學研究所博士論文，2004 年）。

音韻研究需區別南北地域特徵的差異，詞彙與語法的探索亦何嘗不是如此，故王東、羅明月（2006）云：

> 南北朝時期南北詞語差異的探討對構建科學的漢語史有著重要的意義。而且隨著中古漢語和漢語方言史研究的逐步深入，中古漢語研究學界已經開始注意探究北朝通語和南朝通語以及各地方言在語音、詞彙和語法諸方面的具體差異。可以說探討南北朝時期漢語的南北差異將是今後一段時期中古漢語研究界的重要趨勢。[45]

這方面的研究成果，或就某一詞語觀察南北地域的特色，如王東（2005）[46]、羅素珍（2007）[47]、張海媚（2008）[48]；或是針對某一類語法現象作為討論，如羅素珍、何亞南（2009）[49]、蕭紅（2010）[50]、劉海平（2011）[51]；或者利用分別代表南方或北方的

---

45 王東、羅明月：〈南北朝時期的南北方言詞〉，《中南大學學報（社會科學版）》第 4 期，2006 年，頁 512。

46 王東：〈「隅／角」歷時替換小考〉，《延安大學學報（社會科學版）》第 4 期，2005 年，頁 105-109。

47 羅素珍：〈語氣詞「邪（耶）」在南北朝的發展〉，《文教資料》第 7 期，2007 年，頁 172-174。

48 張海媚：〈表「處所」的「許」的地域色彩〉，《嘉興學院學報》第 5 期，2008 年，頁 107-111。

49 羅素珍、何亞南：〈南北朝時期語氣詞「耳」、「乎」的南北差異〉，《合肥師範學院學報》第 1 期，2009 年，頁 38-43（下轉頁 48）。

50 蕭紅：〈六世紀漢語第一、第二人稱代詞的南北差異——以《齊民要術》和《周氏冥通記》為例〉，《長江學術》第 4 期，2010 年，頁 96-101。

文獻資料進行比較，以探討南北用語的差別，如汪維輝（2007）[52]、周玟慧（2010）[53]、李麗（2011）[54]、李麗（2011）[55]、李麗（2012）[56]、周玟慧（2012）[57]；亦或蒐羅文獻語料中可資代表南方或北方的特殊詞語，如王東、羅明月（2006）[58]、王東（2008）[59]等。其中周玟慧（2012）[60]結合中古漢語雙音化發展與南北詞彙異同兩個研究視角，運用詞素雙音聚合關係的系統比較方法，分析中古漢語的詞彙特色，指出中古詞彙的重要特色為：同義聚合中的

51　劉海平：〈五、六世紀處所介詞詞組南北差異〉，《語文學刊》第 10 期，2011 年，頁 45-46（下轉頁 58）。

52　汪維輝：〈六世紀漢語詞彙的南北差異——以《齊民要術》與《周氏冥通記》為例〉，《中國語文》第 2 期，2007 年，頁 175-184。

53　周玟慧：〈南言北語——《宋書》與《魏書》同義並列結構比較研究〉，《東海大學文學院學報》第 7 期，2010 年，頁 113-127。

54　李麗：《《魏書》《北史》異文語言比較研究》（成都：巴蜀書社，2011 年）。

55　李麗：〈南北朝時期漢語常用詞南北差異管窺〉，《湛江師範學院學報》第 4 期，2011 年，頁 130-133。

56　李麗：〈南北朝時期漢語詞彙的南北差異研究——以《魏書》、《宋書》任職語義場的比較為例〉，《西南交通大學學報（社會科學版）》第 4 期，2012 年，頁 15-20（下轉頁 92）。

57　周玟慧：〈南言北語——《史記》《宋書》《魏書》「馳」「驅」相關雙音組合比較研究〉，《歷史語言學研究（第五輯）》（北京：商務印書館，2012 年），頁 35-47。

58　王東、羅明月：〈南北朝時期的南北方言詞〉，《中南大學學報（社會科學版）》第 4 期，2006 年，頁 512-516。

59　王東：〈南北朝時期南北詞語差異研究芻議〉，《長江學術》第 3 期，2008 年，頁 109-112。

60　周玟慧：《中古漢語詞彙特色管窺》（臺北：萬卷樓圖書股份有限公司，2012 年）。

雙音組合樣式非常豐富，南北兩大通語具有高詞頻的單音詞與承繼自上古漢語雙音節構的「大同」，及低詞頻且豐富多變的雙音結構的「小異」等特點。[61]可說是為中古漢語的詞彙分析，提出了一種較為新穎而具有系統性的比較方法。

諸位學者的研究，加深了我們對中古漢語的認識，使得地域分布異同的語言現象能夠更為清晰的呈顯出來。不過在探索中古漢語南北差異的語言現象時，雖然在文獻語料方面，往往也會利用翻譯佛經作為分析的基礎，[62]但是卻未有就「同經異譯」的視角出發，進行南北地域詞彙分析的探論。在本文前節的論述裡，筆者已經指出《地持經》與《善戒經》不僅在所翻譯的內容上，具有相對應的特點，同時兩部譯經的翻譯年代，亦屬相同時代的作品。再就地域分布來看，一經譯出於北方姑臧，一經譯自於南方建業，因此這兩部譯經不但是「同經異譯」比對的有利文獻，它更是作為探討南北異同的絕佳語料。

三、語料性質的優點

若從分析中古漢語地域性差別的研究視角切入，筆者認為「同經異譯」的研究，至少有以下兩個優點：

（一）翻譯經典相同，可資比對的詞彙較為直接且明確

周玟慧（2012）指出，漢語中古時期南北地域性差異的研究方

---

61 同上注，頁 161-164。

62 例如以《賢愚經》、《雜寶藏經》、《伽耶山頂經》、《銀色女經》、《金色王經》等作為北方文獻的代表；以《百喻經》、《菩薩善戒經》、《阿育王經》等作為具有南方通語特徵的語料。（參周玟慧《中古漢語詞彙特色管窺》（臺北：萬卷樓圖書股份有限公司，2012 年），頁 11。）

法，大體分成「文獻考據」與「比較研究法」兩大類。文獻考據以廣泛蒐集傳世文獻中有關南北方言的記錄為主，比較研究則各取若干南朝文獻與北朝文獻，以個別詞語或是同義聚合的詞素搭配作為比較對象。[63]前者透過地毯式搜尋，比較所有的詞彙，往往用力甚多收獲甚少；後者雖觀察典籍數目不多，但卻常呈顯例證不夠充足的缺點，因此多少仍存有研究方法與材料本身的限制。

但如果從「同經異譯」的角度切入，由於兩部經典所翻譯的對象有相同的來源，利於深入比對，以之作為比較分析的語料，不僅可免去地毯式搜尋「用力甚多而收獲甚少」的缺點，同時也因佛經經文往往具有反覆唱誦的特性，也能夠有較多的例證可作為參照的對象。

（二）譯者明確，文獻所反映出來的語言現象同質性高

對於南北異同的比較，學者通常選取若干北方與南方的文獻作為分析比較的對象，例如著名的北魏三書《水經注》、《齊民要術》、《洛陽伽藍記》就常被用來作為北方文獻的代表。然而在這三部書中，《水經注》與《齊民要術》的作者，雖然分別為北魏的酈道元與賈思勰，但是在兩部著作裡，實際上卻大量引用了不同的文獻作品，這些資料中，有的甚至還可能摻雜了部分反映南方作品的內容。例如汪維輝（2007）以《齊民要術》與《周氏冥通記》作對比，認為出現在《齊民要術》中的「外許」一詞，並不見於南方的《周氏冥通記》當中，故應是反映北方的特用詞語。但曾昱夫（2012）指出《齊民要術》中另有「內許」一詞，乃是賈思勰引自

63　周玟慧：《中古漢語詞彙特色管窺》（臺北：萬卷樓圖書股份有限公司，2012年），頁10-11。

裴淵所著的《廣州記》，而裴淵約是南朝宋時人。由於南北朝史料並無裴淵的傳記，因此對於他所操持的語言究竟是北方方言或南方方言，並無法做進一步的確認。但是從「內許」與「外許」為相同結構的構詞來說，很難單就「外許」一詞只出現於《齊民要術》裡，就可以直接推論它是北方的特用詞語。[64]從這個例子也可以了解《齊民要術》並非是單純只反映北方通語的文獻，因為它除了《廣州記》以外，還引用了許多可能是反映南方通語的著作。至於《水經注》其所援引文獻之豐，更是比之《齊民要術》有過之而無不及。王允亮（2010）即指明酈道元在撰著《水經注》時，曾經大量引用過南方的文獻，因為酈道元一生沒有到過南朝，無法實地考察南方山水，故這些大量的南方文獻對酈氏敘寫南方山水「具有填補知識空白的作用」，「是該書的一個重要組成部分，對於它的完成起了很大的作用」。[65]因此在利用若干代表北方與南方的文獻進行比較分析時，很難避開這類文獻性質本身的困擾。

反觀「同經異譯」的比較分析，由於整部佛經的主譯者，多數是同一個人主譯，[66]其身世背景在《高僧傳》裡往往有明確的記載。加以佛經傳譯的目的乃在於宣揚佛教的思想，所用來翻譯的語言往往是較為通行的口語，因此較能排除上述摻雜其它文獻用語的

64　曾昱夫：〈論《齊民要術》中「許」字的語法功能與演變〉，《淡江中文學報》第26期，2012年，頁122。

65　王允亮：〈《水經注》與南方文獻研究〉，《中國文學研究》第3期，2010年，頁39。

66　並非所有佛經翻譯都由同一譯者所譯，如現存六十一卷的《十誦律》即先後經過弗若多羅、鳩摩羅什、曇摩流支與卑摩羅叉等四位大師傳譯與整理而成。不過就《地持經》與《善戒經》而言，分別是由曇無讖與求那跋摩主譯而成。

情形。故以之作為觀察南、北通語之間的異同，在所反映出來的語言現象上，會具有較高的同質性。

四、語料性質的侷限

雖然「同經異譯」的比較研究具有如上的優點，但是我們也必須正視此一研究視角本身仍然存在著幾點限制。

首先，佛經翻譯雖然在所反映的語言現象上，具有高度的同質性。但是從文獻語言來說，它畢竟是透過不同語言之間的翻譯所形成的語料。王文顏（1984）解釋道安法師「五失本，三不易」的譯經理論時，即云：

> 華梵胡是兩個不同的語系，語法原本不同，譯文必須遵照漢文語法，那是任何兩種不同語言對譯時所必然遵守的法則，所以「胡語盡倒，而使從秦」是千古不變的定理，即使胡語不是「盡倒」，譯文也應該「從秦」的，晚至今日中外文的翻譯，也都仍舊遵守這個原則。[67]

在翻譯的過程中，「胡語盡倒，而使從秦」是基本的原則，但是在遵照漢文語法翻譯時，難免仍會受到來源語言的影響，使得所翻譯的文句常常有不盡然符合漢語本身規律的情形出現。因此，透過「同經異譯」比對所得的語法差異，就不一定是源於南北地域的不同，而有可能是某一譯者受到來源語較多影響所反映出來的特有現

---

[67] 王文顏：《佛典漢譯之研究》（臺北：天華出版事業股份有限公司，1984年），頁206。

象。詞彙的對比，雖然相對於語法要單純許多，但是在翻譯過程中，同樣會受到來源語的影響，而產生非漢語本有的構詞現象。這一類詞語所反映出來的語言現象，就不一定是方言詞語的不同。其次，雖然漢文佛經通常是由同一位主譯者主持翻譯而成，可免去摻雜不同時代、地域文獻資料的困擾，但隨著不同譯者所持翻譯理論與觀念上的差異，也會存在著「胡經尚質，秦人好文」的文質差異問題。加以譯者在翻譯時所用來對譯的漢語詞彙，也會因個人喜好的不同，而顯現出譯者個人語言風格的差異，所以在對照兩部譯經詞彙使用上的區別時，自然也就不能不考慮這樣的差異，實際上有可能是來自於翻譯風格因素的影響，而非南北用語的特色了。

雖然文獻語料的這些限制，加深了我們論證漢語地域性特徵的難度。但是在漢語史的研究裡，本就沒有十全十美的研究方法與視角。不管是從那一種角度切入的研究，都將無法避免各自所面臨的侷限。然而，多方嘗試不同的研究視域，再與其他研究方法所得成果相結合，互相比較、印證，如此對我們進一步深入掌握漢語歷史的發展過程，相信仍然會有許多的助益。因此筆者認為，在佛經語言的研究領域裡，大量挖掘、利用這類反映南北地域差異的「同經異譯」資料，以之做為異文比對的研究對象，將可為我們積累更多有利於觀察南北朝時期語用差別的語言現象。

第三節　研究範圍及語料

同經異譯的研究，可藉以觀察中古漢語詞彙歷時演變的現象，這在漢語史的研究領域裡，已具有普遍的認同，並且已經積累了許多重要的研究成果。但是利用同經異譯的佛經語料，進行南北兩大通語的探論，在現階段的研究裡，則相對顯得單薄。北涼曇無讖翻譯的《地持經》與劉宋求那跋摩翻譯的《善戒經》，由於時代相近、地處南北，因此就文獻語料的屬性來看，正適合以之用來作為南北地域特色的觀察對象。本書即是希望透過《地持經》與《善戒經》詞彙的比較研究，觀察兩經翻譯詞語的異同，分析當中所可能反映出來的語言現象。所據以分析的語料，主要是以《日本大正新脩大藏經》第三十冊收錄的十卷本《地持經》（經號 1581）、九卷本《善戒經》（經號 1582）及一卷本《善戒經》（經號 1583）作為觀察分析的文本，同時也參照了羽田野伯猷編集的《瑜伽師地論・菩薩地・戒品》及磯田熙文、古坂紘一編著的《瑜伽師地論・菩薩地・隨法・究竟・次第瑜伽處》，並以之作為漢梵詞語對應的參考資料。引文部分，主要利用「CBETA 電子佛典集成」資料庫作為擷取經文語料的來源。

在進行研究分析時，針對某些分布使用上具有對比性的詞彙，為了避免所資論述的語料樣本出現不足的情形，本文還將擴充搜尋的範圍。藉由資料庫搜尋便利的特性，將 CBETA 語料庫中署名北涼曇無讖與劉宋求那跋摩所翻譯的佛經文獻，也納入檢索的範圍，以之參照比對。不過，由於 CBETA 資料庫中署名曇無讖與求那跋摩所譯的經典，不一定就真的是兩位譯師的作品，因此筆者參考小野玄妙《佛教經典總論》與呂澂〈新編漢文大藏經目錄〉所著錄的佛經目錄，作為語料篩選的依據。將具體搜尋、篩選出的佛經，列表如下：

表一：曇無讖、求那跋摩相關譯經

譯者	經名	經號
北涼曇無讖[68]	悲華經	0157
	大般涅槃經	0374
	大方等無想經（大雲經）	0387
	金光明經	0663
	優婆塞戒經	1488
劉宋求那跋摩	四分比丘尼羯磨法	1434
	優婆塞五戒相經	1476

第四節　研究方法及步驟

本書以「《菩薩地持經》與《菩薩善戒經》詞彙比較研究」為主題進行分析與探論，所運用的研究方法包含「比較法」、「歸納法」與「統計法」等。

首先，就「比較法」而言，依據「CBETA 電子佛典集成」資料庫，擷取並整理《地持經》與《善戒經》的經文，擇錄經文內容相對應的部分，依序排比、對照。這部分的工作，主要參考新文豐出版公司印行的《菩薩地持善戒經會譯》一書對兩部佛經經文的整理，以及羽田野伯猷編集的《瑜伽師地論・菩薩地・戒品》、磯田熙文、古坂紘一編著的《瑜伽師地論・菩薩地・隨法・究竟・次第瑜伽處》，同時對照《大正新脩大藏經》的經文，查核是否有用字相異的現象。

68 《大正新脩大藏經》收錄《大方等大集經》六十卷，屬曇無讖所譯者，僅當中的十二品，為避免語料性質的混淆，故不納入搜尋的行列。

其次，具體比較兩部佛經的經文，分析兩位譯者翻譯詞語的差異。此一步驟，主要是在互相對應的經文基礎上，進行文句、字詞比對的工作，藉由兩部佛經相對應的經文比較，具體看出曇無讖與求那跋摩翻譯詞語的異同。

第三，針對比較的結果，歸納兩部佛經互相對應的詞彙，進行分類，並觀察它們在兩部佛經內部對比出現的頻率與整體使用情形。除此之外，還利用 CBETA 資料庫，搜尋北涼曇無讖與劉宋求那跋摩所翻譯的所有佛經，[69]進一步觀察這類詞彙對比現象在兩位譯者所翻譯的其他佛經裡，是否呈現同樣的分布情況，以作為兩部佛經詞彙比較的參照依據。關於這部分詞語的統計，主要是就「表一」內所列曇無讖與求那跋摩的譯經作為搜尋的對象。不過，從譯經數量與所翻譯佛經中的字數多寡來說，曇無讖的譯經數量明顯高於求那跋摩許多，所呈現出來的語料量並不均勻。因此，統計所得到的數據，也許沒有辦法完全反映兩位譯者使用詞語的差別。但是，筆者認為經由數據的統計，仍然可以反映出一定的語言事實，使本書在討論及解釋詞彙現象時，能夠提供一個較為明確的詞語分布傾向，以增強論述內容的可信度。

另外，由於漢譯佛經的翻譯屬性，使得佛經當中所使用的詞語，往往受到來源語的影響，產生許多諸如音譯詞、仿譯詞等的外來詞，故兩經用詞的差異，也有可能是受到譯師不同義理詮釋下的影響，所產生的結果。因此，除了上述三種研究方法之外，本書在

---

69 CBETA 資料庫中署名為北涼曇無讖與劉宋求那跋摩翻譯的佛經，並非全部都可以確認為兩位譯者所翻譯成的，關於這類翻譯經典的確認，本文主要參考小野玄妙《佛教經典總論》與呂澂〈新編漢文大藏經目錄〉的說法，將可能不是兩位譯者翻譯的經典剔除，具體篩選結果如上表一。

許多詞語對比的討論中，也參照了羽田野伯猷編集的《瑜伽師地論・菩薩地・戒品》，以及磯田熙文、古坂紘一編著的《瑜伽師地論・菩薩地・隨法・究竟・次第瑜伽處》二種資料，利用學者們所整理的梵文本經文，以「梵漢對勘」的方式，比較兩經翻譯詞語跟對譯梵文之間的關聯性。

上述「比較法」、「歸納法」與「統計法」等研究方法的分析，僅是初步處理兩部譯經語料的基本程序。所得到的結果，是兩部譯經詞彙差異的具體呈現，屬於語言現象的描寫。然而歷史語言的研究，除了語言現象的描寫，更重要的還是在於探討現象背後所隱含的規律及原理。由於造成譯經詞彙差異的因素，可能有多種不同的來源，因此，如何提出合理的說明與解釋，才是語言研究的主要方向與目標。對此，筆者一方面透過「梵漢對勘」的方法，比對梵文原典與曇無讖譯本、求那跋摩譯本之間詞語的對應關係，藉由梵文詞義的掌握，解釋兩經中部分因認知不同所產生的用詞差異現象。另一方面，也以《漢語大詞典》收錄詞條所引書證作為參照，同時利用「中央研究院漢籍電子文獻：古漢語語料庫」進行檢索，觀察兩經中不同詞語的根源，從中比較兩位譯師用詞風格的差異。

而在南北地域視角的討論上，為使論述過程能夠有一個較為合理、周延的解釋，筆者也把前人研究成果中，所發現的詞彙現象列為參照的依據。這方面，如汪維輝（2000）[70]研究東漢至隋的常用詞演變情形，對我們判斷《地持經》與《善戒經》在詞語使用上有無存在著新、舊詞語的差異，具有一定的參考價值。又如李麗

---

70 汪維輝：《東漢－隋常用詞演變研究》（南京：南京大學出版社，2000年）。

（2011）[71]討論《魏書》與《北史》異文語言比較的成果，也可幫助我們分析兩部譯經所呈現的詞彙差異，究竟是只存在於佛經語言當中，還是中土文獻與佛經文獻共同具有的現象。其他如本章第二節所述有關佛經同經異譯的諸多研究成果，與探討南北地域差別的相關論著，也都將是筆者進行詞語分析與論述時的主要基礎，及賴以比對的重要依據。

---

71 李麗：《《魏書》《北史》異文語言比較研究》（成都：巴蜀書社，2011年）。

第二章　文獻簡介

《菩薩地持經》（下文簡稱《地持經》）與《菩薩善戒經》（下文簡稱《善戒經》）兩部佛經的內容，都是出自《瑜伽師地論・菩薩地品》的單行本，且分別是漢譯佛經中，北方與南方最早翻譯出來有關〈菩薩地〉方面的佛經典籍，因此歷來也引起了諸多前輩學者的關注。在佛教思想的發展上，《瑜伽師地論》是反映印度彌勒學說的主要著作，並影響了無著與世親，產生了瑜伽學派的學說體系。本書的撰寫，主要以《地持經》與《善戒經》作為詞彙比較研究的對象，因此本章首先針對這兩部佛經的文獻資料與內容，作一簡要的敘寫。

第一節　《地持經》與《善戒經》的文獻資料

《地持經》與《善戒經》兩部佛經，內容都是屬於大乘佛教菩薩戒律的經典。所謂菩薩戒，是菩薩所受的戒。要做菩薩，需得先受菩薩戒。在漢譯佛經裡，有關菩薩戒律來源的經典，主要有《菩薩瓔珞本業經》、《梵網經》、《瑜伽師地論》、《地持經》、《善戒經》與《優婆塞戒經》等。聖嚴法師（1999）將這些菩薩戒經區分為三類，他說：

> 自古迄今，藏經之中已收並已譯成漢文而受重視研究的菩薩戒本或菩薩戒經，共有如下的六種……若以頓漸二類來分，《瓔珞經》與《梵網經》是屬於頓立的一類。……其餘的《瑜伽論》、《地持經》、《善戒經》、《優婆塞戒經》的四種戒經，是屬於漸次戒的。其實這四種的本來梵本，只有兩種典籍。《瑜伽論》、《地持經》、《善戒經》，同屬於《瑜伽師地論・菩薩地品》的同本異譯，所以是同一型範……至於《優婆塞戒經》的菩薩戒，根本就是在家的大乘戒而非即是菩薩戒，這也是所有大乘戒中最難受得的一種漸次戒。[1]

其所言《地持經》共十卷，收錄在《大正新脩大藏經》第三十冊，經號 1581，為北涼曇無讖於玄始三年（414 A.D.）至玄始十五年（426 A.D.）間，在姑臧譯出的佛經。[2]湯用彤（1938）云：

> 至若戒律，則羅什以前傳者多小乘戒，菩薩戒之獨立，首見於《涅槃經》。其〈長壽品〉中言之最明。《優婆塞戒經》及《戒壇文》，亦屬大乘，而《地持經》相當於《瑜伽》之《菩薩地》，尤為大乘戒律之重鎮，諸經均曇無讖在涼所譯也。此外讖在燉煌，即譯《菩薩戒本》，可見其重視大乘戒

1 聖嚴法師：《戒律學綱要》（臺北：法鼓文化，1999 年），頁 338-340。

2 參劉美琴：《初期瑜伽行派於佛陀觀的發展——以《瑜伽師地論・菩薩地・菩提品》為中心之考察》（臺南：成功大學中國文學研究所碩士論文，2006 年），頁 16。

也。[3]

可知《地持經》與《瑜伽師地論・本地分》十七地中的〈菩薩地〉內容相當，且《瑜伽師地論》之〈菩薩地〉最早被翻譯到中國的，就是曇無讖所翻譯的《地持經》，也是大乘戒法在北方譯出的重要經典。

《善戒經》共九卷，見於《大正新脩大藏經》第三十冊，經號1582，是劉宋求那跋摩約於元嘉八年（431 A.D.）在建業所翻譯的佛經。[4]若從佛經翻譯與流布的過程來說，《善戒經》可謂大乘戒法在漢土南傳之始，故湯用彤（1938）云：

> 罽賓僧求那跋摩，……以元嘉八年（四三一）正月達於建業。……法席之日，軒蓋盈衢。後祇洹慧義請出菩薩善戒，始得二十八品。後弟子代出二品。成三十品。或稱《菩薩戒地》，即《地持經》之異譯。大乘戒法，由此傳於南方。[5]

可知《善戒經》與《地持經》相同，內容都是屬於瑜伽行派〈菩薩地〉修行「菩薩道」，追求無上正等正覺的實踐過程。兩部佛經與唐玄奘所翻譯的一百卷本《瑜伽師地論》（日本《大正新脩大藏經》，經號 1579），都是屬於同經異譯的佛經。只是玄奘所譯《瑜伽師地論》為全譯本，曇無讖與求那跋摩所譯，則是節譯本。

3　湯用彤：《漢魏兩晉南北朝佛教史（上冊）》（臺北：臺灣商務印書館，1938 年（1998 年重印）），頁 395。

4　同注 2，頁 18。

5　同注 3，頁 399。

曇無讖翻譯的佛經中，另有一卷本《菩薩戒本》，收錄於《大正新脩大藏經》第二十四冊，經號 1500，是《地持經・戒品》的單行本，文句與十卷本《地持經・戒品》大體相同。此外，《大正新脩大藏經》第三十冊還收有一卷本《菩薩善戒經》，經號 1583，署名劉宋求那跋摩譯。根據劉保金（1997）的說法，一卷本《善戒經》是九卷本《善戒經》於繕寫時分出單行的版本。[6]

比對大正藏《地持經・戒品》與《善戒經・戒品》的內容，可以發現經號 1582 九卷本《善戒經・戒品》的經文，與經號 1581《地持經・戒品》只對應至卷四完即止，卷五以後《地持經・戒品之餘》另有呈現菩薩戒之「四重（波羅夷）」、「四十三輕（突吉羅）」戒律條文的內容，但在九卷本《善戒經》中，沒有相應的經文。而細觀一卷本《善戒經》，所譯經文正是「重法」與「輕法」之戒律條文，因此經號 1583 的《善戒經》，正好可以補足相應於《地持經》卷五〈戒品之餘〉的內容。新文豐出版公司所刊印的《菩薩地持善戒經會譯》，即是將編號 1583 的一卷本《善戒經》經文，編入九卷本《善戒經・戒品》當中，以之對應《地持經》第五卷的〈戒品之餘〉。所以我們可以把九卷本《善戒經》中的〈戒品〉與一卷本《善戒經》兩者合起來，視為求那跋摩所譯佛經中，完整描述「菩薩戒戒品」的經文，並以之作為跟《地持經・戒品》相對應的內容進行比較。

除了漢譯本佛經以外，〈菩薩地〉另有梵文本與藏文本的資料。其中有關梵文本〈菩薩地〉的部分，宇井伯壽（2003）曾云：

---

6 劉保金：《中國佛典通論》（石家莊：河北教育出版社，1997 年），頁 111-112。

> 關於《瑜伽論》之梵本，其中唯有菩薩地之梵文寫本現存於尼泊爾，宏基少恩蒐集此書，現保存於開普利基大學圖書館。荻原雲來博士於明治三十七年（一九〇四）用羅馬字寫出，於昭和五－十一年（一九三〇－三六），本文有四一四頁之一大冊而出版。[7]

又高橋晃一（2005）探討從〈菩薩地・真實義品〉到〈攝決擇分・菩薩地〉的思想發展時，指出〈菩薩地〉的梵文寫本有四種，分別為「劍橋（Cambridge）寫本」、「京大寫本」、「R.Sānkṛtyāyana 寫本」與「尼泊爾（Nepal）寫本」，已出版的梵文校勘本，則有下列兩種：[8]

1. Bodhisattvabhūmi, A statement of whole course of the Bodhisattva (Being fifteen section of Yogācārabhumi), ed. by Unrai Wogihara（荻原雲來），大正大學聖語學研；東京，1930-36。
2. Bodhisattvabhūmi (Being the XVth section of Asaṅgapada's Yogācārabhumi), ed. by Nalinaksha Dutt, Tibetan Sanskrit Works Series, Patna, 1966。

在藏文譯本部分，宇井伯壽（2003）云：

7　（日）宇井伯壽著、印海法師譯：《瑜伽論研究》（臺北：嚴寬祜基金會，2003 年），頁 11-12。

8　（日）高橋晃一著、李鳳媚譯：《從〈菩薩地・真實義品〉到〈攝決擇分・菩薩地〉的思想發展：以 vastu 概念為中心》（高雄：彌勒講堂，2011 年），頁 13-14。

> 《瑜伽論》之全部翻譯成西藏文，存在大藏經中。於東北目錄四〇三五－四〇四二，共有龐大的六帙。與漢譯順序稍有不同，大體是一致的，從出版菩薩地排列中所表示得到推定。[9]

高橋晃一（2005）也指出：

> 〈菩薩地〉的藏譯收錄在丹珠爾的 rNal 'byor spyod pa'i sa las Byang chub sems dpa'i sa (P5538, D4037) 中。翻譯者為 Prajñāvarman 與 Ye shessde，是九世紀初期的譯作。[10]

除了上面兩種梵文校訂本、藏譯本以外，在梵漢、梵藏對照索引方面，釋惠敏（1999）研究瑜伽菩薩戒本的心理與倫理觀時，也曾列舉相關著作如下：[11]

1. 宇井伯壽。《梵漢對照・菩薩地索引》。東京：鈴木學術財團。1961。
2. 橫山紘一，廣澤隆之。《漢梵藏對照・瑜伽師地論總索引》。東京：三喜房佛書林。1996。

後來羽田野伯猷編集《瑜伽師地論・菩薩地・戒品》一書，更進一步把三種漢譯本與梵文本、藏譯本「初持瑜伽處」（即《地持經》

---

9 同注 7，頁 14。

10 （日）高橋晃一著、李鳳媚譯：《從〈菩薩地・真實義品〉到〈攝決擇分・菩薩地〉的思想發展：以 vastu 概念為中心》（高雄：彌勒講堂，2011 年），頁 14。

11 釋惠敏：《戒律與禪法》（臺北：法鼓文化，1999 年），頁 133。

的「初方便處」與《善戒經》的「菩薩地」）中的「戒品」進行逐句對照的整理。磯田熙文與古坂紘一編著的《瑜伽師地論・菩薩地・隨法・究竟・次第瑜伽處》一書，則是整理了《瑜伽師地論・菩薩地》中的「第二持隨法瑜伽處」（《地持經》中的「次法方便處」及《善戒經》的「如法住」）與「第三持究竟瑜伽處」（《地持經》的「畢竟方便處」；《善戒經》的「畢竟地」）三種漢譯本與梵文本、藏譯本逐句對照的資料。[12]這些資料為研究〈菩薩地〉的學者帶來了許多的便利性。

第二節　〈菩薩地〉的內容架構

《地持經》與《善戒經》兩種節譯本的翻譯內容，與《瑜伽師地論・本地分》十七地之一的〈菩薩地〉相同，「是將散見的關於大乘道（實踐方法）、果（實踐效果）的佛說加以綜合編輯而成」的《菩薩藏摩呾理迦》，為印度中期大乘佛學全面組織大乘學說的

12　從三種漢譯本所包含的內容來說，全譯本《瑜伽師地論》第 35-50 卷中的〈菩薩地〉，基本區分為四瑜伽處和十法來統攝菩薩道。所謂四瑜伽處，包含了「初持瑜伽處」、「第二持隨法瑜伽處」、「第三持究竟瑜伽處」與「第四持次第瑜伽處」。但是在《地持經》與《善戒經》裡，都只有前三瑜伽處，沒有「第四持次第瑜伽處」。如《地持經》區分為「初方便處」，內含十八品；「次法方便處」，內含四品；「畢竟方便處」，內含五品。《善戒經》則分為「菩薩地」，內含二十品；「如法住」，內含四品；「畢竟地」，內含六品。因此磯田熙文與古坂紘一編著的《瑜伽師地論・菩薩地・隨法・究竟・次第瑜伽處》一書，在「第四持次第瑜伽處」部分，只有梵文、藏文與玄奘譯本逐句對照的內容。

新出文獻之一。[13]《瑜伽師地論・本地分》共有五十卷，分別十七地義。其中十七地又可與三乘之境、行、果加以配置，〈菩薩地〉則是「行瑜伽」的「別行」，顯示菩薩行是「勝、大、根本」，較聲聞、獨覺殊勝，又上通佛果，所以是〈本地分〉中相當重要的部分。[14]至於〈菩薩地〉的內部架構，林崇安（2014）云：

> 〈菩薩地〉的架構是以四瑜伽處和十法含攝整個菩薩道的道和果。十法是(1)持，(2)相，(3)分，(4)增上意樂，(5)住，(6)生，(7)攝受，(8)地，(9)行，(10)建立。第一法的「持」即是「初持瑜伽處」，內含十八品：……第二法至第五法，即是「第二持隨法瑜伽處」，內含四品：……第六法至第十法，即是「第三持究竟瑜伽處」，內含五品：……最後是總結菩薩道和果的次第，此即「第四持次第瑜伽處」，含發正等菩提心一品。[15]

十法之中，第一法「持」法乃是〈菩薩地〉最根本的一法，故呂澂（1996）云：

---

13 呂澂：《印度佛學源流略講》，《呂澂佛學論著選集》第 4 卷（濟南：齊魯書社，1991 年（1996 年重印）），頁 2185-2186。

14 劉美琴：《初期瑜伽行派於佛陀觀的發展——以《瑜伽師地論・菩薩地・菩提品》為中心之考察》（臺南：成功大學中國文學研究所碩士論文，2006 年），頁 32-35。

15 林崇安：〈從〈菩薩地〉來看菩薩道〉，「弘善佛教」，網址：http://www.liaotuo.org/fjrw/jsrw/lca/63992.html，查詢日期：2018 年 11 月 18 日。

> 持是支持的意思，所以是基礎。而起支持作用的法又有三類：第一，自乘種姓。自乘，是大乘對小乘的自稱，他們認為自己的種姓不同，能夠成就菩薩地，修遍種道的只有自己這一類人才行。……第二，發菩提心。盡管屬於自乘種姓，如果無意於發成就菩薩的決心，缺乏主觀努力也不成。第三，具有菩提分。發心之後還得有獲得菩提的各種具體辦法，……這是「持」的三個組成部分。[16]

高橋晃一（2005）把「持」法「具有菩提分」之各種具體辦法進一步區分為「菩薩學習什麼？」、「如何學習？」與「什麼樣（的菩薩）能學習？」三部分，並將〈菩薩地〉的組織架構，以表格的方式整理如下：[17]

表二：〈菩薩地〉組織架構表

<table>
<tr><td colspan="3">〈菩薩地〉
所列項目</td><td>章名</td></tr>
<tr><td colspan="4">I 持瑜伽處</td></tr>
<tr><td rowspan="5">①
持</td><td colspan="2">(a)種姓</td><td>1〈種姓品〉（Gotrapaṭala）</td></tr>
<tr><td colspan="2">(b)初發心</td><td>2〈發心品〉（Cittotpādapaṭala）</td></tr>
<tr><td rowspan="3">(c)
菩
提</td><td rowspan="3">(i)
菩薩
學習什麼</td><td>3〈自利利他品〉（Svaparārthapaṭala）</td></tr>
<tr><td>4〈真實義品〉（Tattvārthapaṭala）</td></tr>
<tr><td>5〈威力品〉（Prabhāvapaṭala）</td></tr>
</table>

16　呂澂：《印度佛學源流略講》，《呂澂佛學論著選集》第 4 卷（濟南：齊魯書社，1991 年（1996 年重印）），頁 2186-2187。

17　（日）高橋晃一著、李鳳媚譯：《從〈菩薩地・真實義品〉到〈攝決擇分・菩薩地〉的思想發展：以 vastu 概念為中心》（高雄：彌勒講堂，2011 年），頁 12。

	分法		6〈成熟品〉（Paripākapaṭala）
			7〈菩提品〉（Bodhipaṭala）
		(ii) 菩薩如何學習	8〈力種姓品〉（Balagotrapaṭala）
			9〈施品〉（Dānapaṭala）
			10〈戒品〉（śīlapaṭala）
			11〈忍品〉（Kṣāntipaṭala）
			12〈精進品〉（vīryapaṭala）
			13〈靜慮品〉（Dhyānapaṭala）
			14〈慧品〉（Prajñāpaṭala）
			15〈攝事品〉（Saṃgrahavastupaṭala）
			16〈供養親近無量品〉（Pūjāsevāprameyapaṭala）
			17〈菩提分品〉（Bodhipakṣapaṭala）
			18〈菩薩功德品〉（Bodhisattvaguṇapaṭala）（B Bhw-p.298.14）
		(iii) 什麼樣的菩薩在學習	18〈菩薩功德品〉（Bodhisattvaguṇapaṭala）（B Bhw-p.298.15-）
Ⅱ持隨法瑜伽處			
②相			19〈菩薩相品〉（Bodhisattvaliṅgapaṭala）
③分			20〈分品〉（Pakṣapaṭala）
④增上意樂			21〈增上意樂品〉（Adhyāśayapaṭala）
⑤住			22〈住品〉（Vihārāpaṭala）
Ⅲ究竟瑜伽處			
⑥生			23〈生品〉（Upapattipaṭala）
⑦攝受			24〈攝受品〉（Parigrahapaṭala）
⑧地			25〈地品〉（Bhūmipaṭala）
⑨行			26〈行品〉（Caryāpaṭala）
⑩建立			27〈三十二相八十種好品〉（Lakṣaṇānuvyanjanapaṭala） 28〈建立品〉（Pratiṣṭhāpaṭala）
第四持次第瑜伽處（Anukrama）（〈發正等菩提心品〉）			

除了修行根本的「持」法，呂澂還指出了兩點〈菩薩地〉所包含的主要思想，是印度佛學源流中，大乘學說的重要發展：第一是在〈真實義品〉中提出了「世間極成」、「道理極成」、「煩惱障淨智所行」、「所知障淨智所行」等四種真實與得到真實的途徑，以及立「假說自性」與「離言自性」之「無二」的理論根據。第二是「講六度時，於戒度中提出菩薩自乘的律儀戒」，使得大乘戒律可完全獨立，而不用再依附在小乘的戒律之上。[18]關於第一點學說思想的發展，印順法師在《印度佛教思想史》一書中，也有相關的論述，他說：

> 初期的『瑜伽師地論』中，「菩薩地」的「真實義品」，立假說自性（Prajñapti-vāda-svabhāva），離言自性（nirabhilāpya-svabhāva），近於二諦說。什麼是假說自性？「世間共了」的色、聲、香、……涅槃——一切法，是假說自性；……諸法的離言自性，就是勝義自性，這是真實有的。如以假說自性為有自性的，那是妄執；如說沒有真實的離言自性，就是惡取空了。[19]

這一「假說自性」與「離言自性」二諦的學說，修正了龍樹中觀學派認為一切事物為假有、實無的看法，避免了朝向「惡取空」發展的缺陷。

18　呂澂：《印度佛學源流略講》，《呂澂佛學論著選集》第 4 卷（濟南：齊魯書社，1991 年（1996 年重印）），頁 2187-2190。

19　印順：《印度佛教思想史》（新竹：正聞出版社，1988 年（2009 年重印）），頁 252。

其次，在戒律的發展上，〈菩薩地〉的出現，也使得大乘戒律的條文能夠具體化的呈現，故聖嚴法師（1999）云：

> 從印度傳譯成漢文的經論之中，敘述三聚淨戒的戒相條文而能具體化的，應該是《瑜伽論》，以及從其中抽拔異譯的《地持經》及《菩薩善戒經》（略稱《善戒經》）。所以也是中國漢、藏兩傳菩薩戒的主要根源，因為此三經論是綜合了大乘戒學，而以三聚淨戒作為三大綱領，統攝全部。[20]

又云：

> 據大野法道氏主張，三聚淨戒的三聚思想，係受《深密解脫經》卷四的影響而來，彼經將六波羅蜜各分三種，至於戒波羅蜜則為離諸惡行戒、修諸善行戒、利益眾生戒的三分。到了《地持經》便形成了：
> （一）律儀戒（Saṃvara-śilaṃ）
> （二）攝眾法戒（Kuśaladharmasamgrāhakam-śilaṃ）
> （三）攝眾生戒（Sattvārthakriyā-śilaṃ）[21]

因此，不管是在佛學思想的發展或戒律條文的形成上，《瑜伽師地論・菩薩地》的內容架構，都具有大乘佛學發展上的重要價值與意義。

---

20 聖嚴法師：《菩薩戒指要》（臺北：法鼓文化，1999 年），頁 48。
21 同上注，頁 54。

第三節　品目對照

《地持經》與《善戒經》雖然都是屬於《瑜伽師地論・菩薩地》的節譯本，但是跟《瑜伽師地論・菩薩地》相比，節譯本的《地持經》與《善戒經》都只有前三瑜伽處，而沒有「第四持次第瑜伽處」的內容，並且在具體的品目區分上，三部佛經也有一些出入，現將《地持經》、《善戒經》與《瑜伽師地論・菩薩地》的經目對照表整理如下：

表三：《地持經》、《善戒經》、《瑜伽師地論》經目對照表

<table>
<tr><th colspan="2">《瑜伽師地論・菩薩地》</th><th colspan="2">《地持經》</th><th colspan="2">《善戒經》</th></tr>
<tr><td rowspan="16">初持瑜伽處</td><td></td><td rowspan="16">初方便處</td><td></td><td rowspan="16">菩薩地</td><td>1.序品</td></tr>
<tr><td>1.種姓品</td><td>1.種姓品</td><td>2.善行性品</td></tr>
<tr><td>2.發心品</td><td>2.發菩提心品</td><td>3.發菩提心品</td></tr>
<tr><td>3.自他利品</td><td>3.自他利品</td><td>4.利益內外品</td></tr>
<tr><td>4.真實義品</td><td>4.真實義品</td><td>5.真實義品</td></tr>
<tr><td>5.威力品</td><td>5.力品</td><td>6.不可思議品</td></tr>
<tr><td>6.成熟品</td><td>6.成熟品</td><td>7.調伏品</td></tr>
<tr><td>7.菩提品</td><td>7.無上菩提品</td><td>8.菩提品</td></tr>
<tr><td>8.力種姓品</td><td>8.力種姓品</td><td>9.菩提力性品</td></tr>
<tr><td>9.施品</td><td>9 施品</td><td>10.施品</td></tr>
<tr><td>10.戒品</td><td>10.戒品</td><td>11.戒品</td></tr>
<tr><td>11.忍品</td><td>11.忍品</td><td>12.忍品</td></tr>
<tr><td>12.精進品</td><td>12.精進品</td><td>13.精進品</td></tr>
<tr><td>13.靜慮品</td><td>13.禪品</td><td>14.禪品</td></tr>
<tr><td>14.慧品</td><td>14.慧品</td><td>15.慧品</td></tr>
<tr><td>15.攝事品</td><td>15.四攝品</td><td>16.軟語品</td></tr>
</table>

	16.供養親近無量品		16.供養習根無量品		17.供養三寶品
	17.菩提分品		17.菩提品		18.三十七助道品
					19.助菩提數法餘品
	18.菩薩功德品		18.菩薩功德品		20.功德品
持隨法瑜伽處	1.菩薩相品	次法方便處	1.菩薩相品	如法住	1.菩薩相品
	2.分品		2.翼品		2.禪品
	3.增上意樂品		3.淨心品		3.定心品
	4.住品		4.住品		4.生菩提地品
持究竟瑜伽處	1.生品	畢竟方便處	**1.生品**	畢竟地	**1.生品**
	2.攝受品		2.攝品		2.攝取品
	3.地品		3.地品		3.畢竟品
	4.行品		**4.行品**		**4.行品**
	5.建立品		5.建立品		5.三十二相八十種好品
					6.住品
持次第瑜伽處	發正等菩提心品				

根據上表品目的對照，可以看出《地持經》與《瑜伽師地論・菩薩地》在品目的區分上是較為接近的，除了《地持經》沒有「第四持次地瑜伽處」以及部分品目翻譯詞語有異，兩經的品目大抵相互對應。相比之下，《善戒經》則多了一篇〈序品〉，且《瑜伽師地論》「初持瑜伽處」第 17 的〈菩提分品〉，《善戒經》也分為〈三十七助道品〉跟〈助菩提數法餘品〉兩篇。又「第三持究竟瑜伽處」第 5〈建立品〉，在《善戒經》裡，也分為〈三十二相八十種好品〉及〈住品〉兩篇。

由於《善戒經》在品目劃分上，與《地持經》並不是完全相同，且部分經文在兩部佛經裡，也並非一一都能找到相應的內容（如《地持經》沒有〈序品〉），因此，《地持經》與《善戒經》雖然都是屬於瑜伽行派〈菩薩地〉的修行戒法，但對於兩部佛經的底本來源，究竟是「同本異譯」的重譯經，或是「異本異譯」的佛經，歷來學者所持看法也有差異。例如梁僧祐《出三藏記集》卷九〈菩薩善戒菩薩地持二經記第四〉云：

> 又《菩薩地持經》八卷，有二十七品，……是晉安帝世，曇摩讖於西涼州譯出。……而今此本或題云《菩薩戒經》，或題云《菩薩地經》，與三藏所出《菩薩善戒經》，二文雖異，五名相涉，故同一記。又此二經明義相類，根本似是一經，異國人出，故成別部也。並次第明六度，品名多同，製辭各異。[22]

認為兩部經是「根本似是一經，異國人出」的同本異譯。唐智昇《開元釋教錄》認為兩部經「既有差殊，未敢為定。」即不確定是根據同一本經翻譯的。劉美琴（2006）指出現今日本學界多認為《地持經》與《善戒經》為「異本異譯」的兩部經典，並且從《地持經》、《善戒經》及《瑜伽師地論・菩薩地》各品次第及名稱的比對中，推論日本學界「異本異譯」的看法較為合理。[23]

22　（南朝梁）釋僧祐：《出三藏記集》（北京：中華書局，2003年），頁334。

23　劉美琴：《初期瑜伽行派於佛陀觀的發展——以《瑜伽師地論・菩薩地・菩提品》為中心之考察》（臺南：成功大學中國文學研究所碩士論文，2006年），頁24-25。

然而王文顏（1993）在討論佛典重譯經的譯本面貌時，曾經把漢譯佛典重譯經區分為「同本重譯類」、「總集重譯類」與「殘本重譯類」三種類別，其中有關「同本重譯」一類的佛典面貌，他說：

> 「同本重譯」是重譯經中最常見的譯本面貌，也是最單純的重譯經本，……而所謂「同本」，嚴格的說，應該是原典來自同一地區，版本完全相同，然而事實並非全然如此，印度佛教部派林立，同一部佛說的經典，流通在各部派之間，即有「大同小異」的差異，而這些「大同小異」的原典，很可能循不同管道傳入中國，同時又皆有幸譯成漢文，……因此同本重譯的經本，除了文句必然會有差異之外，可能在品目內容方面，也會出現損益不一的情況。[24]

文中並舉三本現存的《維摩詰經》譯本進行品目列表的比對，指出：

> 現存三部維摩詰經的品目數量相同，都是十四品，而且第四品、第六品、第十一品、第十三品等四品的品目譯名完全相同，其他各品的品目譯名雖不完全相同，但也都有相似或意義相通之處，這是典型「同本異譯」所呈顯出來的譯本面

24 王文顏：《佛典重譯經研究與考錄》（臺北：文史哲出版社，1993年），頁 55-56。

貌。[25]

若從此一論點來考量，則上表顯示的《地持經》與《善戒經》在各品的品目譯名上，雖然不完全相同，但是內在經文還是互相對應的，例如以「第三持究竟瑜伽處」第 5〈建立品〉在《善戒經》裡分為〈三十二相八十種好品〉及〈住品〉來說，品目雖然有別，但經文文句還是具有可互相對比的關係。所以磯田熙文與古坂紘一編著的《瑜伽師地論・菩薩地・隨法・究竟・次第瑜伽處》，才能夠把《善戒經》〈三十二相八十種好品〉及〈住品〉的文句，拿來跟《瑜伽師地論・菩薩地》及《地持經》〈建立品〉的經文，作逐句對譯、排比的呈現。因此，若把兩部譯經視為「同本異譯」的重譯經，似乎也沒有太大的問題。[26]

總之，不管是「同本異譯」或是「異本異譯」的重譯經典，由於這兩部佛經的翻譯年代相近，且從分布地域來看，一經譯出於北方姑臧，一經則譯於南方的建業，因此在性質上，其「品名多同，製辭各異」的內容仍可作為提供我們比對分析的語料，藉以觀察譯者語言的差異，以及南北朝時期是否存在有地域性用語的區別。

25　同上注，頁 58。

26　《地持經》與《善戒經》都是唐玄奘所譯一百卷本《瑜伽師地論・菩薩地》早期翻譯的單行本，雖然譯者所據以翻譯的底本，存在著「同本」、「異本」或「同式原本」等諸多的不同看法，但從來源上說，兩經明確都是來自於相同的佛經，故將之視為同一佛經的翻譯，應該是沒有問題的。不過，為了避免陷入「同本」、「異本」的爭論，本書一律稱為「同經異譯」。

第四節　小　結

大乘佛教瑜伽行派修行菩薩道的戒律，較早流傳至漢土並翻譯的佛經，為北涼曇無讖所譯的《地持經》。劉宋求那跋摩翻譯的《善戒經》，則是大乘戒法於漢土之中，向南流布至南方的重要經典。兩部佛經屬同經異譯的重譯經。雖然就其底本來源的問題，學界仍有「同本異譯」、「異本異譯」等不同的看法，但就其「品目多同，製辭各異」的特點來看，仍然適合作為翻譯詞語比較研究的語料。特別是這兩部佛經翻譯時代相近、地點分屬南北的性質，更有利於我們進行譯者語言地域性區別的探索。因此本書的撰寫，即是以之作為主要研究分析的對象。

在文獻資料方面，北涼曇無讖另有一卷本《菩薩戒本》（大正藏經號 1500）被保留下來。它是十卷本《地持經・戒品》的單行本，文句與《地持經・戒品》基本相同，故可直接以《地持經》作為主要依據。劉宋求那跋摩所譯的《善戒經》，同樣也有一卷本《善戒經》（大正藏經號 1583），是九卷本《善戒經》於繕寫時分出單行的版本，內容描述菩薩戒「重法」與「輕法」的戒律條文，與《地持經・戒品之餘》的「波羅夷」、「突吉羅」正好相應，並且是九卷本《善戒經》所沒有的部分，故可用以補足九卷本《善戒經・戒品》的內容。

漢譯本佛經之外，〈菩薩地〉還有梵文本與藏文本的流傳，後經羽田野伯猷、磯田熙文與古坂紘一等的編輯，分別將《瑜伽師地論・菩薩地》「初持瑜伽處」中的「戒品」，與「第二持隨法瑜伽處」、「第三持究竟瑜伽處」中各品經文的內容，按藏本、梵本、玄奘譯本、曇無讖譯本、求那跋摩譯本的順序，逐句進行排比、對照的整理，也為〈菩薩地〉的研究，帶來了非常大的便利性。因此，除了利用大正藏所收錄的《地持經》、《善戒經》作為語料觀察的來源，上述的這些資料，也是本書進行詞彙比較分析時，重要的參考文獻之一。

第三章
《地持經》與《善戒經》的音譯詞

漢語歷史發展中，因為文化交流產生語言接觸，從而使得漢語受到外來文化衝擊，導致外來詞語進入漢語詞彙系統的過程，主要有三次。一是漢武帝時張騫通西域；二是佛教文化的輸入；三是明清之際，東西方文化的交流。[1]這當中又以佛教輸入的互動與接觸，規模較大，影響較深。根據朱慶之（1992）的統計，東漢至宋代的佛經翻譯，總數高達 2148 部，8736 卷。[2]數量之多，實為古今中外翻譯史上罕有之成就。而因佛經翻譯所導致漢語詞彙系統的轉變，更是多層面的影響。例如梁曉虹（1994）就認為這種因佛教詞語的創造對漢語詞彙的影響，至少有以下五個面向：一是「樹立了吸收外來詞的樣板」；二是「擴充了漢語詞彙的寶庫」；三是「豐富了漢語詞彙的構造方式」；四是「加速了漢語詞彙雙音節化

1　梁曉虹：《佛教詞語的構造與漢語詞彙的發展》（北京：北京語言學院出版社，1994 年），頁 6。

2　朱慶之：《佛典與中古漢語詞彙研究》（臺北：文津出版社，1992 年），頁 36。

的進程」；五是「促進了漢語口語化的發展」。[3]由此可見佛經翻譯與漢語詞彙系統的歷史演變，關係密切。

語言的翻譯，不外乎透過「音」與「義」兩種基本的途徑。因此佛經翻譯所帶來的外來語詞，也就可區別為「音譯」與「意譯」兩種主要的方式。但由於譯者不同等諸多因素，有時雖同樣採取「音譯」手法，卻也可能選用不同的漢字作為對譯的用字，梁曉虹（1994）云：

> 音譯詞，用來記音的漢字，往往不很固定，一個詞會有很多不同的書寫形式。……這與譯者的梵語水平有關，也由於有古譯、舊譯、新譯之異，而漢字又有古今音、方音之別。但是，在逐漸的使用過程中，逐步規範化，最後都會固定於一種較通用的寫法。[4]

與音譯詞相同，佛經譯者有時雖同採「意譯」，但因為切入解釋的角度不同，也會形成不同的用語。例如菩薩戒之重戒，在《瓔珞經》中稱作「十不可悔」，《瑜伽論》稱為「他勝處」，《優婆塞戒經》稱作「六重法」，雖都屬意譯，但所釋義的著重點不同，因而也就產生了不同的用語。[5]再加上不同譯者對音譯或意譯的偏

---

3 梁曉虹：《佛教詞語的構造與漢語詞彙的發展》（北京：北京語言學院出版社，1994 年）。

4 同上注，頁 10。

5 聖嚴法師：《戒律學綱要》（臺北：法鼓文化，1999 年），頁 349-350。

好，[6]有時也會形成音譯詞與意譯詞之間的對應。因此，重譯經之間的用詞差異，背後可能涉及多種不同的因素。在詞形的對應上，兩經所使用的詞語很多時候並非單純一對一的關係，而是存在著一對多或多對多的複雜網絡。而透過具體的分析與比較，將有助於釐清這些詞彙網絡之間的語言現象。

若以翻譯詞語的方法為標準，《地持經》與《善戒經》所呈現出來的詞語對應，基本上可區分為四種情形：一是兩部譯經都使用相同的音譯詞或意譯詞；二是兩部譯經同採音譯或意譯手法，但出現用字或用語不同的情況；三是兩部譯經雖同採音譯手法，但音節數不同；四是兩部譯經中的其中一部採音譯，另一部採意譯所形成的差異。本章著重探討音譯詞的現象，因此主要聚焦於音譯形式的比對，至於意譯詞，則留待下一章進行討論。

第一節　相同的音譯詞

相同的音譯詞，指的是《地持經》與《善戒經》兩部佛經都使用音譯，用以對音的漢字也相同。這種情形，在兩部佛經所使用的音譯詞裡，出現最多，並且所使用的詞語，一般都是前有所承。顯示南北朝時期的佛經翻譯，雖有南北譯場的差別，但基本沿襲古譯時期以來的多數佛教名相術語及文化詞。根據筆者的整理，這些詞語及其出現在兩經中的統計次數，如下表所列：

6　顧滿林：〈試論東漢佛經翻譯不同譯者對音譯或意譯的偏好〉，四川大學漢語史研究所編《漢語史研究集刊（第五輯）》（成都：巴蜀書社，2002年），頁379-390。

表四：相同音譯詞使用次數統計表

詞條	地持經	善戒經[7]	梵文[8]	漢譯
尸羅	4	3	（śīla）	正譯曰清涼，傍譯曰戒，舊譯曰性善
沙門	23	26	śramaṇa	苦行者，遊行僧，尤指佛教徒或耆那教徒的修行者
剎利	7	5	rāja-kṣatriyādayo kṣatriyo	剎帝利，印度四姓之第二，田主，王種。
波旬	1	1	（pāpīyas）	殺者，惡者
首陀	2	1	śūdro	天竺四大姓之第四，農人奴隸。
毘尼	3	10	vinaya	律藏
毘舍	2	1	vaiśyaḥ	天竺四姓之一
琉璃	1	4	（vaiḍūrya）	遠山寶，不遠山寶，（七寶之一）
頗梨	2	5	（sphaṭika, phāṭika）	水玉，水精，白珠
檀越	3	13	（dāna-pati）	施主
瓔珞	4	11	（keyūra）	編玉而懸於身者
羼提	10	12	kṣānti	忍辱（六度之一）
伊尼延	1	1	eṇīya	鹿，鹿王
那羅延	2	3	nārāyaṇa	人種神，人生本（天

7 本表「善戒經」一欄的統計數字，是把一卷本與九卷本《善戒經》加以合計，後面幾個小節的表格數字也採取相同的方式統計。

8 表格內「梵文」一欄，若有梵本經文可對照，則直接錄出所對應的梵文。若無梵本經文可供對照，則以參考丁福保《佛學大辭典》、平川彰《佛教漢梵大辭典》與林光明、林怡馨《梵漢大辭典》等資料內的梵文作為對比，並在梵文之外，加上括弧以茲區別。若三種資料皆無，則以「——」標注。後面幾個小節的處理方式同此。

				上力士之名，或梵天王異名）
阿修羅	7	2	asura	非天，障蔽，旡善神；不飲酒，無酒神
阿僧祇	22	21	asaṃkhyeyena, asaṃkhyeya	無數，無央數（印度數目名）
陀羅尼	19	22	dhāraṇī	總持，總持咒，總，持
阿羅漢	6	4	arhato, arhatāṃ	殺賊，應，應供，應真，真人
阿羅呵	0	1	（arhat）	應，應供
波羅夷	12	1	pārājayika	退沒，不共住，墮落，墮不如意處，斷頭，無餘，他勝（六聚罪之第一，戒律中之嚴重罪）
突吉羅	5	1	duṣkṛta, duṣkṛtām	惡作，小過，作罪，不善，行不善，惡業，過失，惡說
毘梨耶	9	8	vīrya	力，勤，進，精進，正勤，精勤，勇健，勇猛，威猛，強健，勤勇，進策，勤精進
旃陀羅	1	5	（caṇḍāla, caṇḍālī）	屠種，屠家，惡煞，主煞人，魁膾，暴厲，執惡，下賤種，棄捐種，嚴熾，執暴惡人
栴陀羅	1	5	（caṇḍāla）	屠種，屠家，惡煞，主煞人，魁膾，暴厲，執惡，下賤種，棄捐種，嚴熾，執暴

				惡人
修多羅	48	4	（sūtram, sūtrāntā）	縷，繩，絲，經，線，綖，索，總，教，鎖，絲縷，界線，經典，集略，契經
婆伽婆	2	1	（bhagavat）	世尊，有德，德成就，摠攝眾德，出有，出有壞，如來，佛，佛世尊，如來，諸佛如來
婆羅門	24	23	brāhmaṇa, brāhmaṇo	淨行，靜胤，梵志
乾闥婆	5	3	（gandharva）	樂神，樂人，音樂，食香，尋香，尋香行，香神，香音神，香陰，嗅香
辟支佛	7	22	pratyeka-buddhānām	緣覺（舊譯），獨覺（新譯）
緊那羅	5	2	（kiṃnara）	人非人，是人非人
憍奢耶	1	1	kauśeya	虫衣，段絹，雜野蠶綿（絹衣名）
閻浮提	5	3	jaṃbūdvīpa	贍部洲，剡浮洲，譫浮洲
優婆塞	1	9	upāsaka	清信士，近事男，善宿男
優婆夷	1	4	upāsikā	清淨女，清信女，近善女，近事女
優曇鉢	1	1	（udumbara, audumbara）	靈瑞，瑞應（花名）
兜率天	6	2	saṃtuṣito	喜足天，具喜天，知足，知足天，妙足，妙足天，善知足天

兜率陀天	1	1	（tuṣita）	喜足天，具喜天，知足，知足天，妙足，妙足天，善知足天
毘婆舍那	1	15	vipaśyanā	觀，慧，妙觀，正見
摩睺羅伽	5	2	（mahôraga）	大腹行，大有行龍
摩醯首羅	1	1	maheśvara	大自在天
波羅提木叉	3	5	prātimokṣa	別解，別解脫，別別解脫，各各解散
般若（波羅蜜）	27	27	prājñāpāramitā	智慧（六度之一）

根據上表所列，可以看出《地持經》與《善戒經》相同的音譯詞很多，且多數的佛教詞語到今天都還普遍使用，例如：「般若」、「檀越」……等。這些音譯詞多半是承襲前人的翻譯，所以都使用相同的音譯形式。

不過，上表有幾個音譯詞，雖同時見於兩部譯經當中，但在使用的次數上，卻有著較為懸殊的比例，例如「修多羅」、「波羅夷」及「毘婆舍那」等。造成這種現象的原因不一，底下分項舉例說明。

一、修多羅

「修多羅」在《地持經》裡出現了 48 次之多，但在《善戒經》中只有 4 次。該詞在《地持經》裡，以卷九使用 27 次最多，且多數是以「如修多羅十地離垢地說」、「廣說如修多羅十地明地說」、「如修多羅說」等固定套語形式出現，而在《善戒經》裡，則往往刪略「修多羅」，例如：

(01)說深法義境界有五種：一者於如來所說**修多羅**、甚深、空相、應緣起隨順。（地持經 T30n1581_p0938a17）

(02)說甚深義有五因緣：一者說**修多羅**甚深之義，解說空義，三世中陰退不退我我所，佛性菩薩性如來涅槃三乘，色造色十二因緣，是名**修多羅**義。（善戒經 T30n1582_p1000c16）

(03)若以願力神力所作，則有無量億百千劫不可數知，是名略說歡喜住。……廣說如**修多羅**十地歡喜地說。修多羅說十地，即此菩薩藏摩得勒伽說十住，攝受眾生故說地，自受行住故說住。（地持經 T30n1581_p0941c17）

(04)菩薩摩訶薩住喜行時，能作如是神通等事。……喜行者，如十住中歡喜地說。利他故名地，自利故名行。（善戒經 T30n1582_p1004a23）

(05)此住清淨心，成就受生，作轉輪王，王四天下。以自在力令諸眾生離諸惡戒，行善業迹。神力十事如**修多羅**說，是名略說增上戒住。……眾生界善惡業生苦眾難，得廣大哀愍，見佛，善根清淨，受生神力，廣說如**修多羅**十地離垢地說。（地持經 T30n1581_p0942a12）

(06)菩薩摩訶薩住戒行時，若生世間作轉輪王，王四天下。能轉眾生毀戒惡業，安置眾生善法戒中。餘如初說，亦如十住離垢地說。（善戒經 T30n1582_p1004b18）

例 01-06 可分成三組，例 01 與例 02 顯示《地持經》與《善戒經》都使用音譯詞「修多羅」。但例 03、04 與例 05、06，顯示《地持經》中所譯「廣說如修多羅十地歡喜地說」與「廣說如修多羅十地離垢地說」，《善戒經》都只譯作「如十住中歡喜地說」與「亦如十住離垢地說」，省略了音譯詞「修多羅」。若以之與梵文本經文作比對，可以更清楚看出《善戒經》這一省略的情形。如例 03「廣說如修多羅十地歡喜地說」，《善戒經》作「喜行者，如十住中歡喜地說」，該句梵文本作「vistara-nirdeśataḥ punar yathā-sūtram eva daśa-bhūmike pramudita-bhūmi-nirdeśam」[9]，《善戒經》省去了梵文「sūtram」的對譯。又如例 05「廣說如**修多羅**十地離垢地說」，《善戒經》作「亦如十住離垢地說」，梵文本經文為「vistara-nirdeśataḥ punar yathā-sūtram eva yathā daśa-bhūmike vimalāyāṃ bhūmau」[10]，《善戒經》也沒有梵文「vistara-nirdeśataḥ punar yathā-sūtram」的對譯文句。[11]由於《地持經》卷九所譯的這類套語形式中的「修多羅」，在《善戒經》裡大都省略而不另外翻譯，因而使得該詞在兩部譯經中出現的次數，呈現出數量不對等的情形。

佛經翻譯，除了從原典逐字逐句對譯的直譯方式以外，有時經常會以略譯的方式進行，如李煒（2011）指出，早期漢譯佛經翻譯方法，有著略譯形式的特點，此一略譯的現象，又可分為「刪減經文」與「概括文義」兩種情形，他說：

9　（日）磯田熙文、古坂紘一：《瑜伽師地論・菩薩地・隨法・究竟・次第瑜伽處》（京都：法藏館，1995 年），頁 119。

10　同上注，頁 128。

11　此例《善戒經》除了沒有與梵文「vistara-nirdeśataḥ punar yathā-sūtram」對譯的文句以外，《地持經》與梵文本所對譯的「是名略說增上戒住。……眾生界善惡業生苦眾難，得廣大哀愍，見佛，善根清淨，受生神力」一整段經文內容，《善戒經》也都沒有對譯的經文。

> 佛經的篇幅一般都比較長，完整翻譯一部佛經需要數月甚至盈年，在這種情況下，譯經者對經文採取「概括全文要點，翻譯實質內容，省略重複修飾」的方法進行翻譯；雖篇幅減短，但脈絡仍存，內容簡略，可精髓不失。這在當時是行之有效的方法。[12]

「省略重複修飾」，包含反複出現的套句、詞語的刪減。因此，比較「修多羅」在《地持經》與《善戒經》的使用情形，可看出該詞語的翻譯，求那跋摩是較多採取略譯的手法。反觀曇無讖譯經，則相對帶有濃厚的直譯風格。

不過，《地持經》與《善戒經》對「修多羅」的使用差異，並不全然都是刪略的結果，有時是因為採用音譯與意譯的方式不同所致，例如：

> (07)離十四垢業，謂隱覆六方。離四惡友，攝四善友，如**修多羅**廣說。（地持經 T30n1581_p0929b03）
> (08)具足十四事，所謂六方便、四惡知識、四善知識，如**善生經**說。（善戒經 T30n1582_p0994b13）

上舉例 07《地持經》「如修多羅廣說」一句，例 08《善戒經》譯作「如善生經說」，前者採音譯，後者則改以意譯形式翻譯。且《善戒經》所採意譯，除了以「經」對譯外，有時也將「修多羅」

---

12 李煒：《早期漢譯佛經的來源與翻譯方法初探》（北京：中華書局，2011年），頁 186。

譯作「法」。關於這一點，筆者利用羽田野伯猷編集的《瑜伽師地論・菩薩地・戒品》梵漢譯本作採樣觀察，發現「修多羅」在《地持經・戒品》中共出現 4 次。其對應的梵文與《善戒經》的經文如下：

表五：〈戒品〉音譯詞「修多羅」對照表

梵文	曇無讖	求那跋摩	卷別	頁碼
sūtra- piṭakād	修多羅藏	法藏	戒品	94
sūtra- piṭakaṃ	修多羅藏	法藏	戒品	96
sūtra- piṭake	修多羅藏		戒品	110
sūtrânteṣu	修多羅		戒品	214

上表 4 次對比的經文詞語，顯示了《善戒經》除了因採略譯方式而較少出現音譯詞「修多羅」以外，尚有部分例子，是受到意譯的影響。

二、波羅夷、毘婆舍那

這類因音譯、意譯不同，所導致使用次數產生比例懸殊的情形，還有「波羅夷」、「毘婆舍那」與「摩訶薩」等。以「波羅夷」來說，梵文作「Pārājika」，丁福保《佛學大辭典》云：「六聚罪之第一，戒律中之嚴重罪也。」[13]其在《地持經》裡，主要出現在卷五的「戒品之餘」。與之對應的《善戒經》，皆以「重法」譯之，例如：

13　丁福保：《佛學大辭典》（臺北：新文豐出版公司，2008 年），頁 1536。

(09)如是菩薩住律儀戒者，有四**波羅夷**處法。何等為四？菩薩為貪利故自歎己德，毀呰他人，是名第一**波羅夷**處法。（地持經 T30n1581_p0913b01）

(10)爾時是師便應為說犯非犯法：「某甲諦聽！菩薩戒者，有八**重法，四重**如先。」菩薩若為貪利養故，自讚其身得菩薩戒、住菩薩地，是名菩薩第五**重法**。（善戒經 T30n1583_p1015a02）

(11)菩薩自有財物，性慳惜故，貧苦眾生無所依怙來求索者，不起悲心，給施所求，有欲聞法，悋惜不說，是名第二**波羅夷**處法。（地持經 T30n1581_p0913b03）

(12)若有貧窮受苦惱者及以病人來從乞索，菩薩貪惜不施，乃至一錢之物。有求法者，悋惜不施，乃至一偈，是名菩薩第六**重法**。（善戒經 T30n1583_p1015a07）

關於菩薩戒之戒律，《地持經》與《善戒經》具體的戒條數量雖有「四波羅夷」與「八重法」的差異，但如單純就戒法的翻譯來看，上舉《地持經》「波羅夷處法」都是對應《善戒經》的「重法」，顯示數量分布不均的原因，包含了兩位譯者所採音譯、意譯不同方式的因素在內。

音譯、意譯的不同，有時是曇無讖採音譯而求那跋摩取意譯，如「修多羅」與「經／法」。有時則是《善戒經》以音譯翻之，《地持經》為意譯，例如「毘婆舍那」，梵文作「vipaśyanā」，丁福保《佛學大辭典》云：「又作毘缽舍那，譯曰觀，見，種種觀察等。觀見事理也。」[14]兩部譯經中對應的經文如：

(13)法次法向修者，略說四種：一者止，二者**觀**，三者修習止觀，四者樂止觀。（地持經 T30n1581_p0905a28）

(14)云何名修集？修集有四：一者舍摩他，二者**毘婆舍那**，三者愛樂修集，四者隨所修集樂在中住。（善戒經 T30n1582_p0978c28）

(15)**觀**者，彼止所熏修，憶念思惟，如正思法相，憶念選擇，乃至明慧，是名為觀。（地持經 T30n1581_p0905b04）

(16)**毘婆舍那**者，修舍摩他能觀法界分別法相，求於善法遠離惡法，智慧正見，不顛倒見，善解於義，是名毘婆舍那。（善戒經 T30n1582_p0979a05）

(17)三者得禪定修慧及餘止、**觀**善根……（地持經 T30n1581_p0926c10）

(18)四者得舍摩他、**毘婆舍那**……（善戒經 T30n1582_p0992b03）

(19)若彼菩薩於此法如是不起妄想者，是名為止。及彼如實知第一義，及無量處方便知法，是名為**觀**。（地持經 T30n1581_p0930a05）

(20)菩薩若知不以覺觀觀三十七品，是名舍摩他。菩薩若知法界真實不可宣說，是名**毘婆舍那**。（善戒經 T30n1582_p0994c28）

---

14 同上注，頁 1591。

《地持經》與《善戒經》經文的對照，顯示曇無讖都將「vipaśyanā」意譯為「觀」，求那跋摩則音譯作「毘婆舍那」，所以「毘婆舍那」在《善戒經》中出現了 15 次，但在《地持經》僅有 1 次。與此相關的還有「舍摩他」，如上舉四組例句，《地持經》亦都意譯作「止」，《善戒經》則依梵文音譯作「舍摩他」。不過，「舍摩他」一詞在兩經中，除了出現次數比例懸殊外，尚有用字不同的情形，故留待下一類別中討論。

三、瓔珞

音譯詞中，還有「瓔珞」在《地持經》中只出現 4 次，《善戒經》用了 11 次。《地持經・住品》（《善戒經・生菩提地品》）有下面這一組對比的經文：

(21)猶如工匠作金**瓔珞**，為令眾生受歡喜樂。（善戒經 T30n1582_p1005a06）
(22)譬如真金為**莊嚴具**，餘金不及。（地持經 T30n1581_p0942c22）

《善戒經》「瓔珞」與《地持經》「莊嚴具」相對，其所對應的梵文為「alaṃkāra」[15]，有「裝飾；裝飾品，首飾」之義。[16]在這個例子裡，曇無讖是直接就梵文的字面意思翻譯，求那跋摩則是舉裝

15 （日）磯田熙文、古坂紘一：《瑜伽師地論・菩薩地・隨法・究竟・次第瑜伽處》（京都：法藏館，1995 年），頁 147。
16 林光明、林怡馨：《梵漢大詞典》（臺北：嘉豐出版社，2004 年），頁 68。

飾品中的具體事物「瓔珞」來翻譯，雖然「瓔珞」仍是音譯詞，但對應梵文本，卻是選用了另一個詞語。

四、阿羅呵

上表另有「阿羅漢」一詞，兩經都有出現，但「阿羅呵」則只見於《善戒經》裡。不過，在日本大正新脩大藏經中，《地持經》雖無「阿羅呵」，但下面這個例子，存在著版本用字的差異：

> (23)勝聲聞者，謂最後身無師自悟，本習力故，修三十七品斷一切結，得阿羅漢證。（地持經 T30n1581_p0901a21）

上段經文裡，知恩院本「阿羅漢」一詞作「阿羅呵」，由於有版本用字的差異，因此該詞也可視為兩經都有使用的音譯詞，而歸入這一類的音譯詞之中。

第二節　音節數相同而用字不同的音譯詞

除了相同的音譯詞以外，佛經音譯當中，還存在著「同詞異形」的現象，如顧滿林（2005）云：

> 另有一部分音譯詞在東漢譯經中不是一詞一譯一形。有的詞既出現全譯形式又出現節譯形式；有的詞在節譯時可以多保留一個或幾個音節，也可以盡量節縮；有的詞儘管音節數固定，但用來表記該詞的漢字不固定，同一個詞有不止一種書

寫形式。這種現象可以稱作音譯詞的「同詞異形」。[17]

《地持經》與《善戒經》相同音譯詞的使用數量雖多，但並非完全一致。「同詞異形」的現象，在兩部譯經中亦時常可見，「音節數相同而用字不同的音譯詞」即屬於其中的一種。這類音譯詞如下：

表六：音節數相同而用字不同音譯詞使用次數統計表

詞條	地持經	善戒經	梵文	漢譯
琉璃	1	4	（vaiḍūrya）	遠山寶，不遠山寶，（七寶之一）
瑠璃	2	0	vaiḍūrya vaiḍūrya	即「琉璃」
流璃	1	0	——	即「琉璃」
夜摩（天）	1	2	suyāmo	欲界六天中第三天名
焰摩（天）	1	0	suyāmo	欲界六天中第三天名
陀彌羅	1	0	（drāmiḍa）	南印土國名
陀毘羅	0	1	（draviḍa）	南印土國名
迦旃延	2	0	（kātyāyana, kātyāyanī）	佛十大弟子中，論議第一之摩訶迦旃延子
迦栴延	0	4	（kātyāyana, kātyāyanī）	佛十大弟子中，論議第一之摩訶迦旃延子
菴羅	1	2	（āmra）	果名（芒果樹）
菴摩勒	0	1	（āmra）	果名（芒果樹）
阿摩勒	0	1	（āmra）	果名（芒果樹）
尼拘類	1	0	nyagrodha	樹名
尼拘陀	0	1	nyagrodha	樹名

17 顧滿林：〈東漢佛經音譯詞的同詞異形現象〉，四川大學漢語史研究所編《漢語史研究集刊（第八輯）》（成都：巴蜀書社，2005 年），頁 325。

迦樓羅	4	2	（garuḍa）	金翅鳥，妙翅鳥，頂瓔鳥
迦留羅	1	0	（garuḍa）	金翅鳥，妙翅鳥，頂瓔鳥
尼乾	1	0	（nirgrantha）	六大外道之一
尼揵	0	1	（nirgrantha）	六大外道之一
舍摩他	0	21	śamatha	止，寂靜，能滅，禪定七名之一
奢摩陀（他）	1	0	śamatha	止，寂靜，能滅，禪定七名之一
阿迦花	1	0	（arka-puṣpa）	花名
頗迦花	0	1	——	花名
波羅榇	1	0	vārāṇaseyakasya	國名
婆羅榇	0	1	vārāṇaseyakasya	國名
憂檀那	8	0	（udāna）	發語言時喉中之風
優陀那	0	4	（udāna）	發語言時喉中之風
式叉摩尼	1	0	śikṣamāṇā	學法女，正學女
式叉摩那	0	1	śikṣamāṇā	學法女，正學女
安那般那	1	0	（ānâpāna）	入出息，數息觀
阿那波那	0	1	（ānâpāna）	入出息，數息觀
迦陵毘伽（動物）	1	0	（kalaviṅka, karaviṅka）	鸞，哀鸞，好聲（鳥），和雅
迦陵頻伽（動物）	0	1	（kalaviṅka, karaviṅka）	鸞，哀鸞，好聲（鳥），和雅
多陀阿伽馱	1	0	tathāgata	如來，如去，如來至真，得如者，得真如成如來者，佛，世尊
多陀阿伽度	0	1	tathāgata	如來，如去，如來至真，得如者，得真如成如來者，佛，世尊

上表同採音譯而用字不同的詞語，大致可區分為兩種狀況：

一、兩部譯經各用語音相同的不同漢字去對譯

這是指音譯詞中的某一音節，雖使用不同的漢字對譯，但兩字讀音相同[18]，如「尼乾」與「尼揵」，在兩部譯經裡各別都只出現 1 次，《地持經》作「尼乾」，《善戒經》作「尼揵」。丁福保《佛學大辭典》「尼犍」條云：「又作尼虔，尼乾，尼健。六大外道之一。」[19]「乾」字《廣韻》有「仙」韻「渠焉切」一讀，與「揵」字音同，中古音作「gjän」[20]。又如「琉璃」，丁福保《佛學大辭典》云：「新譯曰吠琉璃，吠琉璃耶，毘頭梨，吠努璃耶等。七寶之一。」[21]該詞於《地持經》中尚有作「瑠璃」與「流璃」者，《善戒經》都寫作「琉璃」。《廣韻》「瑠」與「流」皆為「力求切」，中古音作「ljǒu」。又《集韻・尤韻》「瑠，瑠璃珠也，或作琉。」[22]故知「琉」乃「瑠」之異體，因此《地持經》的「瑠璃」、「流璃」與「琉璃」，都是屬於用語音相同的不同漢字去對譯的例子。

又如佛陀十大弟子之一的「迦旃延」，《地持經》出現 2 次，皆作「迦旃延」，《善戒經》出現 4 次，「旃」字作「栴」。

---

18 這裡所謂的讀音相同，指的是漢語中古音系統的擬音相同。

19 丁福保：《佛學大辭典》（臺北：新文豐出版公司，2008 年），頁 866。

20 本書中古音的擬音，主要根據李方桂的中古音系統，構擬資料來源於中央研究院「漢字古今音資料庫」，網址：http://xiaoxue.iis.sinica.edu.tw/ccr#。部分國際音標符號改以修改後的音標，如影母由（·）改為（ʔ）。

21 同注 19，頁 2499。

22 （宋）丁度等：《集韻》（臺北：臺灣中華書局，1965 年），卷四（平聲），頁 15。

「旃」與「栴」在《廣韻》中同屬「仙」韻「諸延切」，中古音作「tśjän」。這類音譯詞的對比，顧滿林（2005）將之歸為「文字使用的不同」，他說：

> 有時候，同一音譯詞的異形之間並不存在讀音上的差別，而是用來記音的漢字不同。漢字有很多的同音字，不同的譯者有很大的選擇空間，同一譯者在不同場合也可能靈活選用同音字。[23]

因此產生這類音譯詞不同的原因，與譯者選用字詞的風格有關。不過，這當中也可能有形體相近的因素，如上舉「迦旃延」在《善戒經》裡，有如下一段經文：

> (24)是故如來為**迦栴延**比丘而作是說：「**迦栴延**！我弟子者，不著地定，水火風定。」（善戒經 T30n1582_p0970b07）

其中「栴」字在元大普寧寺藏及明方冊藏都作「旃」，顯示這類用字差異，有版本傳抄的不同。從字形上看，「栴」與「旃」聲符相同，形符則一作「木」一作「方」，形體相近。清邢澍《金石文字辨異》「旃」字下云：「〈唐多寶塔碑〉『等旃檀之圍繞』案：旃

23 顧滿林：〈東漢佛經音譯詞的同詞異形現象〉，四川大學漢語史研究所編《漢語史研究集刊（第八輯）》（成都：巴蜀書社，2005 年），頁 334-335。

即栂。」[24]因此其用字上的差別，也有可能是起因於形體相近的異體字傳抄的結果。

二、對譯的漢字音值不同

第二種情形為兩經所用的音譯詞，音節數相同，但用以對譯的漢字音值並不相同，這又可區分為幾種情形：

（一）具體對譯的音節不同

這種不同漢字對譯不同音節的情形，如：「尼拘類」。該詞在《地持經》出現 1 次，《善戒經》也出現 1 次，寫作「尼拘陀」。《廣韻・至韻》「類，力遂切」，中古音作「ljwi」。又《廣韻・歌韻》「陀，徒河切」，中古音作「dâ」。顧滿林（2005）認為這是因為譯者對具體音節的取捨存在著差異，即「尼拘類」的「類」字，對譯的是梵文「nyagrodha」的「ro」，而「尼拘陀」的「陀」，則是對譯梵文「nyagrodha」的「dha」，因為對譯的音節不同，故形成不同的音譯形式。

（二）語音的取捨增減分析不同

有時不同漢字的對譯，是因為對來源語詞的音段有所取捨或增減，這又有幾種情形，分析如下：

1、略去音段

這類例子如「式叉摩尼」，《地持經》出現 1 次，《善戒經》亦出現 1 次，但「尼」字作「那」。《廣韻・脂韻》「尼，女夷切」，中古音作「ṇji」；《廣韻・歌韻》「那，諾何切」，中古

24 （清）邢澍：《金石文字辨異》（上海：上海古籍出版社，1995 年，《續修四庫全書》），頁 8。

音作「nâ」。比對梵文「śikṣamāṇā」，可知「式叉摩那」譯出梵文「ṇā」這一音節，但「式叉摩尼」則沒有譯出梵文最後的元音「ā」。又如梵文「kalaviṅka」在兩部譯經中，分別譯作「迦陵毘伽」與「迦陵頻伽」，「迦」《廣韻》有二讀，一為「戈」韻「居伽切」，中古音作「kjâ」，另一為「麻」韻「古牙切」，中古音擬為「ka」。「陵」《廣韻》「力膺切」，中古音作「ljəng」，「毗（毘）」《廣韻》「房脂切」，擬音為「bi」，「頻」《廣韻》「符真切」，擬音為「bjiĕn」，「伽」《廣韻》「求迦切」，擬音為「gjâ」。其中「毘」與「頻」對譯的音節應是「viṅ」，《地持經》譯作「毘」是略去了梵文「ṅ」。

2、同一輔音兼屬兩個音節

顧滿林（2005）指出語音取捨增減所造成的同詞異形，有因同一輔音是否兼屬兩個音節所導致詞形差異的現象，並引儲泰松（1995）及施向東（2002）的說法云：

> 儲泰松先生（1995）稱之為「單輔音的前後兼用」即「一個輔音既作為上一音節的韻尾，又作為下一音節的聲母」。施向東先生（2002）稱之為「增音」之一種：「增加輔音，最常見的是將後一音節的起首輔音間兼作前一音節的韻尾。」[25]

例如「安那般那」與「阿那波那」。「安」《廣韻》「烏寒切」，中古音作「ʔân」，「阿」《廣韻》「烏何切」，中古音作「â」，

---

25 顧滿林：〈東漢佛經音譯詞的同詞異形現象〉，四川大學漢語史研究所編《漢語史研究集刊（第八輯）》（成都：巴蜀書社，2005 年），頁 330。

「般」《廣韻》有四讀，其反切與中古擬音分別為「薄官切」（buân）、「北潘切」（puân）、「布還切」（pwan）與「北末切」（puât）。至於「波」，《廣韻》「博禾切」，中古音作「puâ」。比較「安（ʔân）那（nâ）般（puân）那（nâ）」與梵文「ānâpāna」的對音資料，可知將梵文「ānâpāna」譯作「安那般那」即屬同一輔音兼屬兩個音節的情形。而「阿（â）那（nâ）波（puâ）那（nâ）」一詞，則是將梵文的「n」歸屬於第二與第四音節，與一、三兩個音節無涉，故使用非陽聲韻的「阿」與「波」對譯梵文的「ā」跟「pā」。

又如「夜摩天」在《地持經》與《善戒經》中有 1 次是相對應的。《善戒經》卷八亦有「夜摩天」，《地持經》則作「焰摩天」[26]，該例有梵文本可參照，所對譯的梵文本作「suyāmo」，玄奘譯本譯作「蘇夜摩」，屬全譯。曇無讖與求那跋摩譯本都省略第一音節「su」，節譯作「夜（焰）摩」。《地持經》以「焰」字對譯，《廣韻》「焰」屬「豔」韻「以贍切」中古擬音為「jiäm」，《善戒經》以「夜」字對譯，《廣韻》「夜」為「禡」韻「羊謝切」，中古擬音為「jia」，故以「焰」對譯，是把梵文的「yāmo」拆成「yām」與「mo」。譯作「夜摩」則是將梵文「yāmo」拆成「yā」與「mo」，兩者差異，也是輔音「m」是否兼屬兩個音節所導致的影響。

再如「憂檀那」與「優陀那」，《廣韻》「檀」屬「寒」韻「徒干切」，中古擬音為「dân」，「陀」為「歌」韻「徒河

26　（日）磯田熙文、古坂紘一：《瑜伽師地論・菩薩地・隨法・究竟・次第瑜伽處》（京都：法藏館，1995 年），頁 148。

切」，中古擬音為「dâ」。將「udāna」譯作「憂檀那」，也是「n」兼屬兩個不同音節的結果。

3、增加音段

「多陀阿伽馱」與「多陀阿伽度」在兩部佛經裡也都只出現 1 次，其梵文為「tathāgata」，「馱」字在《廣韻》有「徒何切」與「唐佐切」兩讀，一屬平聲，一屬上聲，擬音上都作「dâ」。「度」在《廣韻》也有「暮」韻「徒故切」與「鐸」韻「徒落切」兩讀，中古音分別擬作「duo」與「dâk」，就音值來看，與梵文「ta」音節較接近的應是入聲的「dâk」，但在梵文中沒有「-k」尾。顧滿林（2005）指出，在「音素的取捨」中，有一類因輔音的去留增減所造成同詞異形的現象，如「迦留羅／迦留勒」對譯梵文的「garuda」，照梵文原音作「羅」，加塞音韻尾「-k」作「勒」。但對於這類輔音增加，卻沒有形成音譯詞在書寫形式上跟著增加字數的原因，認為有待考察。[27]《善戒經》中將「tathāgata」譯作「多陀阿伽度」也屬相同的音譯詞現象，「度」字的對譯多出了韻尾「-k」。又如「菴羅」，丁福保《佛學大辭典》「菴摩羅」條云：「一作菴羅，菴沒羅。果名。新稱阿末羅，阿摩洛迦，菴摩洛迦等。舊稱菴摩羅，阿摩勒，菴摩勒等。」[28]該詞在兩部譯經中都有使用，但《善戒經》除「菴羅」外，尚有「菴摩勒」與「阿摩勒」未見於《地持經》。「菴」字在《廣韻》有「覃」韻「烏含切」與「鹽」韻「央炎切」二讀，中古擬音分別為

27 顧滿林：〈東漢佛經音譯詞的同詞異形現象〉，四川大學漢語史研究所編《漢語史研究集刊（第八輯）》（成都：巴蜀書社，2005 年），頁 329。

28 丁福保：《佛學大辭典》（臺北：新文豐出版公司，2008 年），頁 2108。

「ʔậm」與「ʔjäm」；「羅」字《廣韻》「魯何切」，中古音作「lâ」。比較梵文「āmra」，可知「菴（ʔậm）羅（lâ）」大致對應梵文兩個音節的讀法。「菴（ʔậm）摩（muâ）勒（lək）」與「阿（â）摩（muâ）勒（lək）」則多出韻尾「-k」，與「多陀阿伽度」一詞相同。而如果把這兩個音譯詞放在一起看，似乎顯示《善戒經》中較易出現這種加塞音尾 -k 的音譯詞。

（三）對譯的梵文拼音有異

有時兩部佛經音譯詞的漢字音值不同，是因為受到對譯的梵文，本身拼音有異的影響。例如《地持經》中的「陀彌羅」，在《善戒經》裡譯作「陀毘羅」，這是因為「陀彌羅」所對譯的梵文為「drāmiḍa」，《廣韻》「彌」字「武移切」，中古音作「mjiě」，故曇無讖是以「明」母字「彌」，對譯梵文的「mi」。「陀毘羅」則為對譯梵文的「draviḍa」，《廣韻》「毘」字「房脂切」，中古音為「bi」，是以濁音的「並」母對譯梵文的「vi」，故兩經分別使用了不同的漢字。

（四）其他

兩部譯經還有「舍摩他」，《善戒經》出現 21 次，《地持經》只有 1 次，寫作「奢摩陀」。丁福保《佛學大辭典》「奢摩他」條云：「又作舍摩他、奢摩陀、舍摩陀。禪定七名之一。譯曰止、寂靜、能滅等。」[29]此條《善戒經》大量運用音譯詞，但《地持經》則多採意譯，例如：

(25)法次法向修者，略說四種：一者**止**，二者觀，三者修習

---

[29] 同上注，頁 2067。

止觀，四者樂止觀。（地持經 T30n1581_p0905a28）

(26)云何名修集？修集有四：一者**舍摩他**，二者毘婆舍那，三者愛樂修集，四者隨所修集樂在中住。（善戒經 T30n1582_p0978c28）

(27)若彼菩薩於此法如是不起妄想者，是名為**止**。（地持經 T30n1581_p0930a05）

(28)菩薩若知不以覺觀觀三十七品，是名**舍摩他**。（善戒經 T30n1582_p0994c28）

《地持經》唯一出現一次音譯詞「奢摩陀」的例句如下：

(29)何者是？謂菩薩依戒住戒，修聞慧、思慧、**奢摩陀**、毘婆舍那，修慧空閑靜默，恭敬師長，禮事供養。（地持經 T30n1581_p0910b12）

「奢」字在《廣韻》有「麻」韻「式車切」一讀，中古音作「śja」，「摩」《廣韻》有平聲「莫婆切」與去聲「摸臥切」二讀，中古擬音皆作「muâ」，「陀」《廣韻》「徒河切」，中古音為「dâ」。「舍」在《廣韻》有「馬」韻「書冶切」與「禡」韻「始夜切」二讀，中古音皆為「śja」，除了聲調有別以外，與「奢」字讀音基本相同。「他」字在《廣韻》有「託何切」一讀，中古音作「thâ」。對照梵文「śamatha」，可知譯作「舍（śja）摩（muâ）他（thâ）」與梵文讀音較接近，「奢（śja）摩（muâ）陀（dâ）」在第三個音節處則有清音與濁音的差別。這是否反映出濁音清化的語音現象，所以才會使用「陀」字對譯梵文的「tha」

呢？由於單就兩經對比的音譯詞數量有限，加以《地持經》這個例子有版本用字的不同，[30]因此無法作進一步的推論。因為若是依據其他版本用字的經文，那麼這一條音譯詞也可歸入第一種情形「兩部譯經各用語音相同的不同漢字去對譯」的類別裡。

顧滿林（2005）分析東漢佛經 84 個同詞異形的音譯詞，認為造成同詞異形的原因有三，一是「語音的取捨增減」；二是「音值對應的差異」；三是「文字使用的不同」。從上文分析來看，曇無讖與求那跋摩譯經中的音譯詞，也反映了三種原因的差異。如第一種「兩經各用相同音值的不同漢字對譯」，即屬文字使用不同的現象。至於「音值對應的差異」與「語音的取捨增減」，則有如「尼拘類／尼拘陀」對譯音節不同；「式叉摩尼／式叉摩那」、「迦陵毘伽／迦陵頻伽」省略某一音段；「安那般那／阿那波那」、「夜摩天／焰摩天」等因部分輔音同時兼屬兩個音節；及「多陀阿伽馱／多陀阿伽度」、「菴摩勒／阿摩勒」增加音段等所產生用字不同的現象。除此之外，《地持經》與《善戒經》所使用的音譯詞，還反映出有因對譯梵文拼音不同所導致的差別，如「陀彌羅／陀毘羅」一例。

第三節　音節數不同的音譯詞

除了音節數相同而用字不同的音譯詞，部分同詞異形還表現在詞形有長有短的差異形式，如顧滿林（2005）說：

---

30 南宋思溪藏、元大普寧寺藏、明方冊藏及宮內省圖書寮本等版本中，「陀」皆作「他」。

> 部分音譯詞的同詞異形表現為詞形長短的差異，即全譯形式與節譯形式並存，或節譯程度不同的幾種形式並存，這本質上是對原詞語音取捨的差異造成的。[31]

這種音節數不同的音譯詞，在《地持經》與《善戒經》裡，也有少量的例子如下：

表七：音節數不同音譯詞使用次數統計表

詞條	地持經	善戒經	梵文	漢譯
菩薩[32]	1351	1061	bodhisatvaḥ	大道心眾生、道眾生；大覺有情、覺有情
菩薩摩訶薩	1	388	bodhisatvaḥ	大道心眾生、道眾生；大覺有情、覺有情
菩提薩埵	0	2	bodhi-sattva	大道心眾生，道眾生，大覺有情，覺有情，開士，大士
檀（波羅蜜）	23	20	dāna	施；布施；施與
檀那	0	1	（dāna）	施
三昧	72	66	samādhi, samādhiṃ	定，正受，調直定，正心行處，息慮凝心。
三摩提	2	0	samādhiṃ	定，等持，正定，一境性

31　顧滿林：〈東漢佛經音譯詞的同詞異形現象〉，四川大學漢語史研究所編《漢語史研究集刊（第八輯）》（成都：巴蜀書社，2005 年），頁 328-329。

32　音譯詞「菩薩」在兩部佛經裡的使用次數很多，表格內《地持經》與《善戒經》的次數，以統計正文中的次數為主，品名中的「菩薩」則不列入統計數字裡。

安般	1	0	ānâpāna	入出息，數息觀
阿那波那	0	1	ānâpāna	入出息，數息觀
涅槃	71	91	nirvāṇa	滅，滅度，圓寂
般涅槃	14	0	parinirvāṇa	滅，滅度，圓寂
摩得勒伽	9	0	mātṛkā	本母，行母，論
摩夷	0	9	mātṛkāyāṃ, mātṛkety	本母，行母，論

上表音譯詞之間的對應，反映出兩經用以翻譯的詞語音節數並不相同，底下分別加以討論各音譯詞之間的對應現象。

一、菩薩／菩薩摩訶薩

「菩薩摩訶薩」在兩部譯經中都有出現詞例，但就使用次數來看，卻呈現出懸殊比例的差異。在《地持經》裡，只出現了 1 次，而《善戒經》卻使用了 388 次。丁福保、何子培主編《最新實用佛學辭典》「菩薩摩訶薩」條云：

> （術語）具名菩提薩埵、摩訶薩埵。菩提薩埵作道眾生，新譯曰覺有情。摩訶薩埵作大眾生，新譯曰大有情。求道果之眾生，故云道眾生。求道果者，通於聲聞緣覺，故為簡別於彼，更曰大眾生也。又菩薩有中高下之諸位，但為示地上之菩薩，更曰摩訶薩。[33]

33 丁福保、何子培：《最新實用佛學辭典》（臺北：新文豐出版公司，1977年），頁 1470。

說明「菩薩摩訶薩」乃融合「菩提薩埵」與「摩訶薩埵」，其涵義有二：一是用以區別大小乘。「菩提薩埵」為求道果之眾生，通於聲聞緣覺；「摩訶薩埵」則為大眾生，為別於聲聞緣覺且更勝於聲聞緣覺的果位。另一則是說明登地以上之菩薩，稱「菩薩摩訶薩」。其中，「摩訶薩埵」或「摩訶薩」梵文作「mahā-sattva」或「mahā-satya」[34]，意譯為「大士」。顧滿林（2003）認為東漢譯經半音譯半意譯的「菩薩大士」所對應的梵文為「bodhisattva-mahā-sattva」，其純音譯形式即為「菩薩摩訶薩」。[35]然而參照羽田野伯猷所編《瑜伽師地論・菩薩地・戒品》與磯田熙文、古坂紘一編著的《瑜伽師地論・菩薩地・隨法・究竟・次第瑜伽處》二書，可以發現《善戒經》的「菩薩摩訶薩」皆對譯於梵文的「bodhisatvaḥ」或「bodhisatvasya」，並沒有「bodhisattva-mahā-sattva」，[36]例如：

(30)是謂**菩薩**依戒住戒，修聞慧、思慧、奢摩陀、毘婆舍那修慧，空閑靜默（地持經 T30n1581_p0910b12）

(31)若**菩薩摩訶薩**住戒地已，讀誦書寫分別解說，思惟修集舍摩他、毘婆舍那。（善戒經 T30n1582_p0982c13）

34　（日）平川彰：《佛教漢梵大辭典》（東京：靈友會，1997 年），頁 561。

35　顧滿林：〈東漢譯經中半音譯半意譯的外來詞簡析〉，四川大學漢語史研究所編《漢語史研究集刊（第六輯）》（成都：巴蜀書社，2003 年），頁 321。

36　《地持經》出現唯一一次的「菩薩摩訶薩」，因沒有梵本經文內容可與之對照，故無法得知該例「菩薩摩訶薩」所對譯的梵文為何。

例 30、31，梵本經文作「iha bodhisatvaḥ śīlaṃ niśritya śīlaṃ pratiṣṭhāya śrute yogaṃ karoti cintāyāṃ śamatha-vipaśyanā-bhāvanāyām ek'ārāmatāyāṃ」[37]，其中與《地持經》的「菩薩」、《善戒經》的「菩薩摩訶薩」對應的梵文為「bodhisatvaḥ」，而非「bodhisattva-mahā-sattva」，且經文前後句中，也沒有「mahā-sattva」。又如：

(32) 性戒者，**菩薩**性自賢善，身口意淨。（地持經 T30n1581_p0917b29）

(33)性者，謂與性共俱。**菩薩摩訶薩**性柔軟故，身口意業常善。（善戒經 T30n1583_p1018a04）

例 32、33 相應的梵本經文為「tatra prakṛti-śīlaṃ yad gotra-sthasyaiva bodhi(satvasya) prakṛti-bhadratayaiva saṃtānasya pariśuddhaṃ kāya-vāk-karma pravarttate」，[38]「菩薩」與「菩薩摩訶薩」對譯梵文的「bodhi(satvasya)」。除了以「菩薩摩訶薩」對譯「bodhisatvaḥ」，《善戒經》較常出現的，還是將「bodhisatvaḥ」節譯作「菩薩」，例如：

(34) 是名**菩薩**大戒聚得菩提果。（地持經 T30n1581_p0918a23）

(35)**菩薩**戒聚成就具足無量妙果。（善戒經 T30n1583_

---

37 （日）羽田野伯猷：《瑜伽師地論・菩薩地・戒品》（京都：法藏館，1993 年），頁 14。

38 同上注，頁 234。

p1018b07）

例 34、35 梵文本作「ity eṣa bodhisatvasya mahāṃ cchīla-skandho mahā-bodhi-phalôdayo」，梵文「bodhisatvasya」在兩部佛經中都譯作「菩薩」。比較 30-35 諸例與梵文對譯的情形，在曇無讖的譯經裡，十分一致的都採節譯的方式，將「bodhisattva」翻譯成「菩薩」。反觀求那跋摩，則有將「bodhisattva（bodhisatvasya）」節譯作「菩薩」，也有將之譯成「菩薩摩訶薩」的。因此，從梵漢對勘的角度來看，曇無讖的翻譯顯然與梵本經文較為一致。求那跋摩的翻譯，則與梵本經文出入較大。這一現象，可以有兩種解釋：一是求那跋摩所據以翻譯的原本，與今傳梵本不同，其所依據的版本，可能存在著「bodhisattva-mahā-sattva」的內容。二是若兩者所據原本，同樣都沒有「bodhisattva-mahā-sattva」的原文內容，那麼求那跋摩將「bodhisattva」譯作「菩薩摩訶薩」，就有可能是受到「菩薩戒」為大乘戒法的影響，或為了表達菩薩位階，因而加入了自己詮釋的意見，將「bodhisattva（bodhisatvasya）」譯作「菩薩摩訶薩」。

二、菩薩／菩提薩埵

上表《善戒經》中，還有 2 例「菩提薩埵」，為梵文「bodhisattva」的全譯形式，其經文為：

> (36)何名為**菩提薩埵**？薩埵者，名為勇健、無所畏懼。菩薩之性性有健力，以性健故，能調煩惱，不隨其心。能忍眾苦，種種恐怖。雖有恐怖，不能傾動。菩薩所有善法莊嚴，

是名性勇健力，是故名為**菩提薩埵**。（善戒經 T30n1582_p0993c14）

與例 36 相對的《地持經》經文內容如下：

(37)云何**菩薩**不動力？略說有二種：一者自性，二者依處。能斷染污心，不令一切煩惱自在。堪忍眾苦，種種財利、種種恐怖，修正方便而不傾動。性自寬忍，性能思惟，是故不動。是名自性不動力。（地持經 T30n1581_p0928b25）

兩相比較，《善戒經》屬全譯，《地持經》仍採節譯形式。不過，《善戒經》此處之所以採用「bodhisattva」的全譯形式，而不像經文其他地方，都以節譯詞「菩薩」行文，應與文意表達有關。從文意脈絡來說，此段文字為解釋性的內容，主要在解釋「菩薩」何以能調煩惱、能忍眾苦，不為種種恐怖所傾動，是因為菩薩具有勇健力之性。梵文「sattva」有中性詞與陽性詞兩種用法，當中性詞時，有「堅強的個性，精力，決心，勇氣」等義，佛經中有翻譯為「勇、勇健、猛健」者。當作陽性詞用時，則有「生物，動物……」等義，佛經中有譯作「人、眾生、有情」者。[39]故丁福保《佛學大辭典》「菩薩」條云：「具名菩提薩埵，bodhisattva，又曰菩提索埵、摩訶菩提質帝薩埵。舊譯為大道心眾生、道眾生等。新譯曰大覺有情、覺有情等。……又薩埵者，勇猛之義，勇猛求菩

---

39 林光明、林怡馨：《梵漢大詞典》（臺北：嘉豐出版社，2005 年），頁 1156。

提，故名菩提薩埵。」[40]顯然求那跋摩此處是巧妙運用了「sattva」的兩種詞義，以解釋「菩薩」的內涵，故刻意將「bodhisattva」音譯作「菩提薩埵」。

三、三昧／三摩提

丁福保《佛學大辭典》「三昧」條云：「梵音，舊稱三昧，三摩提，三摩帝」[41]，可知「三昧」與「三摩提」在古譯、舊譯時期就已經出現。其中「三昧」在佛經裡，更是大量被使用。所對譯的梵文為「samādhi」。在《地持經》與《善戒經》裡，主要也都是把「samādhi」譯作「三昧」，故從上表中可以看出「三昧」在兩部佛經裡，使用次數都很多。但在《地持經》中，除了「三昧」以外，還出現了 2 次「三摩提」，其中一例出自磧砂藏《地持經》，高麗藏本同樣寫作「三昧」，其經文內容為：

> (38) 菩薩依世俗禪三摩提淨，覺了真諦。（地持經 T30n1581_p0946c19）

例 38「禪三摩提淨」在《善戒經》中沒有與之對應的經文，但此例有梵文本經文可供對比，經文為「yo loukikaṃ jñāna-viśuddhi-saṃniśraya-bhūtaṃ samādhiṃ niśritya satyāvabodhāya」[42]，與「三摩

---

[40] 丁福保：《佛學大辭典》（臺北：新文豐出版公司，2008 年），頁 2115。

[41] 同上注，頁 312。

[42] （日）磯田熙文、古坂紘一：《瑜伽師地論・菩薩地・隨法・究竟・次第瑜伽處》，頁 72。

提」對應的梵文為「samādhiṃ」。比較「三昧」與「三摩地」兩者的差別，在於最後一音節「dhi（dhiṃ）」的取捨有別，故形成兩種同詞異形的音譯詞。其中「三昧」屬節譯，「三摩提」則為全譯的音譯詞形式。《地持經》仍有全譯的音譯詞「三摩提」，應是一種承古特色的反映。

四、安般／阿那波那

音譯詞「安般」為「安那般那」的節譯形式，丁福保《佛學大辭典》「阿那波那」條云：「ānāpāna，舊稱安般、安那般那、阿那般那。新稱阿那波那、阿那阿波那。譯曰數息觀。數出息入息鎮心之觀法名。」[43]在《地持經》中，除了前舉「安那般那」外，尚有 1 例「安般」的例子，其經文為：

(39)覺觀所亂，修**安般**念。慢修分別，界方便觀。如是等名隨順精進。（地持經 T30n1581_p0921b03）

(40)思覺起時，觀**阿那波那**。破憍慢故，觀眾生界。是名宜精進。（善戒經 T30n1582_p0987c10）

例 39、40「安般」與「阿那波那」相對，根據丁福保所云，「安般」與「安那般那」、「阿那般那」皆屬舊稱，「阿那波那」則為新譯。據此以推，《地持經》與《善戒經》兩者，乃一用舊譯之「安般」，一為新譯之「阿那波那」，「安般」為曇無讖譯經中保

---

43 丁福保：《佛學大辭典》（臺北：新文豐出版公司，2008 年），頁 1426。

有的承古詞，求那跋摩則用新詞。語音上，「安般」乃省略「ānāpāna」第二與第四音節中的「ā」，屬節譯的音譯詞，「阿那波那」與上節所舉《地持經》中的「安那般那」，則都是全譯的形式。

五、涅槃／般涅槃

音譯詞「涅槃」是佛經裡常見的用語，意譯為「滅度」、「寂滅」、「圓寂」等，丁福保《佛學大辭典》「涅槃」條云：「梵音nirvāṇa，又作泥曰、泥洹、泥畔、涅槃那等。舊譯諸師譯為滅、滅度、寂滅、不生、無為、安樂、解脫等。新譯曰波利暱縛喃parinirvāṇa，譯為圓寂。」[44]該詞在《地持經》與《善戒經》中，分別出現了 71 次與 91 次。但除了「涅槃」外，《地持經》另有 14 次「般涅槃」，在《善戒經》中卻 1 次也沒有出現。比較對應的經文內容，可以發現《地持經》的「般涅槃」，在《善戒經》裡多數也都是譯作「涅槃」，[45]例如：

> (41)如是彼事彼妄想滅已，一切虛偽亦滅。虛偽滅已，菩薩疾得大乘大**般涅槃**，現世能得奇特大士行處。（地持經T30n1581_p0896b01）

---

[44] 同上注，頁 1790。

[45] 《善戒經》中，少數與《地持經》「般涅槃」相對應的，並非「涅槃」，而是採意譯方式翻譯，如《地持經》：「彼聲聞種性，以聲聞乘而般涅槃，緣覺種性，以緣覺乘而般涅槃，大乘種性，以無上大乘而般涅槃，是名自種因。」一段經文，在《善戒經》中譯作「具聲聞性，得聲聞果。具緣覺性，得緣覺果。具佛性故，得無上道，是名不共因。」

(42)若除眾生如是八謬，名大**涅槃**。能得現世大自在故，得大神通故，得大方便故，得大禪定故，得大一切智故，求得不退不墮處故，是名大**涅**槃。（善戒經 T30n1582_p0971a19）

(43)住上成熟者，上欲、上方便，不墮惡趣。於現法中得沙門果及**般涅槃**。住上成熟者，上欲上方便。於現法中得沙門果及**般涅槃**。（地持經 T30n1581_p0901a17）

(44)上熟調伏印者，有上心，上莊嚴，上善根，破三惡道，現在能得四沙門果及以**涅槃**，是名上熟調伏印。（善戒經 T30n1582_p0975b18）

(45)若菩薩於如來**般涅槃**後，以佛舍利起偷婆，若窟若舍，若一若二若多，乃至億百千萬，隨力所能，是名菩薩廣不現前供養。（地持經 T30n1581_p0925c21）

(46)復有不現見供養者，若菩薩佛**涅槃**後，為如來故建立塔廟，造作龕窟，若一，若二，乃至無量，隨力能作，是名不現見供養。（善戒經 T30n1582_p0991b15）

(47)復次一切行起，因斷無餘，諸餘畢竟滅，名**般涅槃**。（地持經 T30n1581_p0935b01）

(48)如是有為，斷現在因，障未來因，是名**涅槃**。（善戒經 T30n1582_p0997c15）

上舉例 41-48，除例 41、42 兩段經文的文句出入較大以外，大致上可以看出各組例句中的「般涅槃」都與「涅槃」相對。例 41、42 文句雖然沒有一一對應，但也能理解《地持經》所言「大般涅槃」即《善戒經》所說的「大涅槃」。

「涅槃」乃梵文「nirvāṇa」的音譯，「般涅槃」則為

「parinirvāṇa」的音譯。丁福保《佛學大辭典》「般涅槃」條云：「譯為入滅。常略曰涅槃。」[46]，故兩者之間並非全譯與節譯的關係，而是「涅槃」為「般涅槃」的簡略用法。再從佛經裡使用較多的是「涅槃」這一現象來看，這應與漢語雙音節化的發展趨勢有關，因為早期佛經有許多音譯詞的多音節形式，到後來往往凝固成常用的雙音節詞，並保留在漢語的詞彙體系中。因此，從兩經對「涅槃」、「般涅槃」使用的情形，或許可以說，求那跋摩的翻譯比較接近漢語詞彙慣用的雙音節形式，曇無讖則相對顧及音譯詞所對應的來源語形式。

六、摩得（德）勒伽／摩夷

「摩得勒伽」只出現在《地持經》裡，在《善戒經》中與之相對應的詞為「摩夷」。根據日本磯田熙文、古坂紘一編著的《瑜伽師地論・菩薩地・隨法・究竟・次第瑜伽處》一書，與《地持經》中的「摩得勒伽」或《善戒經》的「摩夷」相對應的梵文有「mātṛkā」、「mātṛkām」、「mātṛkāyāṃ」、「mātṛkety」等。該書中同時出現「摩得勒伽」、「摩夷」與梵文對應的經文有兩處，一為「mātṛkāyāṃ」，《善戒經》譯作「摩夷義」，《地持經》譯為「摩德勒伽藏」，[47]另一為「mātṛkety」，《善戒經》作「菩薩藏菩薩摩夷」，《地持經》作「菩薩藏摩德勒伽」。[48]就漢語中古

---

[46] 丁福保：《佛學大辭典》（臺北：新文豐出版公司，2008 年），頁 1841。

[47] （日）磯田熙文、古坂紘一：《瑜伽師地論・菩薩地・隨法・究竟・次第瑜伽處》（京都：法藏館，1995 年），頁 12。

[48] 同上注，頁 468。

音來看，「摩」中古音為「muâ」，「得」為「tək」，「勒」為「lək」，「伽」為「gjâ」，「夷」為「jii」。曇無讖的翻譯，大抵可看出是以漢字標注「mātṛkā」之音。但求那跋摩翻譯的「摩夷」，則與梵文的「mātṛkāyāṃ」或「mātṛkety」相去較遠。若要從聲音條件追尋兩者相似之處，似乎只能認為求那跋摩省略了梵文「mātṛkety」中間音節「tṛket」的部分，只取前後音而譯作「摩夷」（muâ jii），另一例則除了中間音節「tṛkā」外，音節末段的「āṃ」也省略了。

根據上述的討論，可以發現兩部佛經「同為音譯而音節數不同」的現象，多數是受到翻譯時，對音節取捨不同而有節譯與全譯的差異，因而產生同一音譯詞，卻有不同音節數的情形。這類音譯詞，如「三昧／三摩提」、「安般／阿那波那」、「摩得勒伽／摩夷」等。另外，有部分用詞，可能是受到漢語雙音節特性的影響，因而採用略語的形式，如「涅槃／般涅槃」。而這也突顯求那跋摩譯經較符合漢語規律的特色。至於「菩薩／菩薩摩訶薩」，筆者認為可能有兩種解釋的情形，一是與翻譯時，所依據的原本不同有關，另一則是受譯者詮釋的影響。

第四節　只見於某一部經的音譯詞

在《地持經》與《善戒經》裡所出現的音譯詞，有些只出現在其中一部佛經而不見於另一部。這種差異，有時是因為兩部佛經所翻譯的內容無法完全對應，使得某些詞語出現分布不均的情形。有時是譯者採取不同的翻譯方法，形成音譯詞與意譯詞的對應，使得部分音譯詞不出現在某一部佛經裡。翻譯方法所產生的影響，又可再細分為二種情況，一是兩部譯經中的其中一部都用音譯詞而不用意譯詞，另一部則只用意譯詞而不用音譯詞；二是兩部譯經都有對應的意譯詞，但與意譯詞相對的音譯形式，只見於兩部譯經中的其中一部。下表列出音譯詞只見於其中一部佛經的統計情形。

表八：只見於一部經的音譯詞使用次數統計表

詞條	地持經	善戒經	梵文	漢譯
優波離	0	27	（upāli）	近執，近取（佛弟子名）
羯磨	0	7	（karman）	作業（作授戒懺悔等業事的一種宣告式）
毘陀	0	1	（veda）	婆羅門經書之名。譯曰明，或智
婆藪（天）	0	2	（vasu）	仙人名
羅剎	0	2	（rākṣasa）	惡鬼之總名
羅差	0	1	（lākṣā）	紫色
阿鼻	0	1	（avīci, avīcika, avici-gatu）	無間，無間地獄
栴檀	0	1	（candana）	香木名，白檀樹材
布薩	0	1	（uposatha）	淨住，善宿，長養
毘佛略	0	3	（vaipulya）	廣，大，廣大，方廣，彌廣，增長，深廣，廣博，方等，大方廣
一闡提	0	1	（icchantika）	無成佛之性，不信（不信佛法之義）
闍陀伽	0	1	（jātaka）	本生經
富蘭那	0	2	（purāṇa, pūraṇa）	（人名）

須陀洹	0	2	（srota-āpatti, srota-āpanna）	入流，至流，逆流，溝港，預流，預流果
迦私婆（娑）[49]	0	1	kāsīsa	光
阿迦尼吒	0	3	akaniṣṭhān	色究竟，善究竟，無下，非下，有頂
阿迦膩吒（天）	0	2	（akaniṣṭha）	色究竟，善究竟，無下，非下，有頂
阿毘跋致	0	1	（avinivartanīya）	不退，無退，不退位，不退轉，無所退轉，不退轉位，住不退轉
阿浮（波）陀那經	0	1	（avadāna-śataka, avadāna-sūtra）	緣，因緣，譬喻，譬語，演說解悟經
偷婆	3	0	（Stūpa）	廟或墳
支提	19	0	（caitya）	靈廟
剎那	5	0	（kṣaṇa）	一念，時之最少者。
摩尼	7	0	maṇi	珠，寶，如意
夜叉	5	0	（yakṣa）	能噉鬼，捷疾鬼，勇健，輕捷，秘密。
阿闍梨	4	0	（ā-cārya）	師，教師，教授，師長，所範，軌範，正行，示道者
拘耆羅	1	0	（kokila）	好眼鳥，好聲鳥，美音鳥，黃鳥，鵶鷗，鴿鵠，鸝黃，�櫋，百舌鳥，共命鳥

49 《善戒經》經文作「迦私婆藥」，平川彰《佛教漢梵大辭典》及林光明、林怡馨編《梵漢大辭典》皆有「迦私娑」而無「迦私婆」，此例玄奘譯本作「迦肆娑」，故《善戒經》經文「迦私婆藥」應即「迦私娑藥」。

求求羅（香）	1	0	（guggulu）	安息香
摩訶衍	5	0	mahāyāna	大乘，最大乘
閻浮檀（金）	1	0	jāṃbūdvīpakaiḥ	紫金
祇夜	1	0	（geya）	重頌偈，重頌，應頌
泥犁	1	0	narakā	地獄
三摩跋提	1	0	（samāpatti）	定，受，禪，等至，正受，正定，禪定，三昧，平等，入定，入觀
阿惟三佛	4	0	abhisaṃbuddha	證，得，證知，覺，現覺，得最正覺，現等覺，現等正覺
阿惟三菩提	1	0	（abhisaṃbodhi）	覺，知，證得

上表統計的音譯詞，形成分布不均的因素，可分為翻譯內容不同與翻譯方法有別兩種情形：

一、翻譯內容無法完全對應

這類音譯詞的差異，又可歸類為只見於《善戒經》而不見於《地持經》，及只見於《地持經》而不見《善戒經》兩種。

（一）只見於《善戒經》

以「優波離」一詞為例，它是佛弟子之名，出現在《善戒經》裡有 27 次，但卻不見於《地持經》。比對兩部譯經經文，可以發現這正是由於兩部佛經翻譯的內容沒有完全對應，所導致的分布差異，因為就該詞出現在《善戒經》中的情況來說，「優波離」只見於卷一「序品」及卷九「畢竟地住品第六」的最後一段經文當中，這兩部分的經文，《地持經》都沒有相應的內容。這或許與譯者據以翻譯的底本不同有關，但也可能是因為譯者譯經時，選擇省略某些段落經文內容的緣故，因而造成音譯詞「優波離」不出現在《地持經》的情況。

有些時候，這種因為翻譯內容沒有完全對應的情形，不一定是整段經文的差異，而僅僅是一句或幾句經文內容有出入，所以造成部分音譯詞只見於其中一部而不見於另一部佛經，這類詞語有「婆藪」、「阿鼻」、「羅差」、「闍陀伽」、「阿浮陀那」、「富蘭那」、「阿毘跋致」等，其例句如下：

(49)何者可與？何者不可與？謂學捕獵殺，生極大貪著，作大方便，多殺眾生。如是比會，菩薩不為。亦不教他，殺羊祀天，亦不施與。（地持經 T30n1581_p0906c04）

(50)菩薩摩訶薩終不教人張弶捕獵，亦不教人事**婆藪天**。自不殺羊祀祠天神，亦不教他殺羊祠天。（善戒經 T30n1582_p0980a24）

(51)何以故？起身見人，於所知戒不謗一切所知，不因此見墮於惡道，不壞他信樂，離苦解脫，亦不作留難，亦能建立真諦正法，不於戒律而生懈慢。惡取空者，於所知戒又復誹謗一切所知，以是緣故墮於惡道，亦壞他信樂、離苦解脫，亦作留難，於戒慢緩，謗實法故，破壞佛法。（地持經 T30n1581_p0894c03）

(52)何以故？愚癡之人說色是我，至識是我。有我見者，不壞佛法。不解空義，永壞佛法，破失滅沒。生我見者，不至三惡。不解空義，為人廣說，**當知是人必到阿鼻**。有我見者，不謗三寶。妄說空者，誹謗三寶。說有我者，不誑眾生，不謗實性，不妨法性，不妨眾生，獲得解脫，不教他人毀犯禁戒。不解空者，謗一切法，不解實性，不解法性，妨於解脫，與多眾生作惡知識，自不持戒教人毀禁，常樂宣說無作無受，令多眾生增長地獄。（善戒經 T30n1582_p0970a03）

(53)菩薩自知宿世行菩薩道未曾有事，能為眾生開示顯現，令其敬信，愛樂佛法，厭離生死。亦為顯示過去因果，令計常者遠離常見，謂於過去妄想常見及以斷見。（地持經 T30n1581_p0898a16）

(54)以是宿命智勢力故，能說本昔菩薩因緣，令諸眾生於佛法中現在生信。說諸菩薩本因緣經，**闍陀伽**經，**阿浮陀那**經，說業因緣，惡業善業。為破眾生常見及無常見故，是名菩薩宿命智。（善戒經 T30n1582_p0972b27）

(55)自性者，涅槃畢竟。一切有為法，不畢竟。八正道**不退**，受用果不盡，畢竟。餘善有漏法退，受用果盡，不畢竟。（地持經 T30n1581_p0892c13）

(56)性畢竟者，是名涅槃性。不畢竟，名有為法退。畢竟者，名聲聞緣覺所修八道**不退**。畢竟者，名**阿毘跋致**。報盡畢竟者，世間所有福德果報。報不盡畢竟者，謂無上道果。（善戒經 T30n1582_p0968a13）

(57)不以雌黃塗佛形像，亦不以汁而洗浴之，亦不燒**求求羅**香而以供養。（地持經 T30n1581_p0926a22）

(58)所作形像不以雌黃雞子、**羅差**膠、油酥等塗地，不燒膠香、熏香供養。（善戒經 T30n1582_p0991c24）

上舉例 49《地持經》沒有譯出例 50「亦不教人事婆藪天」的意思。又例 52《善戒經》「阿鼻」，為梵文「avīci」的音譯詞，慧琳《一切經音義》卷二十六「阿鼻」條云：「此云無間，亦云無釋。此有三義，一苦，二身，三處」[50]，丁福保《佛學大辭典》云：「avīci，又作阿鼻旨。譯曰無間。無間地獄是也。《涅槃經》十九曰：『阿者言無，鼻者名間，間無暫樂，故名無間。』受苦無間斷之義。八大地獄之一。是最苦處，極惡之人墮之」[51]。上舉例 51《地持經》「起身見人」，即《善戒經》「生我見者」，《地持經》「惡取空者」，即《善戒經》「不解空義」。在《善戒經》中，「不解空義，為人廣說，當知是人必到阿鼻」一句，《地持經》也未譯出相應的經文，僅敘說「惡取空者」、「壞他信樂、離苦解脫」，所以沒有與音譯詞「阿鼻」相應的詞語。與此相同，例 53、55《地持經》也都沒有譯出與《善戒經》「闍陀伽經」、「阿浮陀那經」及「畢竟者，名阿毘跋致」等相應的詞語。

例 58《善戒經》「羅差」為梵文「lākṣā」之音譯。慧琳《一切經音義》卷十七「羅差」條云：「或言洛沙，訛也。應云勒叉。此譯云紫色也」[52]，《地持經》「求求羅（香）」為梵文「guggulu」的音譯，丁福保《佛學大辭典》云：「guggulu，……香名，譯曰

---

50 （唐）釋慧琳、（遼）釋希麟：《正續一切經音義附索引兩種（一）》（上海：上海古籍出版社，1988 年），頁 1013。

51 丁福保：《佛學大辭典》（臺北：新文豐出版公司，2008 年），頁 1451。

52 （唐）釋慧琳、（遼）釋希麟：《正續一切經音義附索引兩種（一）》（上海：上海古籍出版社，1988 年），頁 654。

安息香。《玄應音義》十曰：『求求羅香，此云安息香也。』」[53] 比對兩段經文，《善戒經》中「羅差膠」、「油酥」等詞語在《地持經》中並無相應之詞，僅譯作「不以雌黃塗佛形像」。反之，《地持經》「求求羅香」在《善戒經》是譯作膠香、熏香。

（二）只見於《地持經》

與「求求羅（香）」相同的，是有些音譯詞只見於《地持經》，如「祇夜」、「夜叉」、「閻浮檀（金）」、「拘耆羅（聲）」……等，其例句如：

(59)得方便者，一切菩薩所修學道。所謂信解善說，謂修多羅、**祇夜**、受記，無量言教，微妙善說。（地持經 T30n1581_p0902c16）

(60)方便者，謂菩薩戒乃至三十七品。菩薩戒者，聞說法時，心忍信受。所謂十二部經，是名菩薩戒。（善戒經 T30n1582_p0976c13）

(61)示現者，謂安坐去來。現為沙門眾、婆羅門眾、聲聞眾、緣覺眾、菩薩眾、天龍、**夜叉**、乾闥婆、阿修羅、迦留羅、緊那羅、摩睺羅伽、人非人等眾，諸佛菩薩，下至惡道，上至人天，皆悉示現。（地持經 T30n1581_p0897a02）

(62)云何示現？諸佛菩薩為度眾生，示現地獄、畜生、餓鬼、天人、雜類、乾闥婆、阿修羅、迦樓羅、緊那羅、摩睺羅伽。（善戒經 T30n1582_p0971c11）

---

[53] 丁福保：《佛學大辭典》（臺北：新文豐出版公司，2008 年），頁 1116。

(63)放大光明者，謂佛菩薩神力放光遍至十方無量世界，地獄眾生苦痛休息，上至諸天龍、**夜叉**、乾闥婆、阿修羅、迦樓羅、緊那羅、摩睺羅伽、人非人等，令見光明，來至佛所。他方世界諸菩薩眾悉皆來集。（地持經 T30n1581_p0897b18）

(64)云何放大光明？菩薩摩訶薩放大光明遍照十方無量世界，至地獄中，壞地獄苦。至放逸天，教修人法。令得人身，來至佛所。請召十方無量菩薩，來集佛所，教化眾生，是名放大光明。（善戒經 T30n1582_p0972a23）

(65)廣聲者，謂佛菩薩化大音聲，令天龍、**夜叉**、乾闥婆、阿修羅、迦樓羅、緊那羅、摩睺羅伽、人非人等，聲聞、緣覺、諸大菩薩，無量眾會，乃至一由旬，若內若外，周遍普聞。（地持經 T30n1581_p0897c21）

(66)菩薩摩訶薩如是諸聲，若三千大千世界所有天眾、人眾、聲聞眾、辟支佛眾、菩薩眾，若近若遠，悉得聞之。（善戒經 T30n1582_p0972b11）

(67)譬如真金一切摩尼眾寶廁填，勝**閻浮檀金**。菩薩善根清淨，勝於一切聲聞緣覺及餘離垢菩薩。譬如日光照閻浮提，一切濕穢皆令乾消，勝於餘光。（地持經 T30n1581_p0944b01）

(68)譬如真金廁填眾寶，價直無量。菩薩功德亦復如是，無量無邊不可稱計。又如日光，一切眾生不能思議。（善戒經 T30n1582_p1006a15）

(69)細聲者，乃至耳語極微細聲。辯聲者，謂義理可解。不辯聲者，謂義理不可解，如陀彌羅國語。風雨聲，草木聲，鸚鵡鴝鵒聲，**拘耆羅**聲，命命鳥等眾鳥之聲。化聲者，謂神通自在，隨眾生心化作諸聲。遠聲者，除佛菩薩所住村落城邑中聲，其餘乃至十方無量世界一切音聲。（地持經 T30n1581_p0898b13）

(70)細聲者，謂竊語聲，不了聲，陀毘羅國聲，粟特聲，月支聲，大秦聲，安息聲，真丹聲，法（丹本佉）沙聲，裸形聲，鮮卑聲，如是等邊地聲，名為細聲。（善戒經 T30n1582_p0972c20）

(71)菩薩欲施心悅，施時歡喜，施已無悔。不以相似**摩尼**真珠、珂瑱、玉石、瑠璃、珊瑚虛偽之物，欺誑他人。（地持經 T30n1581_p0907b15）

(72)三時歡喜，所謂未施、施時、施已。（善戒經 T30n1582_p0980c22）

(73)譬如真金為莊嚴具，餘金不及。菩薩善根亦復如是。勝餘下地菩薩功德，如育多**摩尼**光明清淨，餘珠不及。一切風雨所不能滅。如是菩薩，下地菩薩聲聞緣覺智慧光明所不能及，魔怨煩惱皆不能壞。（地持經 T30n1581_p0942c22）

(74)猶如工匠作金瓔珞，為令眾生受歡喜樂。菩薩善法亦復如是。不為聲聞辟支佛等之所傾動。（善戒經 T30n1582_p1005a06）

例 59「祇夜」只見於《地持經》裡，《善戒經》沒有這一音譯詞，比較例 59、60，可看出《地持經》敘事上較為詳細，將「修多羅」、「祇夜」、「受記」、「言教」、「善說」等詞一一臚列，《善戒經》則以「十二部經」總括帶過，顯示詞語無法一一對應，部分是受到譯者略譯風格的影響。

例 61、63、65，《地持經》詳列「天龍、夜叉、乾闥婆、阿修羅……」等諸眾，且三段經文列舉之諸天眾大抵相同，反觀《善戒經》，除例 62 列舉「地獄、畜生、餓鬼、天人、雜類、乾闥婆、阿修羅、迦樓羅、緊那羅、摩睺羅伽」諸眾，且多數與《地持經》相同外，[54]其餘二例，例 64 僅譯作「至放逸天，教修人法」，例 66 作「三千大千世界所有天眾」，都未詳細列出諸眾名稱。

例 67「閻浮檀金」亦未見於《善戒經》。慧琳《一切經音義》卷二十一「閻浮檀金」條云：「此是西域河名，其河近閻浮捺陀樹，其金出彼河中，此則河因樹以立，稱金由河以得名。或曰閻浮菓汁，點物成金，因流入河，染石成此閻浮檀金，其色赤黃兼帶紫餤氣」[55]，《地持經》以「真金勝閻浮檀金」為喻，乃直接引用因西域河名而得名的顏色作比喻，《善戒經》僅以「價直無量」說明，並沒有譯出真金與閻浮檀金相比的概念。後文「譬如日光照閻浮提」一譬喻也是如此，《善戒經》僅只譯為「一切眾生不能思議」。

例 69、70 兩經分別描述「諸方眾生種種音聲」，其中《地持

---

54 此例雖多數天眾與《地持經》相同，但無「夜叉」。丁福保《佛學大辭典》「夜叉」條云：「（異類），又曰閱叉。新作藥叉、夜乞叉。譯言能噉鬼、捷疾鬼、勇健、輕捷、秘密等。」因此例 53 與《地持經》「夜叉」相應的，或為「餓鬼」、「雜類」等。（參丁福保：《佛學大辭典》（臺北：新文豐出版公司，2008 年），頁 1264。）

55 （唐）釋慧琳、（遼）釋希麟：《正續一切經音義附索引兩種（一）》（上海：上海古籍出版社，1988 年），頁 797。

經》細分「麁聲」、「細聲」、「辯聲」、「不辯聲」、「化聲」、「遠聲」等種種音聲，《善戒經》僅譯出「麁聲」、「細聲」，並把「陀毘羅國聲」等《地持經》歸為「辯聲不辯聲」者，亦列入「細聲」之列，顯示兩者所翻譯的經文內容不完全對應，故音譯詞「拘耆羅（聲）」只見於《地持經》，不見於《善戒經》。

例 71-74 為音譯詞「摩尼」的用例，比對上舉幾段經文，例 71《地持經》內容在敘明「欲施」、「施時」、「施已」後，接著舉摩尼真珠等珠寶，說明施捨之真實無偽。例 72《善戒經》僅譯出「未施、施時、施已」之三時歡喜，而無摩尼真珠之喻。例 73、74 的比較，也可看出《地持經》除了用「餘金不及真金」作為譬喻以外，還以「餘珠不及育多摩尼」加以譬喻，《善戒經》則只以「工匠作金瓔珞」作為譬喻（對應「餘金不及真金」之喻），略去了「育多摩尼」的譬喻言說。這說明了某些音譯詞不出現在另一部佛經裡的因素之一，與譯者多採略譯的方法有關。

根據上述內容的討論，可知音譯詞在兩部譯經中的使用情形，確實會受到譯者譯經風格的影響。這種因為翻譯內容不相應而產生的分布差異，除非是一整段的經文都沒有出現，才會有數量較為懸殊的區別，如「優波離」，否則通常音譯詞出現的數量，在兩部譯經中都是少數一兩個詞條而已。

二、翻譯方法有別

上表有些音譯詞，在兩部佛經中出現了使用次數落差較多的情形，除了經文不完全對應的因素以外，有些例子是因為譯者翻譯時，音譯、意譯不同所導致的影響。例如「摩尼」，《地持經》音譯、意譯並存，《善戒經》則只有意譯詞，因而也造成了分布上的區別，例如：

(75)若菩薩，有檀越以金銀、**真珠摩尼**、流璃種種寶物奉施菩薩，菩薩以瞋慢心違逆不受，是名為犯眾多犯，是犯染污起。（地持經 T30n1581_p0914a14）

(76)若有檀越以金銀、**真珠**、車磲、馬瑙、琉璃、頗梨、奴婢、車乘、象馬等物雜色敷具奉施菩薩，菩薩應受。若不受者，得罪，是罪因煩惱犯。（善戒經 T30n1583_p1015c18）

丁福保《佛學大辭典》「摩尼」條云：「又作末尼。譯曰珠，寶，離垢，如意。珠之總名」[56]，上舉例 71《地持經》經文「摩尼真珠」是以音譯與意譯形式並列書寫，而在例 75 中，則作「真珠摩尼」。例 76《善戒經》只以意譯形式「真珠」翻譯，故不見有音譯詞「摩尼」。

因此，由於譯者採用不同的翻譯方法，也會影響音譯詞的使用情況。這種現象，又可分為《地持經》採意譯而《善戒經》採音譯、《地持經》採音譯而《善戒經》採意譯、兩部譯經同採意譯而其音譯形式只見於《地持經》及兩部譯經同採意譯而音譯形式只見於《善戒經》等四種情形。底下分類加以討論。

（一）《地持經》採意譯、《善戒經》採音譯

兩經翻譯方法的不同，有時是求那跋摩採音譯形式，對應於曇無讖的翻譯，則是使用意譯的形式，這類例子如：

---

56 丁福保：《佛學大辭典》（臺北：新文豐出版公司，2008 年），頁 2562。

1、毘佛略：方廣

音譯詞「毘佛略」在《善戒經》出現了 3 次，丁福保《佛學大辭典》云：「vaipulya，又作鞞佛略，裴佛略。新云毘富羅。十二部經之第十，譯曰方廣經，稱方正廣大之經典。」[57]《地持經》與「毘佛略」相對應的經文，即作「方廣」，例如：

(77)云何求？何故求？何法求者，略說求菩薩藏，聲聞藏，外論，世工業處智。十二部經，唯**方廣**部是菩薩藏，餘十一部是聲聞藏。（地持經 T30n1581_p0902c20）

(78)云何求？何故求？求者，謂菩薩藏，聲聞藏，一切世論，一切世事。菩薩藏者，謂**毘佛略**。餘十一部名聲聞藏。（善戒經 T30n1582_p0976c17）

(79)云何名大乘。有七種大故名為大乘。一者法大。謂十二部經。菩薩**方廣**藏。最上最大。二者心大。謂發阿耨多羅三藐三菩提心。三者解大。謂解菩薩**方廣**藏。（地持經 T30n1581_p0937b09）

(80)云何名大乘。有七事大故名大乘。一者法大。法大者。菩薩法藏於十二部經最大最上故名**毘佛略**。二者心大。心大者。謂發阿耨多羅三藐三菩提心。三者解大。解大者。解菩薩藏**毘佛略**經。（善戒經 T30n1582_p0999c24）

例 77-80 顯示《善戒經》是以音譯形式對譯梵文的「vaipulya」，《地持經》則採意譯手法，故音譯詞「毘佛略」未見於《地持經》

57　同上注，頁 1585。

裡。反觀意譯詞「方廣」，在《地持經》裡共出現 4 次，《善戒經》則未有用例出現。[58]

2、阿迦尼（膩）吒：色究竟

慧琳《一切經音義》卷二十二「阿迦尼吒天」條云：「具云阿迦尼瑟吒。言阿迦者，色也；尼瑟吒，究竟也。言其色界十八天中，此最終極也」[59]，丁福保《佛學大辭典》「阿迦尼吒」條云：「（界名）Akaniṣṭha，天名，舊稱阿迦貳吒、阿迦尼吒、阿迦尼沙託。新稱阿迦尼瑟吒……譯曰色究竟。」[60]該詞在《善戒經》中出現 3 次，另有 2 次作「阿迦膩吒」。與之相對應的《地持經》，皆為意譯詞，例如：

(81)天聲者，從四天王乃至**色究竟**。（地持經 T30n1581_p0898b04）

(82)天聲者，從欲天至**阿迦尼吒**乃至上方無量世界，諸天音聲，悉得聞之，是名天聲。（善戒經 T30n1582_p0972c11）

(83)來去者，石壁無礙，上至梵世，乃至**色究竟**天，若來若

58 例 77-80 沒有梵本經文可供參照，但在《地持經・住品》裡，有如下一段經文：「云何無礙住？菩薩依快淨不動智慧三昧，於佛所說無上方廣章句義辭，分別觀察住。」（地持經 T30n1581_p0940b01），「方廣」即對譯梵文本的「vaipulyam」。磧砂藏本中作「增廣」，雖然用字不同，但同屬意譯。（參（日）磯田熙文、古坂紘一：《瑜伽師地論・菩薩地・隨法・究竟・次第瑜伽處》（京都：法藏館，1995 年），頁 74。）

59 （唐）釋慧琳、（遼）釋希麟：《正續一切經音義附索引兩種（一）》（上海：上海古籍出版社，1988 年），頁 833。

60 丁福保：《佛學大辭典》（臺北：新文豐出版公司，2008 年），頁 1438。

去，悉得自在。（地持經 T30n1581_p0897a19）

(84)云何去來？或往梵處，從梵處還。或往**阿迦膩吒**天上，復從彼還。（善戒經 T30n1582_p0971c20）

(85)如剎利婆羅門居士沙門眾、四天王天、三十三天、夜摩天、兜率陀天、化樂天……善見天、善現天、**色究竟**天，亦復如是。（地持經 T30n1581_p0897b02）

(86)如婆羅門眾、剎利眾、大會眾、長者眾、四天王眾、三十三天眾、夜摩天眾、兜率陀天眾、化自在天眾……善見天眾、愛見天眾、**阿迦膩吒**天眾，亦復如是。（善戒經 T30n1582_p0972a04）

例 81-86，《善戒經》音譯詞「阿迦尼（膩）吒天」，在《地持經》中都作「色究竟天」，顯示兩位譯者所採音譯、意譯之不同。

3、一闡提：斷善根

「一闡提」，梵文作「icchantika」。該詞在《善戒經》中僅有 1 次用例，《地持經》譯作「斷善根」，例如：

(87)種性住菩薩雖起上煩惱纏，終不能行五無間業及**斷善根**。（地持經 T30n1581_p0940a04）

(88)菩薩具足是性行者，終不能起極重煩惱，作五逆罪及**一闡提**。（善戒經 T30n1582_p1002b29）

慧琳《一切經音義》卷二十五「及一闡提」條云：「闡，音昌善反。斷善根人也。經云：信不具故，名一闡提。云障未來故，名為無性。畢當得故，名為有性也」[61]。丁福保《佛學大辭典》「一闡提」條云：「（術語）icchantika，為無成佛之性者。舊稱，一闡提。譯言不信，是不信佛法之義。《涅槃經》五曰：『無信之人。名一闡提。一闡提者，名不可治。』同五曰：『一闡提者，斷滅一切諸善根本，心不攀緣一切善法。』……」[62]由此可知「一闡提」可指「斷善根之人」，因此例87、88可視為音譯、意譯的不同。

然而，例 87、88 經文有梵文本可供對照，其經文內容為「abhavyaḥ sa tad-rūpaṃ saṃkleśa-paryavasthānaṃ saṃmukhīkartuṃ yena paryavasthānena paryavasthitaḥ anyatamad ānaṃtarya-karma-samudācaret kuśala-mūlāni vā samucchindyād」[63]，當中與「一闡提」、「斷善根」對應的梵文為「kuśala-mūlāni vā samucchindyād」，並非「icchantika」。梵文「kuśala」有「好的，對的，適當的，合適的；有利的；有益的……」等義[64]，「mūla」則有「根；食用根；……基礎，起源，本源……」等義[65]。「kuśala-mūla」在佛經中多譯為「善根，善法，善本，德本，眾德之本」[66]。又梵文「samucchinna」有「被撕破的，被連根拔起的，被根除的……」等義，「samucchinna-kuśala-mūla」於佛經中即譯

61 （唐）釋慧琳、（遼）釋希麟：《正續一切經音義附索引兩種（一）》（上海：上海古籍出版社，1988 年），頁 965。

62 丁福保：《佛學大辭典》（臺北：新文豐出版公司，2008 年），頁 47。

63 （日）磯田熙文、古坂紘一：《瑜伽師地論・菩薩地・隨法・究竟・次第瑜伽處》（京都：法藏館，1995 年），頁 66-67。

64 林光明、林怡馨：《梵漢大詞典》（臺北：嘉豐出版社，2005 年），頁639。

65 同上注，頁 748。

66 同上注，頁 640。

為「斷善根（者）俱舍論」[67]，故可判定此處曇無讖的確是採意譯的方法無誤。至於求那跋摩是否就是用音譯的方法，若就梵漢對勘的角度來說，並不容易確定，因為就梵文本來看，與「一闡提」對應的，並不是「icchantika」。但可以確定的是，「一闡提」確實為音譯詞，故本文仍將這一組詞語歸類於此。

（二）《地持經》採音譯、《善戒經》採意譯

與上一類相反地，有些時候是曇無讖採音譯形式，而對應於求那跋摩，則是以意譯形式翻譯，例如「阿惟三佛」與「無勝」。

「阿惟三佛」為梵文「abhisaṃbuddha」的音譯，慧琳《一切經音義》卷九「阿惟三佛」條云：「此言訛也，正言阿毗三佛。阿毗，此云現。三，此云等。佛陀，此云覺。名現等覺」[68]，該詞在《地持經》中，共出現 4 次，《善戒經》則沒有任何用例。核對兩經經文內容，可以發現有 3 例是因為《善戒經》沒有譯出相應的梵文詞語，例如：

(89)次第者，如來得阿耨多羅三藐三菩提，頓得十力。後次第現在前，**阿惟三佛**，法部分因果故，以處、非處智力觀察因果部分。（地持經 T30n1581_p0957c22）

(90)云何而說有次第耶？如來得阿耨多羅三藐三菩提時，初觀因果，是故初名處、非處力。（善戒經 T30n1582_p1012a26）

67　同上注，頁 1115。

68　（唐）釋慧琳、（遼）釋希麟：《正續一切經音義附索引兩種（一）》（上海：上海古籍出版社，1988 年），頁 323。

例 89《地持經》「阿惟三佛，法部分因果故」，梵文本作「abhisaṃbuddha-mātra eva tathāgataḥ dharmāṇāṃ samyag eva hetu-phala-vyavasthānaṃ」，「阿惟三佛」乃對譯梵本「abhisaṃbuddha」，《善戒經》則沒有譯出。[69]又如：

(91)又次第者，**阿惟三佛**法，得阿耨多羅三藐三菩提已，先以處、非處智力觀察緣起第一義法住。（地持經 T30n1581_p0958a10）

(92)復有次第，如來得阿耨多羅三藐三菩提時，最初先觀是處非處。（善戒經 T30n1582_p1012b06）

例 91《地持經》「阿惟三佛法，得阿耨多羅三藐三菩提已」，梵本作「tathāgato 'nuttarāṃ samyak-saṃbodhim abhisaṃbudhya」[70]。觀察《地持經》與梵本經文，雖然在語序上，梵本「abhisaṃbudhya」位於「'nuttarāṃ samyak-saṃbodhim」之後，《地持經》翻譯時，將「阿惟三佛法」置於「得阿耨多羅三藐三菩提已」之前，但仍有譯出梵本的「abhisaṃbudhya」。[71]《善戒經》經文則僅譯出「如來得阿耨多羅三藐三菩提時」之內容，而無對譯「abhisaṃbudhya」的詞語。又如：

---

69 （日）磯田熙文、古坂紘一：《瑜伽師地論・菩薩地・隨法・究竟・次第瑜伽處》（京都：法藏館，1995 年），頁 400。

70 同上注，頁 406。

71 此例玄奘譯本採意譯方式作「如來於其無上正等菩提初證得時」，語序上與梵本相符。（參注 69，頁 406。）

(93)又次第者，**阿惟三佛**法，以處、非處智力觀察緣起法界。（地持經 T30n1581_p0958a18）

(94)復有次第，如來得**阿耨多羅三藐三菩提**時，觀十二因緣是處非處，十二因緣由何而出？（善戒經 T30n1582_p1012b10）

《地持經》「阿惟三佛法」與《善戒經》「如來得阿耨多羅三藐三菩提時」相對應，梵本經文作「tathāgato 'bhisaṃbuddha-mātra eva」[72]，兩相比較，《地持經》譯文與現存梵本較為相符。

除了上舉三例，兩經中另有一例為音譯與意譯相對的例子，其經文如下：

(95)如來住者，過一切菩薩住，**阿惟三佛**住。（地持經 T30n1581_p0939c27）

(96)如來之行，勝一切行。是故名為**無勝**行。（善戒經 T30n1582_p1002b25）

此例《地持經》「阿惟三佛住」，梵本作「abhisaṃbuddha-bodher vihāraḥ」，《善戒經》則譯作「無勝行」。[73]丁福保《佛學大辭典》「阿惟三佛」條云：「又曰阿毘三佛。譯曰現等覺。顯現正等

72　（日）磯田熙文、古坂紘一：《瑜伽師地論・菩薩地・隨法・究竟・次第瑜伽處》（京都：法藏館，1995 年），頁 410。

73　同上注，頁 64。

知覺之義。佛智之異名。」[74]考《善戒經》該段經文之前，尚有「菩薩有十二行，攝取一切菩薩所行。十二如來行，得阿耨多羅三藐三菩提已，名無勝行。……菩薩若行是十二行，則能攝取一切諸行」一段文字。因此，參照前後文意，可以得知求那跋摩是以意譯方式詮譯佛陀現正等知覺智慧之無與倫比，故以「無勝」譯之。

此外，《地持經》尚有「阿惟三菩提」，當是「阿惟三佛」的另一音譯形式，其經文如下：

(97)菩薩行菩提道，常求五事：一者常願諸佛出興於世；二者於諸佛所聽六波羅蜜及菩薩藏；三者堪能一切種成熟眾生；四者堪能無上成熟眾生；五者得阿耨多羅三藐三菩提，**阿惟三菩提**，聲聞菩提，和合聲聞。（地持經 T30n1581_p0936a01）

(98)菩薩摩訶薩行菩提道，至心立願，常求五事：一者常願世間有佛興出；二者常願具足六波羅蜜；三者常願求覓菩薩法藏，菩薩摩夷；四者常願當得解脫；五者常願眷屬成就。（善戒經 T30n1582_p0998b17）

比對兩段經文，可以發現三、四、五的對應順序錯亂，與《地持經》「五者得阿耨多羅三藐三菩提，阿惟三菩提，聲聞菩提，和合聲聞」相對的，應是《善戒經》中的「三者常願求覓菩薩法藏，菩薩摩夷」，但在文句內容的表達上，與《地持經》並不完全相符，

---

74 丁福保：《佛學大辭典》（臺北：新文豐出版公司，2008 年），頁1446。

故沒有與「阿惟三菩提」對應之詞。

（三）兩部經皆有意譯詞，但音譯形式只見於《地持經》

除了上舉單純音譯詞與意譯詞的對應，兩經中還有一些例子是共同具有某一意譯詞，但與該意譯詞相對應的音譯形式，則只出現在其中一部佛經裡的狀況。其中音譯形式只見於《地持經》裡的例子如：

1、支提：塔

「支提」為梵文「caitya」的音譯，其在《地持經》裡共出現了 19 次，但在《善戒經》裡則沒有相關用例。慧琳《一切經音義》卷十「支提」條云：「梵語也，或云脂帝；浮都，或云浮圖，皆訛也。正梵音際多，或曰制多。此云聚相，謂纍寶及磚石等，高以為相也。」[75]又卷二十七「塔」字條云：「塔，梵云窣堵波，此云高顯。制多，此云靈廟，律云塔婆。無舍利云支提。」[76]丁福保《佛學大辭典》「支提」條云：「又作支帝，脂帝，支徵。新作制多，制底，制底耶。積聚之義。以積聚土石而成之也。……或言有舍利云塔婆，無舍利云制底。或謂總云塔，別云制底。或謂制底與塔婆其義同，無有無總別之差。」[77]可知「支提」乃古譯所用之音譯詞。而根據《地持經》與《善戒經》對比的情形，可以發現「支提」仍出現在《地持經》裡，《善戒經》則都翻譯為「塔」或「佛塔」，例如：

---

75 （唐）釋慧琳、（遼）釋希麟：《正續一切經音義附索引兩種（一）》（上海：上海古籍出版社，1988 年），頁 394。

76 同上注，頁 1054。

77 丁福保：《佛學大辭典》（臺北：新文豐出版公司，2008 年），頁 483。

(99)云何菩薩供養如來？略說十種：一者身供養，二者**支提**供養，……（地持經 T30n1581_p0925c04）

(100)云何名為菩薩摩訶薩供養如來？供養如來凡有十種：一者供養色身，二者供養**塔**，……（善戒經 T30n1582_p0991a22）

(101)若菩薩於如來及**支提**以衣食、床臥、湯藥眾具、問訊禮拜、奉迎合掌……施如是等寶，是名財物供養。（地持經 T30n1581_p0926a09）

(102)利益供養者，菩薩若於佛及**佛塔**奉施衣服、飲食、臥具、醫藥、房舍、恭敬禮拜，……是名菩薩利益供養。（善戒經 T30n1582_p0991c07）

例 99-102 兩組對比的經文，顯示《善戒經》皆以「塔」對應《地持經》的「支提」。梁曉虹（1994）指出譯經者在翻譯時，會利用梵語音譯與漢字構造規律相結合，創造一批新漢字，以滿足構詞上的需求，而「塔」字即屬魏晉後專造的新字。[78]《地持經》當中，雖然也有使用詞素「塔」，但總共只出現了 2 次，其例句如下：

(103)為世間貪果故供養佛**塔**。（地持經 T30n1581_p0891a02）

(104)若菩薩住律儀戒，於一日一夜中。若佛在世，若佛**塔廟**，若法若經卷，若菩薩修多羅藏。（地持經 T30n1581_

78 梁曉虹：《佛教詞語的構造與漢語詞彙的發展》（北京：北京語言學院出版社，1994 年），頁 21-23。

p0913c01）

反觀《善戒經》裡，詞素「塔」（含「塔廟」）共出現了 36 次，兩部譯經中的使用數據如下表：

表九：詞素「塔」使用次數統計表

	地持經	善戒經
塔	0	19
佛塔	1	11
塔廟	1	4
塔寺	0	2

因此從兩部譯經對古音譯詞「支提」與新造詞素「塔」的使用情形來看，可看出曇無讖譯經語言保留較多舊譯詞語的特色，而求那跋摩所譯經典，則多以新詞作為翻譯的用語。這在下一組「偷婆：塔廟」的對比中，也呈顯出這一種譯經的風格特色。

2、偷婆：塔（塔廟）

與「支提」相關的，是音譯詞「偷婆」。該詞在《地持經》裡出現了 3 次，在《善戒經》裡同樣沒有這個詞。慧琳《一切經音義》卷二「窣堵波」條云：「上蘇骨反，下都古反。亦梵語塔也。古云蘇偷婆，古譯不正也。」[79]又卷十三「窣覩波」條云：「古譯云藪斗婆，又云偷婆，或云兜婆，曰塔婆，皆梵語訛轉不正也。」[80]丁福保《佛學大辭典》「偷婆」條云：「Stūpa，同於塔婆。譯曰

79　（唐）釋慧琳、（遼）釋希麟：《正續一切經音義附索引兩種（一）》（上海：上海古籍出版社，1988 年），頁 93。

80　同上注，頁 498。

廟或墳。」[81]比對《地持經》與《善戒經》經文，凡《地持經》譯以「偷婆」者，《善戒經》皆譯作「塔」或「塔廟」，例如：

(105)若菩薩為如來故，若供養**偷婆**，若窟，若舍，若故，若新，是名支提供養。（地持經 T30n1581_p0925c09）

(106)若菩薩摩訶薩為如來故，造作**塔廟**形像龕窟，修治已壞朽故之塔，若見新塔，花香供養。是名供養**塔**。（善戒經 T30n1582_p0991a28）

(107)作是念：「我今現前供養如來，及供養過去未來現在如來。我今現前供養如來支提，及供養一切十方無量世界、一切支提。若**偷婆**，若窟，若舍，若新，若故。」（地持經 T30n1581_p0925c15）

(108)若我供養現在佛塔，亦得供養去來佛塔。何以故？如是諸塔同一法性故。若供養一佛，則已供養十方諸佛。若供養一**塔**，則已供養十方佛塔。造作龕窟，補治**故塔**。（善戒經 T30n1582_p0991b07）

(109)若菩薩於如來般涅槃後，以佛舍利起**偷婆**，若窟，若舍，若一，若二，若多，乃至億百千萬，隨力所能，是名菩薩廣不現前供養。（地持經 T30n1581_p0925c21）

(110)復有不現見供養者，若菩薩佛涅槃後，為如來故建立**塔廟**，造作龕窟，若一，若二，乃至無量，隨力能作，是名不現見供養。（善戒經 T30n1582_p0991b15）

---

81 丁福保：《佛學大辭典》（臺北：新文豐出版公司，2008 年），頁 1959。

例 105-110 三組對比的經文，顯示《地持經》主要用音譯詞「偷婆」，《善戒經》則主要用新興詞語「塔」或「塔廟」。可看出兩部佛經使用新、舊語素之間的區別。

3、剎那：一念

梁曉虹（1994）曾經指出，「剎」具有新造譯字的性質，當新造字體「剎」出現以後，也常被拿來當作音譯詞的對譯用字，她說：

> 「剎」字既創，還可用於「Kṣana」的對音「剎那」一詞，表示一念間、一瞬間。此為佛經中頗為重要的時間詞。[82]

這一個音譯語詞同樣不見於《善戒經》當中，它在兩部譯經中相對應的經文文句如下：

> (111)如是見三世分段諸行相續轉時，一一行剎那，有三有為，有為相。於**剎那**後，有四有為相。彼前諸行相，自性壞。次未曾行相，自性起，名為生。起已未壞，名為住。顧念前滅行相，自性彼起異。異名為老。是故生**剎那**後，即彼起行相，自性壞名為滅。若觀起自性行相，即彼自性生住老相，無餘自性。是故**剎那**後，如是行相自性滅。（地持經 T30n1581_p0934c23）
>
> (112)爾時觀三世一一<u>念</u>有三相，若過<u>一念</u>則有四相。先滅

82　梁曉虹：《佛教詞語的構造與漢語詞彙的發展》（北京：北京語言學院出版社，1994 年），頁 26。

> 法已，次第生相似法，是名為生。生已作事，是名為住。先滅法相，滅法已，見相似，是名為老。生已不住，至於二念，是名為壞。菩薩見有為法相一種，如生住老亦如是。唯壞相異。何以故？不共三相住故。（善戒經 T30n1582_p0997b14）

「一念」乃是「意譯的佛教詞語」[83]，該詞也見於《地持經》。而從上舉例 111、112 經文的對比，同樣顯示《善戒經》採取意譯手法翻譯，與《地持經》的音譯有所差別。

4、阿闍梨：師、師長

慧琳《一切經音義》卷二十二「阿闍梨」條云：「此云軌範，範即是師義，謂與弟子為法則也」[84]，又卷十三「阿遮利耶」條云：「梵語也，唐軌範師，或云受教師。舊曰阿闍梨，訛也」[85]。丁福保《佛學大辭典》「阿闍梨」條云：「（術語）ācārya，舊稱阿闍梨，阿祇利。譯曰教授。新稱阿遮利夜、阿遮梨耶。譯曰軌範正行。」[86]是知「阿闍梨」乃梵文「ācārya」的舊譯音譯詞，新譯作「阿遮利耶」、「阿遮梨耶」。「受教師」、「教授」、「軌範」等，則為意譯詞，其義等同於漢語「師」與「師長」的概念。

在《地持經》中，有 4 例舊譯的音譯詞「阿闍梨」，與之相對

83　同上注，頁 46。

84　（唐）釋慧琳、（遼）釋希麟：《正續一切經音義附索引兩種（一）》（上海：上海古籍出版社，1988 年），頁 824。

85　同上注，頁 486。

86　丁福保：《佛學大辭典》（臺北：新文豐出版公司，2008 年），頁 1466。

應的《善戒經》則採意譯形式，如：

(113)譬如比丘以己衣物於和上**阿闍梨**所捨作淨施。如是作淨施因緣故。得畜種種無量財物。故名住聖種菩薩。亦得無量功德。（地持經 T30n1581_p0908b18）

(114)譬如弟子以衣鉢物奉施於**師**。**師**雖不取而此弟子得福無量。（善戒經 T30n1582_p0981a15）

(115)本親屬想者，菩薩作如是學：「眾生久遠已來少非親者，若父若母、兄弟姊妹、和上**阿闍梨**、若師若師等，及諸所尊。」（地持經 T30n1581_p0918c09）

(116)菩薩為彼惡人所打，云何而能作親友想？菩薩諦觀過去世時，流轉生死，無有眾生非我父母**師長**和上眷屬親族所可恭敬供養之者。」（善戒經 T30n1582_p0985b28）

(117)菩薩於諂曲幻偽眾生欺和上**阿闍梨**及尊重福田，或背正向邪，以無害心方便慰喻，發喜饒益而為說法，是名第三難愛語。（地持經 T30n1581_p0923c05）

(118)復次菩薩見有瞋人、妬人、慳人，不受**師**教，欺誑**師長**父母宿德，惡害邪見，賊栴陀羅，與共軟語，不生惡心，是名難軟語。（善戒經 T30n1582_p0989b26）

「師」與「師長」乃漢語常用詞語，在《地持經》中亦不乏相關的用例。但是上舉例 113-118 三組例句中，「阿闍梨」在《地持經》裡，皆為專指「和上」之「軌範師」，故曇無讖譯以音譯形式之「阿闍梨」。相較於《地持經》，《善戒經》則僅以一般漢語常用詞語「師」與「師長」對譯，這或許也約略透露出兩位譯師在譯經觀念上的差異，即曇無讖在翻譯時儘可能忠於原典的用語，求那跋摩則較多運用漢人能夠接受的漢語詞彙來翻譯。

5、泥犁：地獄

「地獄」一詞，為佛經中常見的用語，慧琳《一切經音義》卷六「地獄」條云：「獄，堯臣名也。《玉篇》云：『囚繫之所，因名為獄。』杜預注《周禮》云：『爭財曰訟，爭罪曰獄。』《風俗通》云：『三王為獄，夏曰夏臺，殷曰羑里，周曰囹圄，自秦漢已還，通名為獄。』《說文》云：『獄，确也。』确，音苦角反。獄字從犾，魚斤反。二犬相嚙，中心言者，訟也。會意字。二犬，所以守也。經言地獄者，冥司幽繫之所也。在世界之下，故云地獄。」[87]可知該詞乃是用漢語固有詞素新造的詞語，其在《地持經》與《善戒經》裡都有許多用例。至於「泥犁」，則為音譯詞。慧琳《一切經音義》卷四十五「泥犁」條云：「或云泥犁耶，亦言泥犁迦。此云無可樂，或云無有卑下」[88]，又丁福保《佛學大辭典》「泥犁」條云：「（界名）梵語，地獄也。其義為無有，謂喜樂之類一切皆無。為十界中最劣境界。」[89]故稱「泥犁」者，乃因處最卑下之處，無有喜樂，受苦無極。《地持經》中有 1 例「泥犁」的例子，其經文為：

(119)非法惡行，是名為惡。受極苦觸，長夜無間，是名惡

---

87 （唐）釋慧琳、（遼）釋希麟：《正續一切經音義附索引兩種（一）》（上海：上海古籍出版社，1988 年），頁 233-234。

88 同上注，頁 1783。

89 丁福保：《佛學大辭典》（臺北：新文豐出版公司，2008 年），頁 1527。

趣。墮極下處，背大悲等，是名為墮。增上可厭，是名**泥犁**。（地持經 T30n1581_p0957a18）

例 119「墮極下處，背大悲等」、「增上可厭」正是解釋「泥犁」最卑下處，受苦無極的涵義。此例有梵文本可供參照，其中「增上可厭，是名泥犁」一句，梵文本作「adhimātra-saṃvega-janakatvān narakā evocyaṃ̊te」[90]「泥犁」用以對譯梵文的「narakā」。《善戒經》雖未譯出此句梵文的內容，但前文有一段經文與此相類，其經文如下：

(120)惡業因緣，死過地獄。不樂受果，故名**地獄**。（善戒經 T30n1582_p1011b26）

例 120 中的「地獄」，正與梵文本「narakā」相對應。[91]兩相比較，可知求那跋摩都是以意譯形式翻譯，曇無讖譯經中，除同樣的意譯詞「地獄」以外，還保留著較早的音譯詞「泥犁」。

6、摩訶衍：大乘

音譯詞「摩訶衍」在《地持經》裡，共出現 5 次，《善戒經》中則沒有出現。造成該詞在兩部譯經使用上的差異的，部分是由於前文所說的，譯經內容不完全對應的關係，但有部分則是採音譯與意譯方式不同的影響，它與前舉「摩尼」一詞情形相似。其經文內

---

90 （日）磯田熙文、古坂紘一：《瑜伽師地論・菩薩地・隨法・究竟・次第瑜伽處》（京都：法藏館，1995 年），頁 372。

91 （日）磯田熙文、古坂紘一：《瑜伽師地論・菩薩地・隨法・究竟・次第瑜伽處》（京都：法藏館，1995 年），頁 370。

容不相對應者，如：

(121)如前菩薩功德品說八法攝一切**摩訶衍**，菩薩藏所攝。此十三住，攝第一第二住信心生，解行住於菩薩藏得聞慧思慧。第三住得淨心及初修慧行。……（地持經 T30n1581_p0945b19）

(122)第一第二行聞菩薩藏便得信心。第三行至心立願，修集餘行。……（善戒經 T30n1582_p1007a16）

(123)云何菩薩**摩訶衍**所攝修習三十七道分？是菩薩依四無礙慧方便所攝智，三十七道分如實了知而不取證。種種乘方便，彼亦如實知。所謂聲聞乘方便、大乘方便。聲聞乘方便如實知，如聲聞地所說。（地持經 T30n1581_p0929c20）

(124)云何菩薩修集三十七品？菩薩具足四無礙智，得方便智。以方便智故，修集三十七品，亦未得證阿耨多羅三藐三菩提，亦知二乘所修道品。知二乘者，如初品說。（善戒經 T30n1582_p0994c17）

比較例 121 與例 122，可看出《地持經》「如前菩薩功德品說八法攝一切摩訶衍，菩薩藏所攝。」一段文句，《善戒經》中並沒有譯出與之相應的內容。例 123「云何菩薩摩訶衍所攝修習三十七道分」一句，《善戒經》譯作「云何菩薩修集三十七品」，所譯較為簡略，故也沒有譯出與「摩訶衍」相應的詞語。此為經文內容不相應所造成的分布差異。至於音譯與意譯對比的例子，如：

(125)菩薩有八法攝一切**摩訶衍**菩薩藏所說。謂信菩薩藏。

顯示一切法真實義。顯示一切諸佛菩薩不可思議第一勝妙神力……（地持經 T30n1581_p0937b17）

(126)有八法能攝一切**大乘**。一者演說菩薩法藏。說菩薩藏義。說菩薩藏中諸佛菩薩不可思議……（善戒經 T30n1582_p1000a08）

慧琳《一切經音義》卷十「摩訶衍」條云：「梵語也，唐云大乘也」[92]，上舉《地持經》「八法攝一切摩訶衍菩薩藏所說」一句，《善戒經》正譯作「有八法能攝一切大乘」，顯示出音譯、意譯的不同。意譯詞「大乘」在兩部譯經中，則為常見的詞語。根據胡曉（2016）的統計，「大乘」在《地持經》中，出現了 25 次，《善戒經》有 16 次，玄奘譯本《瑜伽師地論》（卷三十五至卷五十）出現了 37 次，並云：

「大乘」一詞出現時間略晚於「摩訶衍」，但二者的意義、用法大體一致。意譯的「大乘」一詞自誕生之日起，其使用頻率便遠高於音譯的「摩訶衍」。從三國兩晉南北朝隋直至唐宋元明清，「大乘」在佛教詞彙中始終佔據著比「摩訶衍」更為重要的地位，這與《菩薩地持經》異譯三經呈現出的用例情況基本相符。[93]

92　（唐）釋慧琳、（遼）釋希麟：《正續一切經音義附索引兩種（一）》（上海：上海古籍出版社，1988 年），頁 374。

93　胡曉：《《菩薩地持經》同經異譯詞彙研究》（杭州：浙江大學漢語言文字學碩士學位論文，2016 年），頁 17-18。

因此，「摩訶衍」只見於《地持經》而不出現在《善戒經》的現象，所反映的，應該也與曇無讖譯經慣於使用承古的音譯詞的特色有關，但同時也會受到後起的意譯詞影響，故音譯詞「摩訶衍」與意譯詞「大乘」在《地持經》裡同時並存。反觀求那跋摩的翻譯，則都改以後起意譯詞取代舊有的音譯詞。

（四）兩部經皆有意譯詞，但音譯形式只見於《善戒經》

與第三類相對的，是兩部佛經共同具有某一意譯詞，但該意譯詞的音譯形式卻只出現在《善戒經》裡，這類情形如：

1、毘陀：外典

「毘陀」乃梵文「veda」的音譯，在《善戒經》中，出現了 1 次用例，《地持經》譯作「外典」。慧琳《一切經音義》卷七十二「毗陀」條云：「或言韋陀，皆訛之。應言鞞陀。此云分也，亦云知也。四名者，一名阿由，此云命，謂醫方諸事；二名夜殊，謂祭祀也；三名婆磨，此云等，謂國儀卜相音樂戰法諸事；四名阿闥婆拏，謂呪術也。此四是梵天所說」[94]又丁福保《佛學大辭典》云：「veda，一作鞞陀，又作皮陀、韋陀、圍陀等。新云吠陀、鞞陀。婆羅門經書之名。」[95]兩經相對應的經文如下：

(127)復次或有眾生誦習**外典**求清淨者，以佛正法令其誦習、思惟其義。（地持經 T30n1581_p0930b08）

(128)若有眾生為寂靜故，讀誦解說**四毘陀典**，菩薩即以十

---

[94] （唐）釋慧琳、（遼）釋希麟：《正續一切經音義附索引兩種（三）》（上海：上海古籍出版社，1988 年），頁 2866。

[95] 丁福保：《佛學大辭典》（臺北：新文豐出版公司，2008 年），頁 1588。

二部經教令分別思惟其義。（善戒經 T30n1582_p0995b01）

佛教以外之典籍，佛家稱作「外典」，《地持經》與《善戒經》皆有「外典」一詞，只是出現的次數都不多。[96]上舉例證為《善戒經》唯一一次出現「毘陀」，此例《地持經》則採意譯。

2、羅剎：惡鬼

音譯詞「羅剎」在《善戒經》中出現了 2 次，丁福保《佛學大辭典》「羅剎」條云：「（異類）Rākṣasa，又具曰羅剎娑，羅叉娑。女曰羅叉私（Rākṣasï）。惡鬼之總名也。」[97]可知「Rākṣasa」意譯為「惡鬼」。《地持經》中，與「羅剎」相對的詞語，有「惡鬼」及「諸天鬼神」，其相應的例句如下：

(129)若不樂者，則不施與。若其樂者，隨所應施。若惡知識、惡人、**惡鬼**，是等來求，悉不施與，亦不施彼，令作奴婢。（地持經 T30n1581_p0906c23）

(130)其心若不肯者，則不應施。設其肯者，終不施與怨家惡人，**羅剎惡鬼**，旃陀羅種。（善戒經 T30n1582_p0980b05）

(131)菩薩於大眾中見不信者，問事不答，即時化作金剛力士及諸大力諸天**鬼神**而恐怖之。（地持經 T30n1581_p0912a29）

(132)復有菩薩為彼不信，以神通力現**羅剎**像而作是言：

96 「外典」在《地持經》裡出現 2 次，《善戒經》出現 1 次。

97 丁福保：《佛學大辭典》（臺北：新文豐出版公司，2008 年），頁 2841。

「我今求覓諸不信者，欲斷其命。如其信者，我當護念。」（善戒經 T30n1582_p0984c23）

例 129、130《地持經》「惡鬼」與《善戒經》「羅剎惡鬼」相對，《善戒經》是以音譯意譯並列的方式翻譯，《地持經》單純採意譯。例 131、132 兩經相對的詞語為「諸天鬼神」與「羅剎」，這一組經文有梵文本可供參照，其中例 131《地持經》「即時化作金剛力士及諸大力諸天鬼神而恐怖之」一句，梵文本作「vajrapāṇiṃ vā anyatamaṃ vā udāra-varṇaṃ mahā-kāyaṃ mahā-balaṃ yakṣam abhinirmimīya bhīṣayaty uttrāsayati」[98]，「諸天鬼神」對譯梵文的「yakṣam」。梵文「yakṣa」當中性詞時，有「顯現，形態；超自然的存在，妖怪」等義，作陽性詞時，則指「Kubera 神的侍者，半神類名稱」，佛經中意譯作「勇健，能噉，能噉鬼，神，鬼神，傷者」等，音譯則為「夜叉，藥叉，閱叉」。[99]曇無讖譯經「諸天鬼神」屬意譯，整句翻譯也與梵文本較為接近。《善戒經》經文內容則與現存梵文本差異較大，「羅剎」雖然也是音譯詞，但並不是梵文「yakṣam」的音譯。這與前舉「一闡提」跟梵本經文「kuśala-mūlāni vā samucchindyād」不相應的情形相同，而從這些現象，或許可以判斷曇無讖與求那跋摩的翻譯，雖同出一經，但所據以翻譯的原本應不相同。

98 （日）羽田野伯猷：《瑜伽師地論・菩薩地・戒品》（京都：法藏館，1993 年），頁 72。

99 林光明、林怡馨：《梵漢大詞典》（臺北：嘉豐出版社，2005 年），頁 1501。

第五節　半音譯半意譯

除了單純的音譯詞以外，佛經翻譯往往也採用「半音譯半意譯」的翻譯形式，這類「半音譯半意譯」詞，也見於《地持經》與《善戒經》兩部譯經中。

一、無上菩提：阿耨多羅三藐三菩提

慧琳《一切經音義》卷二十一「阿耨多羅三藐三菩提」條云：「阿，此云無也。耨多羅，上也。三藐，正也。三，遍也、等也。菩提，覺也。總應言無上正等覺也」[100]，可知「無上菩提」應為半意譯半音譯的形式，「阿耨多羅三藐三菩提」則為全音譯的詞語。這兩個詞語在兩部佛經中的使用情形如下：

表十：「無上菩提、阿耨多羅三藐三菩提」使用次數統計表

	地持經	善戒經
無上菩提	70	12
阿耨多羅三藐三菩提	44	205

顯然，「無上菩提」這一半意譯半音譯的詞語，在兩經中都有使用，但以《地持經》的用例較多。

《地持經》尚有「無上等覺」，是全然以意譯形式翻之，例如：

100　（唐）釋慧琳、（遼）釋希麟：《正續一切經音義附索引兩種（一）》（上海：上海古籍出版社，1988年），頁806。

(133)某菩薩生兜率天，不久當下生閻浮提，當成如來**無上等覺**，令我愛樂，莫令不樂。（地持經 T30n1581_p0933c15）

(134)當知不久下閻浮提，得**阿耨多羅三藐三菩提**。（善戒經 T30n1582_p0996a28）

不過該意譯詞在《地持經》中只出現過 1 次，《善戒經》則仍採音譯形式的「阿耨多羅三藐三菩提」。劉祥清（2016）指出「音譯的本來形式，因其『舶來』形象與外來色彩，常常呈現陌生感，不為漢語所接受」[101]，故比較「阿耨多羅三藐三菩提」與半音譯半意譯的「無上菩提」，「阿耨多羅三藐三菩提」與漢語構詞的形式有著比較大的差異，不符合一般漢語構詞的形式。改以「無上菩提」，構成偏正結構的四音節詞語，修飾成分與中心成分則都屬中古漢語逐步發展的雙音節形式，如此則較容易被使用漢語者所接受。

二、菩提分法／三十七助道之法（／三十七品／助菩提法）

《地持經》裡還有「菩提分」也是屬於半音譯半意譯的詞語。丁福保《佛學大辭典》「菩提分」條云：「（術語）Bodhyaṅga，總為四念處、四正勤、四如意足、五根、五力、七覺、八正三十七道品之名。別為三十七道品中七覺支之名。分者，支分之義，七種

101 劉祥清：〈音譯漢化與音譯詞在漢語中的規範與接受〉，《湖南科技大學學報（社會科學版）》第 1 期，2016 年，頁 130。

或三十七科之道行支分，故名分。又分者因之義。七種或三十七科之道行，皆順趣菩提，故名菩提分。」[102]梵文「aṅga」有「肢，支分，部分，男根，身體；要素；副次部分；支分；手段」等義，[103]根據此說，則「菩提分」之「分」，乃梵文「aṅga」的意譯。然而，若就梵漢對勘的資料來看，《地持經》「菩提分」與梵本對應的梵文並非「Bodhyaṅga」，而是「bodhipakṣyā」，例如：

(135)如前說念處等三十七菩提分法，四種求，四種如實知，是名**菩提分**法。（地持經 T30n1581_p0954c02）

例 135 梵文本作「smṛty-upasthānāny upādāya (sarvve) sapta-triṃśad bodhipakṣyā dharmāḥ catasraś ca paryeṣaṇāḥ catvāri ca yathā-bhūta-parijñānāni yathā-pūrva-nirdiṣṭāny abhisamasya bodhisatvānāṃ bodhipakṣya-caryety ucyate」，[104]與「菩提分法」對應的，是梵文「bodhipakṣya」。「pakṣya」有「做為（__°）的同黨」之義，佛經中有譯作「朋黨普曜經」、「品，分菩薩地」者，[105]因此，《地持經》中「菩提分法」的「分」，應為「pakṣya」的意譯。

該詞在《地持經》裡出現了 31 次，但沒有出現在《善戒經》

102 丁福保：《佛學大辭典》（臺北：新文豐出版公司，2008 年），頁 2113。

103 林光明、林怡馨：《梵漢大詞典》（臺北：嘉豐出版社，2005 年），頁 95。

104 （日）磯田熙文、古坂紘一：《瑜伽師地論・菩薩地・隨法・究竟・次第瑜伽處》（京都：法藏館，1995 年），頁 273。

105 同注 103，頁 829。

中。其與「菩提分法」相應的詞語，有「三十七品」、「三十七助道之法」與「助菩提法」等，其例句如下：

(136)見諸眾生受無量苦，而起悲心欲度脫之，是故初發心是大悲所依。依初發心建立菩薩**菩提分法**，及眾生所作，菩薩所學，悉能修習。（地持經 T30n1581_p0889c12）

(137)菩薩摩訶薩見苦眾生，心生憐愍，是故菩薩因慈悲心發阿耨多羅三藐三菩提心，因菩提心修**三十七品**，因**三十七品**，得阿耨多羅三藐三菩提。（善戒經 T30n1582_p0964b15）

(138)云何名持？菩薩自種性、初發心及一切**菩提分法**是名為持。（地持經 T30n1581_p0888a14）

(139)云何名支？謂菩薩性。菩薩性者，謂初發心及**三十七品**。（善戒經 T30n1582_p0962b22）

(140)出家菩薩具修梵行一切**菩提分法**，疾得神通。（地持經 T30n1581_p0939a10）

(141)出家菩薩能行寂靜清淨梵行，在家菩薩不能修行寂靜梵行。出家菩薩能行**三十七品**，在家菩薩不能修行**三十七品**。（善戒經 T30n1582_p1001b22）

(142)云何**菩提分法**相應慧住？菩薩因世俗淨智，真實三昧真諦覺正念處等**三十七菩提分法**觀察住。（地持經 T30n1581_p0940a20）

(143)乘於世道入四真諦修**三十七品**，是名共助菩提行。（善戒經 T30n1582_p1002c13）

例 136-143，《地持經》「菩提分法」在《善戒經》裡作「三十七品」，是以「四念處、四正勤、四如意足、五根、五力、七覺、八正」等三十七道品之數稱之，「品」則對譯梵文的「pakṣya」。稱「三十七助道之法」者，如：

(144)修此六波羅蜜，功德律儀，智慧律儀，**菩提分法**，是故初發心名為菩薩行方便持。（地持經 T30n1581_p0888a20）

(145)行六波羅蜜故，則得修行智慧莊嚴，福德莊嚴，**修三十七助道之法**。是故菩薩發菩提心名之為支。（善戒經 T30n1582_p0962b29）

例 145「修三十七助道之法」除具體指出三十七道品數量之外，並且以「助道之法」譯出「順趣菩提」的概念。至於譯作「助菩提法」者，例句如：

(146)去阿耨多羅三藐三菩提遠，不能淨心深樂涅槃，捨離生死，不動善根，**菩提分法**悉不成就，如是等是名解行住菩薩行相。（地持經 T30n1581_p0940c13）

(147)自見其身去無上道遠，不能至心念大涅槃，不識**助菩提法**名。如是等相，名性行菩薩。（善戒經 T30n1582_p1003a25）

(148)五者見涅槃福利心，六者常修**菩提分法**善根心，七者隨順修菩提空閑淨處心，……（地持經 T30n1581_p0941c28）

(149)五者心淨，見涅槃功德。六者心淨，修集一切**助菩提法**。七者心淨，為助菩提修集寂靜。……（善戒經 T30n1582_p1004b05）

(150)云何菩薩**菩提分法**相應增上慧住？是菩薩於增上意住，得十法明，增上滿足已，入初增上慧住。（地持經 T30n1581_p0942c08）

(151)**助菩提行**菩薩有何等相？慧行菩薩有十法如先說。（善戒經 T30n1582_p1004c27）

(152)彼地**菩提分法**智焰種，正說法智明照世間，是故彼地名為焰，彼焰地即此**菩提分法**相應增上慧住。（地持經 T30n1581_p0943a05）

(153)菩薩修集**助菩提行**。如十住中炎地所說。**助菩提行**亦復如是，等無差別，自利名地，利他名行。（善戒經 T30n1582_p1005a12）

(154)十方便慧如修多羅說。謂出生世間善法攝受福德，安樂眾生。福德眾具，**菩提分法**悉得增長。（地持經 T30n1581_p0943c24）

(155)菩薩爾時於世法中得大自在，至心念慈，功德莊嚴，菩提莊嚴，悉得增長，菩薩所得**助菩提法**。（善戒經 T30n1582_p1005c16）

例 146-155，《善戒經》皆以「助菩提法」或「助菩提行」與「菩提分法」相對，其中「菩提」仍屬音譯，「助」字同樣譯出「順趣菩提」的意思，其與「菩提分法」應都屬於半音譯半意譯詞，兩者的差別在於「菩提分法」是依梵文構詞的詞序對譯，「助菩提法」

則是採用較符合漢語動賓結構的詞序來翻譯。

三、剎／剎土

詞素「剎」乃是為了翻譯佛經所新造的翻譯用字，「剎土」則為新造譯字加漢語詞的梵漢「合璧詞」，[106]亦即半音譯半意譯的形式。梁曉虹等（2005）云：

> 「剎」在漢語中不是一個僻字，由「剎」組成的詞也並不為人所陌生。……然而，「剎」卻並非漢語所本有，乃因對譯梵音而新造，而且是個很難的字。「剎」是梵語「Kṣetra」（「剎多羅」或作「差多羅」）之音譯省略，其本義是「土」、「土田」或「國土」。[107]

又云：

> 「剎」之流行，除表示一般意義上的國土外，主要還是因為在佛典中還可指「佛土」，即一佛所教化的範圍，亦即一個「三千大千世界」。[108]

在《地持經》中，多有使用「剎」表「國土」義，或以「佛剎」表

---

106 梁曉虹：《佛教詞語的構造與漢語詞彙的發展》（北京：北京語言學院出版社，1994 年），頁 26。

107 梁曉虹、徐時儀、陳五雲：《佛經音義與漢語詞彙研究》（北京：商務印書館，2005 年），頁 84。

108 同上注，頁 85。

「佛土」概念的用法。合璧詞「剎土」在《地持經》中，則只出現了一次，其相關例句如下：

(156)乃至十方恒河沙**剎**亦復如是。過無量恒河沙**剎**有佛名**剎**名，悉能示現。亦說彼佛及**國土**名號，復過是數，隨其所欲，悉能示現。（地持經 T30n1581_p0897a06）

(157)或復示現十方**世界**無量無邊恒河沙等諸佛**國土**及其佛身諸大菩薩。說諸佛名令諸眾生皆悉聞知。是名示現。（善戒經 T30n1582_p0971c14）

(158)十方無量無邊世界一切色像，一時普觀，於彼彼**佛剎**，彼彼如來，種種大眾，會坐說法，如是一切悉見無餘。（地持經 T30n1581_p0898a26）

(159)乃至無量十方世界無量**佛土**眾生之色，明了無量十方諸佛演說法時，是名天眼通。（善戒經 T30n1582_p0972c07）

(160)何以故？住不退轉地菩薩，於一切**佛剎**未曾障礙故。（地持經 T30n1581_p0926b05）

(161)何以故？菩薩摩訶薩住不退地故，菩薩住是不退地已，於諸**佛土**受身[1]無礙。（善戒經 T30n1582_p0992a05）

(162)又一如來，能於三千大千**剎土**，悉能施作一切佛事。第二佛出，無所利益。（地持經 T30n1581_p0902b13）

(163)如來能為三千大千無量**世界**，說法教化，調伏眾生，是故一土無二佛出。（善戒經 T30n1582_p0976b18）

上舉例 156「十方恒河沙剎」於《善戒經》中譯作「十方世界」。

例 158 與例 160 的「佛剎」，《善戒經》譯作「佛土」。例 162「三千大千剎土」，《善戒經》作「三千大千無量世界」。「世界」原亦屬於佛教詞語，如《楞嚴經・卷四》云：

> 阿難云：「何名為眾生**世界**？」「世為遷流，界為方位。汝今當知東、西、南、北、東南、西南、東北、西北、上下為界。過去、未來、現在為世。位方有十，流數有三。一切眾生織妄相成，身中貿遷，**世界**相涉。」（楞嚴經 T19n0945_p0122c12）

但從其造詞來源觀之，「世」與「界」在上古漢語本即分別具有表時間與空間概念的涵義，如《說文》：「世，三十年為一世。」、《詩・大雅・文王》：「文王孫子，本支百世。」又如《說文》：「畍，境也。从田，介聲。」、《爾雅・釋詁下》：「界，垂也。」宋邢昺疏：「謂四垂也。」因此佛教翻譯所創造的「世界」，乃是利用漢語舊有材料創造新詞的仿譯詞。故上舉例 156-163 中，「佛土」與「佛剎」相對，是意譯與音譯之間的不同。至於「世界」與「剎土」，則是意譯與半音譯半意譯形式之間的差別。

若進一步依據詞素「剎」進行檢索，可統計出「剎」在兩部譯經中的使用情形如下表：

表十一：詞素「剎」使用次數統計表

	地持經	善戒經
剎	3	0
佛剎	2	0
剎土	1	0
剎利	7	5
羅剎	0	2
剎那	4	0

上表顯示「剎」在《善戒經》中僅有「剎利」、「羅剎」的用例，[109]可知在《善戒經》裡，「剎」只有音譯形式的用語，而沒有與「土」構成半音譯半意譯的梵漢合璧詞。

第六節　小　結

本章探討《地持經》與《善戒經》中的音譯詞，第一小節列舉兩經都曾使用的相同詞語，從中可以看出兩經所用的音譯詞，大多數是相同的，因為大部分出現在《地持經》裡的音譯詞，也都會在《善戒經》裡面出現。所不同者，只在於部分詞語的使用次數，比例上有些懸殊。造成這種使用頻率有所差別的原因，有些是受到翻譯佛經內容的影響。這可能與譯者所據以翻譯的原本不同有關，也可能是譯者翻譯過程中，直譯、略譯的分別所導致的。除此之外，

109 慧琳《一切經音義》卷七十二「剎利」條云：「應言剎帝利，此譯云土田主也，謂王族貴種是也。」又卷二十五「羅剎」條云：「此云惡鬼也。食人血肉，或飛空，或地行，捷疾可畏也。」

還有部分因素，是因為譯者在某些翻譯詞語上，慣用意譯詞的原因，使得有些音譯詞在該經出現的次數較少。

雖然兩部佛經中相同的音譯詞佔了大多數，但仍然有同詞異形的情形出現。這種同詞異形，有些是音節數相同，用以對譯的漢字不同。有些則是音節數不同。其中音節數相同而對譯漢字有異的情形，又可區別為漢字音同與音異兩種狀況，前一種與翻譯語言無關，單純是譯者翻譯時用字習慣的差別。後一種，有部分詞語是因為譯者對具體音節的取捨存在著差異，如「尼拘類／尼拘陀」。有時，是因為同一輔音是否兼屬兩個音節的影響，如「安那般那／阿那波那」、「夜摩天／焰摩天」等。還有部分例子是音段增減所造成的，如「式叉摩尼／式叉摩那」、「迦陵毘伽／迦陵頻伽」、「多陀阿伽馱／多陀阿伽度」、「菴摩勒／阿摩勒」等。其中「多陀阿伽度」、「菴摩勒／阿摩勒」的最後一個音節，都是以帶塞音尾（-k）的漢字對譯來源語，且都出現在《善戒經》裡，這是否單純只是一種巧合，或是反映某種音韻變化的現象？將值得後續作進一步的觀察與分析。

至於同詞異形中，音節數不同的音譯詞，多數也是因為譯者對來源語音節取捨不同，採取全譯或節譯而導致音節數有別。但是，少數詞語與音節分析無關，如「涅槃」與「般涅槃」，兩者之間的關係，並非聲音上的全譯與節譯，而是一種省略。《善戒經》只用「涅槃」不用「般涅槃」，反映求那跋摩譯經在這個詞語的使用上，較符合漢語雙音節詞的特色。又如「菩薩」與「菩薩摩訶薩」在兩經中的使用情形，若參照梵本經文，可以發現兩者之間的差異，並不是音節數取捨的不同，所對譯的梵文也都沒有「bodhisattva-mahā-sattva」，因此，要解釋「菩薩摩訶薩」在兩經中使用次數懸殊差異的現象，筆者認為可能與翻譯時所依據的原本不同有關，或者是受到譯者翻譯時，強調對菩薩位階的詮釋，因而使用了不同的詞語。

兩經之中，還有部分音譯詞，是只出現在其中的一部佛經裡。這多半也與翻譯內容沒有完全對應有關。但有部分因素還是受到譯者音譯、意譯不同的影響，這又可區分為「《地持經》採意譯、《善戒經》採音譯」、「《地持經》採音譯、《善戒經》採意譯」、「兩部經皆有意譯詞，但音譯形式只見於《地持經》」與「兩部經皆有意譯詞，但音譯形式只見於《善戒經》」等四種情形。就音譯與意譯之間的關係來看，梁曉虹（1994）曾云：

> 音譯自然是重要的對譯方法。這在早期譯經中尤為突出。隨著翻譯事業的發展，人們對譯經質量要求提高，意譯法得到更多提倡，但音譯仍占有相當重要的位置。[110]

可見佛經中音譯、意譯不同所形成的對比，有可能透露出承古與創新之間的差異，因為隨著佛經翻譯事業的發展，為求準確表達佛經經文的概念，早期採用音譯的翻譯形式，會逐漸出現與之對應的意譯詞。因此，兩部佛經若其中一部保留較多音譯詞而少用意譯，代表譯者在翻譯風格上，是較多承襲古譯的特色。反之，若較多使用意譯而較少出現音譯詞，則呈顯出譯者創新的特點。不過，若從《地持經》與《善戒經》音譯詞詞條數量與使用次數的統計來看，

---

110 梁曉虹：《佛教詞語的構造與漢語詞彙的發展》（北京：北京語言學院出版社，1994 年），頁 3。

兩經實際上相去不遠，因此不容易從中看出這種承古與創新之間的差別。但是若就個別詞語的對應情形來看，在第四節所討論的詞條中，仍有部分反映出曇無讖譯經保留較多古語詞，求那跋摩譯經使用較多新詞的特點，如「支提」、「偷婆」、「阿闍梨」、「摩訶衍」等。

整體而言，兩部佛經在音譯詞的使用上，基本仍是相同的。只不過這當中仍然有些微的差異，如古語詞的保留這一特點。又如「菩提分法」與「助菩提法」這種較接近譯經語言形式或較符合漢語特色這兩種差別。

另外，在實際翻譯的過程中，譯者創造或借用形式的個人創造性，也仍存在著差異，特別是採意譯方式的詞語，更顯示出不同譯者之間的風格差別，如前文所舉「惡取空」與「不解空義」等即是。而這一部分用語的比較，也是本書在下一個章節中所要處理的主要議題。

第四章
《地持經》與《善戒經》的意譯詞

梁曉虹（1994）將漢譯佛經中的佛教詞語，區分為「音譯詞」、「合璧詞」、「意譯詞」、「佛化漢詞」與「佛教成語」等。「音譯詞」以漢字為記音符號，對譯外來語的聲音形式，「合璧詞」屬半音譯半意譯，兩者在《地持經》與《善戒經》中的使用情形，本書已於第三章做了初步的討論。「佛教成語」主要是由佛教故事、概括教義、運用比喻、攝取常語及「燈錄」傳創等不同途徑，逐漸凝煉而成固定的詞組，[1]並非直接翻譯，且在《地持經》與《善戒經》中，也沒有出現特別的成語，因此暫且不去討論。至於「意譯詞」與「佛化漢詞」，也都屬對譯外來語的翻譯語詞，如梁曉虹提出：

> 所謂意譯，指拋棄了外語詞原有的語音形式，而用漢語的構詞材料，據漢語的構詞方法創造一個新詞，以表示新的概念。[2]

1　參梁曉虹：《佛教詞語的構造與漢語詞彙的發展》第五章「佛教成語」，（北京：北京語言學院出版社，1994 年），頁 87-118。

2　同上注，頁 35。

又云：

> 所謂「佛化漢詞」，就是指用漢語固有詞表示佛教意義，這是「舊瓶裝新酒」。佛化漢詞，無論佛化程度多麼不同——或逐步成為該舊詞的中心義，或僅是其附加義，但從新增的佛教新義說，都當視為佛教詞語。[3]

兩者的差別，在於「意譯詞」是利用目的語的詞素構造新詞，「佛化漢詞」則是利用漢語舊詞表示新義，對譯形式雖然不同，但本質上都是採取意譯的方法。

Chen（2000）分析漢語梵文外來語時，也有類似的區分。她參考 Haugen（1950）跟 Wu（1994）的分類，將梵文外來語區分為「音譯詞（Transliterations）」、「混合詞（Hybrid）」與「意譯詞（Translations）」三大類。其中「音譯詞（Transliterations）」與「混合詞（Hybrid）」大致上等同於梁曉虹（1994）所區分的「音譯詞」與「合璧詞」。至於「意譯詞（Translations）」，又進一步區別為「仿譯詞（Loan translations）」與「意譯（Pure translations）」。「仿譯詞（Loan translations）」是以漢語相同或相近意義的詞素逐字逐項對譯外來語，例如「football」翻譯為「足球」。「意譯（Pure translations）」則是只借用外來語的概念或意義，不管它的詞形，而以漢語本有的詞素創造新詞，或以原有的漢語詞涵蓋新義，如

---

3 同上注，頁 65。

「laser」翻譯為「激光」。[4]

比較 Chen（2000）與梁曉虹（1994）的分類，「仿譯詞（Loan translations）」包含在梁曉虹（1994）所謂「意譯詞」的範圍底下，「意譯（Pure translations）」若是以漢語詞素創造新詞，則仍與梁曉虹「意譯詞」的範疇相同。但若是以原有漢語詞涵蓋新義，則與「佛化漢詞」相等。由此可知，針對意譯形式的分類，學者所設的佛教詞語類別，並非完全一致。從分類中，也反映出譯者在翻譯時，即使同採意譯，也可能出現不同對譯的語詞。

在具體分析《地持經》與《善戒經》翻譯詞彙的差異時，可以看到這種不同意譯方式的呈現。有時曇無讖以仿譯詞的形式，逐字對譯。與之相應的求那跋摩，則是採用純意譯的形式。有時兩者都以漢語詞素創造新詞，但所選用的詞素並不相同。因此在探討兩位譯者詞語之間的對比與差異時，難以單純區分為「意譯詞」與「佛化漢詞」兩個範疇加以討論。為了避免分類上的困擾，本章討論兩經意譯詞語，將不再細分「意譯詞」、「佛化漢詞」或「仿譯詞（Loan translations）」、「意譯（Pure translations）」等小類，而都將之歸入「意譯詞」的範疇進行比較。

第一節　《地持經》與《善戒經》的相異詞語

關於《地持經》與《善戒經》詞彙差異的比較，目的在於找出兩部佛經利用不同詞語翻譯相同概念的語言材料，藉此探討兩部譯

4　Chen Shu-fen, "A Study of Sanskrit Loanwords in Chinese." The Tsing Hua Journal of Chinese Studies, New Series 30.3 (Sep. 2000): 375-426.

經詞彙使用上的區別。在具體分析的過程裡，筆者分為三個步驟進行觀察。

首先以相對應的經文進行比對，分析曇無讖與求那跋摩使用詞語的相異之處。這一步驟，乃是利用同經異譯研究分析的基本作法，因為藉由對應經文的不同譯語，可具體篩選出兩位譯者使用不同詞語的現象。

然而每一段對應經文詞語的不同，並不一定就具有詞彙對比的價值，因為在詞彙系統裡，有著同義詞、反義詞與類義詞等種種詞彙聚合的關係，因此同一概念意義的表達，本就可以使用具有相同、相近意義的不同詞彙來翻譯，故單就某一相應經文之間不同詞語的對應關係，並不足以反映譯者語彙上的差別，例如：

> (01)若無所施，心常**慚愧**。常為他人歎施功德，勸令行施。（地持經 T30n1581_p0888b24）
>
> (02)若少施時，亦無**羞愧**。若無財時，常讚歎施。（善戒經 T30n1582_p0963a15）

上舉例 01《地持經》的「慚愧」，對應《善戒經》的「羞愧」，但不表示「慚愧」與「羞愧」就反映出兩位譯者使用的詞彙系統有什麼不同，因為「慚愧」在《地持經》與《善戒經》裡，都出現了大量的用例。[5]所以在同經異譯對應經文的基礎上，仍然需要進一步的篩選。也就是以對應詞條為單位，搜尋此一對應詞條在整部

---

5 「羞愧」一詞雖不見於《地持經》，但是在《善戒經》裡，也僅有上舉這段經文一個用例，由於只是孤例，故也無法用以論證兩部佛經詞彙系統的差異性。

《地持經》與《善戒經》內的使用分布情形。當某一詞語只出現在《地持經》，而不見於《善戒經》時；或者反過來《善戒經》裡有，而《地持經》裡沒有這一詞語；亦或者某一詞語雖同時見於兩部佛經當中，但是在使用次數上，有著懸殊的差異時，這種詞語對比的現象，才比較有可能反映出譯者翻譯詞語使用風格或詞彙系統的差異。而這也是本文篩選詞條語料的第二個步驟。第三個步驟則是進一步觀察這一詞語差異，在曇無讖與求那跋摩其他譯經中的分布，是否也與《地持經》、《善戒經》所反映的情況相同。根據上述三個步驟，筆者將《地持經》與《善戒經》翻譯詞彙裡，具有明顯差異的詞語整理羅列如下：

表十二：相異詞語統計表

單音節					
詞條	地持經	善戒經	曇無讖其他譯經	求那跋摩其他譯經	備註(筆劃)
引	2	0	●	×	4
迫	1	0	×[6]	×	9
侵	3	0	●	×	9
悅	3	0	●	×	11
惓	7	0	●	×	11
減	4	0	●	●	12
顧	4	0	●	×	21
纏	23	0	●	×	21
妒	0	1	●	×	7
推	0	22	●	×[7]	11

6 「迫」字在曇無讖所翻譯的其他佛經裡，沒有單音節詞的用例，只有「逼迫」或「迫迮」等雙音節詞的例子。

雙音節					
分齊	19	0	●	╳	4
方廣	4	0	╳	╳	4
旨趣	4	0	╳	╳	6
佛剎	2	0	●	╳	7
折伏	11	0	●	●	7
欣悅	1	0	●	╳	8
朋黨	2	0	╳	╳	8
奇特	13	0	●	╳	8
孤獨	5	0	●	╳	8
孤煢	1	0	╳	╳	8
依怙	9	0	╳	╳	8
契經	4	0	●	╳	9
勇猛	20	0	●	╳	9
剎土	1	0	╳	╳	9
侵犯	3	0	╳	╳	9
侵欺	2	0	●	╳	9
侵逼	1	0	●	╳	9
降伏	7	0	●	╳	9
施設	64	0	●	╳	9
迫切	2	0	╳	╳	9
垢穢	1	0	●	╳	9
退減	4	0	╳	╳	10
缺減	5	0	●	●	10
疲惓(倦)	1	0	●	╳	10
悅豫	2	0	●	╳	11

7 「推」字在求那跋摩所翻譯的《四分比丘尼羯磨法》中出現1次，在《佛說優婆塞五戒相經》中出現4次，但都是表「向外用力使物體移動」的意思，沒有「推尋、探索」義的用法。

眾具	56	0	╳	╳	11
習近	9	0	●	╳	11
偏黨	3	0	╳	╳	11
淳厚	3	0	╳	╳	11
淳淨	5	0	╳	╳	11
棄捨	7	0	●	╳	11
開覺	16	0	╳	╳	12
開解	13	0	●	╳	12
開導	3	0	╳	╳	12
開喻	1	0	╳	╳	12
無間	20	0	●	╳	12
虛偽	18	0	●	╳	12
等比	7	0	●	╳	12
逼迫	11	0	●	╳	13
愛語	68	0	●	╳	13
綺語	5	0	●	╳	14
熙悅	1	0	╳	╳	14
摧伏	2	0	●	╳	14
厭惓	6	0	╳	╳	14
鄙穢	1	0	╳	╳	14
塵穢	1	0	╳	╳	14
慳嫉	2	0	●	╳	14
慇懃	6	0	●	╳	14
瞋嫉	1	0	╳	╳	15
憎嫉	1	0	●	╳	15
諸餘	10	0	●	╳	15
熾然	29	0	●	╳	16
懈惓	1	0	╳	╳	16
濕穢	1	0	╳	╳	17
穢污	5	0	●	╳	18
攀緣	3	0	●	╳	19

黨類	1	0	╳	╳	20
觸惱	3	0	●	╳	20
勸導	3	0	●	╳	20
歡悅	5	0	●	╳	22
顧戀	1	0	●	╳	21
顧念	6	0	●	╳	21
妒嫉	0	1	●	╳	7
妒心	0	3	●	╳	7
伴侶	0	3	●	╳	7
沮壞	0	5	●	╳	8
破失	0	1	╳	╳	10
破除	0	2	●	╳	10
破斷	0	2	╳	╳	10
除破	0	3	●	╳	10
除壞	0	2	●	╳	10
臭穢	0	1	●	╳	10
迷謬	0	1	╳	╳	10
貪妒	0	2	╳	╳	11
淳熟	0	6	╳	╳	11
淳善	0	2	╳	╳	11
推求	0	9	●	╳	11
毀破	0	3	●	╳	13
楊枝	0	1	●	╳	13
嫉妒	0	5	●	╳	13
楚毒	0	3	╳	╳	13
愁惱	0	9	●	╳	13
疑網	0	12	●	╳	14
錯謬	0	8	●	╳	16
壞破	0	2	╳	╳	19
壞散	0	2	╳	╳	19
龕窟	0	3	╳	╳	22

上表列舉《地持經》與《善戒經》中，可能反映出譯者翻譯詞彙差異的語詞，共計 97 個。根據表中呈現的統計數據，顯示某些詞語只會出現在《地持經》，不會出現在《善戒經》；某些詞語則反過來只有出現在《善戒經》，而沒有出現在《地持經》當中。這種現象，又以出現在《地持經》中的詞條，明顯要比《善戒經》多。

只出現在《地持經》的詞語，通常也都會出現在曇無讖所翻譯的其他佛經裡，反觀只出現在《善戒經》中的詞，大部分也都可以在曇無讖其他譯經中找到，但是不管是只出現在《地持經》或《善戒經》的詞，在求那跋摩的其他譯經裡都很少出現。這應該是與求那跋摩語料數量較少有關。由於求那跋摩另外兩部譯經《四分比丘尼羯磨法》與《優婆塞五戒相經》都只有 1 卷，兩經合計約僅有 1 萬 6 千餘字，不像曇無讖所譯經典如《悲華經》有 10 卷，《金光明經》有 4 卷，《優婆塞戒經》有 7 卷，《大般涅槃經》甚至達 40 卷之多，因此在語料數量上，求那跋摩所翻譯的佛經，能供採樣對比的語料，自然要少於曇無讖的翻譯。也因此在《地持經》與《善戒經》中分布不均的詞語，都不見於求那跋摩其他譯經的情形，就變得是很自然的現象。

但如此一來，也就無法依據這一分布的結果，推論那些只見於《地持經》中的用語，是不是具有南北地域分布上的差別了。不過，曇無讖譯經可供參照的語料數量，是較為充分的。而就只見於《善戒經》的詞語，往往也都能在曇無讖其他譯經中找到的現象，至少能夠反映出兩位譯者所使用的詞彙系統，大致上是相同的這一事實。只是在絕大多數相同的詞語中，仍然可能存在少量不同的特別詞，但是在沒有更多語料可供參照的情形底下，我們就只能先列舉出相關的詞條進行語料分布的描述，而不做過多的揣測。

根據所整理詞彙差異的資料進行細緻的觀察，兩經用語差別大致上可區分為幾種情形：一是兩位譯者用以翻譯的詞語，能夠互相對應。也就是《地持經》中的某詞，明顯對應《善戒經》中另一個詞語。二是某一詞語只出現在兩部佛經當中的某一部，不見於另外一部佛經，且也沒有明確對應的詞。三是某一詞語在兩部譯經同時出現，但是在使用的頻率或次數上，卻有著極大的差異。底下就分別針對這三種狀況加以討論。

第二節　兩經中存在相應的詞語

兩經中存在相應的詞語，指的是《地持經》與《善戒經》相對應的經文內容，對相同或相近的概念，採用不同的漢語詞翻譯，這些用來翻譯的詞，有些是承襲漢語的舊詞語，有些是利用漢語固有的詞素創造新詞。從對譯佛經詞語的性質來說，有些是對譯佛經中的專有名詞，有些則是一般詞語的表達。而不管是承古的舊詞、新創的詞語，或是佛經名相術語與一般詞語，他們在另一部佛經中，通常具有明確對應的詞。只是這種對應關係，有時並非一對一，而是一對多的關係，也就是譯者慣用的某一詞語，在另外一部佛經，可能是以兩到三個意義相近的詞與之相對。從用詞特點上看，這類具有對應關係的詞語，基本能夠反映出曇無讖與求那跋摩兩位譯者在詞彙風格上的差異。有時甚至還可能透露出某些漢語詞在地域分布上的不同。底下根據筆者的分析，舉出相應的例子進行細部的討論。

一、對應的某詞只見於《地持經》

在兩經具有對比的翻譯詞語中，有些詞只會出現在《地持經》裡，有些則只見於《善戒經》。其中又以只見於《地持經》的詞，在詞條數量上要比《善戒經》多。這類詞條的例子如下：

（一）纏：繫

《說文》云：「纏，繞也。」[8]《廣雅・釋詁》：「纏，束也。」[9]可知「纏」的本義為「捆繞、纏繞」的意思，後又引申為「糾纏、騷擾」。佛經翻譯裡，「纏」常被拿來翻譯為糾纏人心的「障礙」，如隋慧遠法師《大乘義章》云：

> (03)所言障者，隨義不同，乃有多種。或名煩惱，或名為使，或名為結，或名為**纏**，或名為縛，……如是非一。勞亂之義，名曰煩惱。隨逐繫縛，稱之為使。結集生死，目之為結；結縛眾生，亦名為結。能**纏**行人，目之為**纏**；又能**纏**心，亦名為**纏**。（大乘義章・卷五 T44n1851_p0561b22）

以「纏」作為糾纏騷擾人心的「障（障礙）」，或稱作「煩惱」、「使」、「結」等不同的名相術語，故丁福保《佛學大辭典》「纏」字條云：「（術語）煩惱之異名。以煩惱能使人之心身不自

8　（東漢）許慎撰、（清）段玉裁注：《說文解字注》（臺北：洪葉文化，1999 年），頁 653。

9　（清）王念孫：《廣雅疏證（附索引）》（北京：中華書局，1983 年（2004 年重印）），頁 86。

在故也。」[10]可知「纏」乃襲用漢語舊有「捆繞、纏繞」的意思，進一步引申為佛經中的專有名詞。

在《地持經》中，「纏」又區分為多種不同的「障礙、煩惱」，因此形成許多「～纏」的構詞形式，例如：

(04)**欲纏**苦者，教令遠離。（地持經 T30n1581_p0911b16）

(05)見有貪者，以貪受苦，能為說法，令除貪苦。（善戒經 T30n1582_p0984a27）

(06)不以**嫉纏**故自歎毀他，離貪著心，不求名利，為他說法。（地持經 T30n1581_p0905a01）

(07)不為讚己毀辱他人，飲食利養名譽故說。（善戒經 T30n1582_p0978c15）

(08)**雖起上煩惱纏**，終不能行五無間業及斷善根。（地持經 T30n1581_p0940a04）

(09)具足是性行者，終不能起**極重煩惱**，作五逆罪，及一闡提。（善戒經 T30n1582_p1002b29）

(10)何以故？彼解脫有種種**煩惱上纏**生故。歡喜住菩薩解脫**煩惱上纏**，斷離煩惱，清淨解脫生。（地持經 T30n1581_p0940c22）

(11)何以故？行三忍時有下中上，不清淨故。住喜行時，悉斷**諸惡**，是故清淨。（善戒經 T30n1582_p1003b02）

---

10 丁福保：《佛學大辭典》（臺北：新文豐出版公司，2008 年），頁 2931。

上舉例 04、06、08、10 中，「欲纏」、「嫉纏」、「上煩惱纏」、「煩惱上纏」等，是眾生所有各種糾纏人心的不同煩惱。其中例 08「雖起上煩惱纏」梵文本作「abhavyaḥ sa tad-rūpaṃ saṃkleśa-paryavasthānaṃ」，「上煩惱纏」對譯梵文的「saṃkleśa-paryavasthānaṃ」。[11]梵文「saṃkleśa」有「痛苦，苦惱」之義，[12]「paryavasthānaṃ」的意思為「統治人類的熱情（天譬）」，佛經經文中，有把它翻譯成「纏，所纏，所纏繞，損縛」等諸用語，[13]故曇無讖把它翻譯為「纏」，所強調的就是情欲對人心的纏繞。又例 10「彼解脫有種種煩惱上纏生故」梵文本作「so ’dhimokṣa ebhir aneka-vidhair upakleśair upakliṣṭaḥ pravarttate」，根據磯田熙文、古坂紘一的分析，是把「煩惱上纏」對譯梵文的「upakleśair」[14]。梵文「upakleśa」有「隨惑，隨煩惱，小煩惱，少分煩惱，小惑；煩惱；染，染污……」等義，[15]因此將「upakleśair」譯作「煩惱上纏」。[16]

---

11 （日）磯田熙文、古坂紘一：《瑜伽師地論・菩薩地・隨法・究竟・次第瑜伽處》（京都：法藏館，1995 年），頁 66。

12 林光明、林怡馨：《梵漢大詞典》（臺北：嘉豐出版社，2004 年），頁 1098。

13 同上注，頁 873。

14 同注 11，頁 89。

15 同注 12，頁 1336。

16 此例梵文並沒有如例 08 的「paryavasthānaṃ」，故「上纏」一詞也就沒有對應的梵文詞語。筆者認為此例梵文「upakleśair」之後尚有「upakliṣṭaḥ」，而「upakliṣṭa」為過去被動分詞，經文多譯作「染，所染，垢染，染污，為染污；所覆；所惱亂」等，磯田熙文、古坂紘一以該詞對譯的是曇無讖譯經中的「生」，但「upakliṣṭa」並無「生」義，故此處「上纏」或即是對譯梵文的「upakliṣṭaḥ」，與煩惱、染污等同義，譯上舉諸例中，《善戒經》或者沒有譯出與「～纏」相對應的詞語，如例 07，或者只譯作「煩惱」，如例 09 的「極重煩惱」，或者以其他漢語詞對應，如例 11 的「諸惡」。又如：

(12)又五種苦，**欲纏**緣苦，恚、癡、睡眠、悔悼**纏**緣苦。（地持經 T30n1581_p0927b27）

(13)復有五種，一者欲因緣苦，二者瞋因緣苦，三者睡眠因緣苦，四者掉悔因緣苦，五者疑因緣苦。（善戒經 T30n1582_p0992c23）

(14)云何菩薩除惱行利？略說八種：若有眾生所應慚處，令捨無慚**纏**以得開覺。如無慚**纏**，如是無愧**纏**、睡**纏**、眠**纏**、掉**纏**、悔**纏**、慳**纏**、嫉**纏**，悉令聞覺，亦復如是。（地持經 T30n1581_p0924b24）

(15)除利他者，若有眾生無慚愧者，教令慚愧。麁獷之人，教令修心。為妬嫉者，除壞妬心。為慳貪者，除斷慳心。為疑心者，除破疑網。是名除利他。（善戒經 T30n1582_p0990a19）

例 12 中的「五種苦」，指「欲纏緣」、「恚纏緣」、「癡纏緣」、「睡眠纏緣」及「悔悼纏緣」，其中「恚」、「癡」、「睡眠」的後面，省略了名詞中心語「纏緣」。《善戒經》則都譯作

文中的「生」應是相對於梵文的「pravarttate」。但是這樣的分析，沒有辦法解釋下句「歡喜住菩薩解脫煩惱上纏」，「上纏」同樣沒有對應的梵文詞語，因此暫時存疑，仍採磯田熙文、古坂紘一的分析，以「煩惱上纏」與梵文「upakleśair」對應。

「～因緣」。例 14 則並列舉出「慚纏」、「愧纏」、「睡纏」、「眠纏」、「掉纏」、「悔纏」、「慳纏」與「嫉纏」等各種糾纏人心的障礙、煩惱。《善戒經》同樣沒有譯出與「纏」相應之詞。這些細分的各種障礙、煩惱，也可用「諸纏」加以總稱，如：

> (16)一者一切種供養尊重福田先語問訊心，二者同法菩薩親近樂住心，三者勝一切煩惱**諸纏**魔業心，……（地持經 T30n1581_p0941c25）
>
> (17)一者心淨，盡敬奉事諸師和上耆舊宿德，不生欺誑。二者心淨，見同法菩薩先意軟語。三者心淨，勝於一切煩惱魔業。（善戒經 T30n1582_p1004b01）

例 16「煩惱諸纏魔業心」，例 17《善戒經》同樣只譯作「煩惱魔業」，沒有使用「諸纏」一詞。又如：

> (18)云何知他心智通？謂佛菩薩以知他心智，通知十方無量無邊世界眾生煩惱**纏**心，知離煩惱**纏**心，知煩惱相續煩惱使心，知離煩惱相續煩惱使心，知邪願心，所謂外道心及貪求心。（地持經 T30n1581_p0898b24）
>
> (19)云何他心智通？菩薩悉知十方世界所有眾生，共煩惱心不共煩惱心，煩惱**繫**心及不**繫**心，善願心惡願心，疑心無疑心……（善戒經 T30n1582_p0972c28）

例 18《地持經》中的「煩惱纏心」與「離煩惱纏心」在《善戒

經》裡譯作「煩惱繫心及不繫心」，是以「繫」對應「纏」。[17]這一用語的差別，顯示出兩位譯者選詞的不同。

上面所列舉的例子中，與《地持經》相對應的《善戒經》經文，基本都不使用「纏」。凡《地持經》的譯語「纏」，在《善戒經》裡，或者沒有譯出對應之詞，或者以其他詞語加以翻譯，顯示出翻譯用詞的不同。若進一步檢索 CBETA 電子佛典集成資料庫，可以發現除了《善戒經》不用「纏」以外，在求那跋摩所翻譯的其他兩部佛經裡，也同樣沒有使用這個承襲自上古漢語的詞語。

（二）闕：短

現代漢語常以「說長道短」表示議論他人的是非、缺失，可知「短」帶有「過失、缺點」的含意，然而這一義項的來源，根據《漢語大字典》所列，大致上是起自東漢以後的用法。[18]《說文》：「短，有所長短，以矢為正。从矢，豆聲」[19]，《玉篇》：「短，長短也，不長曰短。」[20]顯示「短」本指長度、距離之短小，後引申有「缺少、不足」之義，如《楚辭・卜居》：「夫尺有所短，寸有所長」[21]。東漢以後，又引申有「缺點、過失」的意

---

17 丁福保：《佛學大辭典》「繫」字條云：「（術語）繫縛之意也。」（頁2835）。

18 漢語大字典編輯委員會：《漢語大字典（四）》（武漢：湖北辭書出版社、四川辭書出版社，1986 年），頁 2584。

19 （東漢）許慎撰、（清）段玉裁注：《說文解字注》（臺北：洪葉文化，1999 年），頁 229。

20 （南朝陳）顧野王：《玉篇》（臺北：國立中央圖書館，1982 年），頁247。

21 （宋）洪興祖：《楚辭補註》（臺北：藝文印書館，2000 年），頁 293。

思，如《論衡・自紀》：「常言人長，希言人短」[22]。在先秦漢語裡，表達「缺點、過失」的詞語，較早用的是「闕」，如《詩・大雅・烝民》:「袞職有闕，維仲山甫補之」，鄭玄箋云：「善補過也」[23]，因此「闕」與「短」在「過失」義這一義項上，具有新舊詞語的關係。

在《地持經》中，我們發現有兩個例子，是用「闕」表「過失、缺點」的意思，例如：

(20)住律儀菩薩常省己過，不觀**彼闕**。（地持經 T30n1581_p0911a09）

(21)年德下者，隨力勸喻，稱彼實德，為覆實罪，不令恥懼生退沒心，不輕蔑彼。若見眾生求法求財，不背面，不嚬蹙，歡喜舒顏，不嗤**彼闕**。見彼圮頓，不起輕心。（地持經 T30n1581_p0929a17）

與之相對應的《善戒經》經文如下：

(22)菩薩受持菩薩戒者，至心專念，自省己過，不訟**彼短**。（善戒經 T30n1582_p0983c27）

(23)若見年德於己少者，先意軟語勸以福德，教行善法心不輕慢。設其有罪，**終不譏刺**，隨所須物，任以給施。（善戒

22　（明）黃暉：《論衡校釋》（北京：中華書局，1990 年（2006 年重印）），頁 1189。

23　（西漢）毛亨傳、（東漢）鄭玄箋：《毛詩鄭箋》（臺北：臺灣中華書局，1983 年），卷 18，頁 17。

經 T30n1582_p0994b05）

上舉例 20「不觀彼闕」，與前文「常省己過」相對，說明「闕」即表「過失」。這一例句在例 22《善戒經》中譯作「不訟彼短」，用「短」取代「闕」。例 21《地持經》「不嗤彼闕」，從前後文語境來看，也指「不譏笑他人的缺失」，故例 23 與之對應的《善戒經》經文，譯作「設其有罪，終不譏刺」。除了這兩個例子以外，《地持經》也有使用「短」表達「過失、缺點」的例子，如：

(24)菩薩如是坐佛樹下，樹為曲枝，隨蔭其軀，成正覺已。於六年中，天魔波旬，恒求其**短**，不能得便。（地持經 T30n1581_p0899b21）

例 24「天魔波旬，恒求其短」所表達的是天魔波旬在六年之中，不斷想要找出菩薩成佛的缺點、過失，但卻「不能得便」。故可知在曇無讖譯經裡，同時存在「闕」與「短」兩個新舊詞語，但是在求那跋摩所譯的《善戒經》中，則只出現了新興詞「短」，而沒有「闕」的用例。雖然「闕」與「短」在兩部譯經中的使用次數都不多，但仍可作為印證兩部譯經語體風格差異的參照。

（三）愛語：軟語

「軟語」是佛經文獻裡的常用詞，丁福保《佛學大辭典》「軟語」條云：「（雜語）溫言適人情之語也。」[24]該詞在求那跋摩所

[24] 丁福保：《佛學大辭典》（臺北：新文豐出版公司，2008 年），頁 2043。

譯的《善戒經》裡，共出現了 61 次。《地持經》雖也使用「軟語」，但相對於《善戒經》來說，次數少了很多，僅有 8 次，遠不及《善戒經》出現得那麼頻繁。在許多相應的經文當中，《地持經》實際上都譯作「愛語」，例如：

(25)云何菩薩自性**愛語**？是菩薩可喜、真實、如法、義饒益語，與眾生語，是名略說菩薩自性愛語。（地持經 T30n1581_p0923b17）

(26)云何菩薩性**軟語**？菩薩摩訶薩歡喜語、樂聞語、實語、法語、義語、利眾生語，是名性軟語。（善戒經 T30n1582_p0989b06）

(27)菩薩**愛語**二種分別，隨世間語及正說法語，慰問讚歎者，是名隨世間語。第一勝妙饒益說者，是名正說法語。（地持經 T30n1581_p0923b28）

(28)解析**軟語**者有二種：一者隨世，二者隨出世。世者有二：一者下世，二者上世。出世有二種：一者正法自利出世，二者正法利他出世。菩薩摩訶薩為下上世法軟語，為自利利他出世軟語，是名解析**軟語**。（善戒經 T30n1582_p0989b17）

例 26、28《善戒經》的「軟語」，在例 25、27《地持經》裡，都譯作「愛語」，且「愛語」也從未出現在《善戒經》當中，反映出兩位譯者用語的不同。《玉篇》：「輭，柔也。軟，俗文。」[25]可

---

[25] （南朝陳）顧野王：《玉篇》（臺北：國立中央圖書館，1982年），頁267。

知「軟」是「輭」的俗字，有「柔軟」的意思，故《善戒經》「軟語」有時也作「柔軟語」，例如：

(29)真實菩薩有五種相，菩薩具足五種相故，名真實菩薩。一者憐愍心；二者**柔軟語**；三者勇健；四者不貪；五者解說深義。（善戒經 T30n1582_p1000b14）

(30)**柔軟語**功德果者，菩薩摩訶薩修**柔軟語**，能破現在口四惡過，是**柔軟語**自利利他，能令眾生愛樂喜聞，是名**柔軟語**功德果。（善戒經 T30n1582_p1001a01）

與之相應的《地持經》，多數也是譯作「愛語」，如：

(31)菩薩成就五種真實相，得入諸菩薩數：一者哀愍，二者**愛語**，三者勇猛，四者惠施，五者說深法義。（地持經 T30n1581_p0937c16）

(32)菩薩**愛語**，於現法中離口四過，兩舌、惡口、妄言、綺語。以此**愛語**自攝攝他，於未來世成就正語，言輒信用，是名**愛語**果。（地持經 T30n1581_p0938a27）

這些詞語在兩部譯經中的使用數據如下：

表十三：「軟語、愛語、柔軟語」使用次數統計表

	地持經	善戒經
軟語	8	61
愛語	65	0
柔軟語	0	10

表中數據大致顯示出「軟語」與「愛語」在兩部佛經中的使用情形。而從梵漢對比的資料觀察，「軟語」與「愛語」對應的梵文為「priya-vāditā」，[26]梵文「priya-vāditā」有「應酬話；阿諛，奉承」之義。[27]又梵語中，「priya-vacana」也有譯作「愛語」者，其意義為「親切的或溫柔的話」[28]。丁福保《佛學大辭典》「愛語」條云：「（術語）四攝法之一。」[29]又「四攝法」條云：「（名數）……二愛語攝，謂隨眾生根性而善言慰喻，使因是生親愛之心，依附我受道也。」[30]可知譯作「愛語」，乃取義於「親切、親愛」之義。譯作「軟語」，則取其「溫柔、柔和」的意思。兩者是翻譯時，詮釋角度不同的結果。但從中也反映了兩位譯者用詞風格的差異。

南朝梁王僧孺〈禮佛唱道發願文〉：「折伏攝受之仁，遇緣而咸拯。苦言軟語之德，有感而斯唱。」[31]顯示佛經中的「軟語」，已為南北朝時期的文人學士所使用。另外，《漢語大詞典》雖然沒有收錄「軟語」，但收錄有「軟言」一詞，釋義為「柔和、委婉的

26　（日）磯田熙文、古坂紘一：《瑜伽師地論・菩薩地・隨法・究竟・次第瑜伽處》（京都：法藏館，1995 年），頁 2。

27　林光明、林怡馨：《梵漢大詞典》（臺北：嘉豐出版社，2004 年），頁 978。

28　同上注。

29　丁福保：《佛學大辭典》（臺北：新文豐出版公司，2008 年），頁 2355。

30　同上注，頁 814。

31　（唐）釋道宣：《廣弘明集》（臺北：臺灣中華書局，1965 年），卷十七，頁 10。

言語」，[32]和佛經中的「軟語」相當。且《善戒經》中就有「軟言」的用法，其例句如下：

(33)既得相見，先意共語，**軟言**問訊，隨所須物，事事供施。（善戒經 T30n1582_p0981a13）

「軟言」也出現在敦煌變文當中，如〈伍子胥變文〉有「子胥被認相辭謝，方便軟言而帖寫」[33]。反觀「愛語」一詞，則未見出現在中土文學作品裡的用例，說明「軟語」跟「愛語」相比，「軟語」在使用與流通上，是較為廣泛的。「愛語」則相對侷限在佛經裡面。這或許也反映出求那跋摩所選用的「軟語」，是較為通俗的詞語，曇無讖慣用的「愛語」，則相對屬於佛經中專有名詞的用法。

（四）綺語：無義語

與「軟語／愛語」相類似的，還有「綺語」跟「無義語」一組對比詞，其例句如：

(34)是菩薩依口四淨、八種聖語，是名除惱愛語。口四淨者，離妄語、兩舌、惡口、**綺語**。（地持經 T30n1581_p0924a03）

(35)除軟語者，離口四惡：妄語、兩舌、惡口、**無義語**。（善戒經 T30n1582_p0989c14）

---

32 漢語大詞典編輯委員會：《漢語大詞典（第九卷）》（上海：漢語大詞典出版社，1989 年），頁 1228。

33 潘重規：《敦煌變文集新書》（臺北：文津出版社，1994 年），頁 841。

上舉《地持經》「口四淨」指「離妄語、兩舌、惡口、綺語」之口四惡，需遠離此口四惡，方能得「口四淨」。四種口惡在《善戒經》裡譯作「妄語、兩舌、惡口、無義語」，「綺語」與「無義語」相對。又「綺語」、「無義語」在兩部經書中的使用次數如下：

表十四：「綺語、無義語」使用次數統計表

	地持經	善戒經
綺語	5	0
無義語	1	6

上表顯示《地持經》習用「綺語」，《善戒經》慣用「無義語」。丁福保《佛學大辭典》「綺語」條云：「（術語）一切含婬意不正之言詞也。舊譯綺語。新譯雜穢語。十惡之一。」[34]又「無義語」條云：「（術語）義者，義利也，無益之語謂之無義語。」[35]顯示「綺語」與「無義語」也是翻譯時，不同詮釋角度所產生的兩個同義詞。不過，就「綺語」屬舊譯這一點來說，反映出曇無讖譯經保有較多舊語詞的特點。[36]

34　丁福保：《佛學大辭典》（臺北：新文豐出版公司，2008 年），頁 2515。

35　同上注，頁 2186。

36　《地持經》有兩條「綺語」的例子，在南宋思溪藏、元大普寧寺藏、明方冊藏及宮內省圖書寮本等版本中皆作「無義語」，其例句為：「非聖聲者，謂諸眾生妄語、兩舌、惡口、**綺語**。（地持經 T30n1581_p0898b09）」與「菩薩初作是思惟：『如我不欲令他殺盜、邪婬、妄語、兩舌、惡口、**綺語**、手石杖等，觸惱於我。如我不欲不喜，彼亦如是。』

（五）虛偽：不真實／如幻

《說文》：「虛，大丘也。昆侖丘謂之昆侖虛。」段注云：「按：虛者，今之墟字，猶昆侖，今之崐崘字也。虛本謂大丘，大則空曠，故引伸之為空虛，……又引伸之為凡不實之稱。」[37]《管子・弟子職》：「赤毋虛邪。」尹知章注「虛，謂虛偽。」[38]又《說文》：「偽，詐也。」段玉裁注：「詐者，欺也。……徐鍇曰『偽者，人為之，非天真也。故人為為偽是也。』」[39]《易・繫辭下》：「情偽相感而利害生。」孔穎達疏云：「情謂實情，偽謂虛偽。」[40]可知「虛偽」為同義並列的複合詞，指虛假不真實之事，且在上古漢語即已出現，如《莊子・盜跖》：「子之道，狂狂汲汲，詐巧虛偽事也，非可以全真也，奚足論哉！」[41]

在佛經文獻裡，「虛偽」同樣表達虛假不真實，如丁福保《佛學大辭典》「虛偽」條云：「（術語）虛妄而不真實也。」[42]故佛

（地持經 T30n1581_p0917c15）」根據丁福保《佛學大辭典》的釋義，「無義語」於字面意思是比較淺顯而容易理解的，因此，這或許正反映出佛經傳抄的過程中，使用較易明了的通俗詞語去取代舊譯詞語的現象。

37 （東漢）許慎撰、（清）段玉裁注：《說文解字注》（臺北：洪葉文化，1999 年），頁 390。

38 （唐）尹知章注、（清）戴望校正：《管子校正》（臺北：世界書局，1958 年），315。

39 同注 37，頁 383。

40 （魏）王弼注、（唐）孔穎達疏：《周易正義》（臺北：廣文書局，1972 年），頁 80。

41 （清）郭慶藩：《莊子集釋》（北京：中華書局，1961 年（1997 年重印）），頁 1000。

42 丁福保：《佛學大辭典》（臺北：新文豐出版公司，2008 年），頁 2051。

經中的「虛偽」，是承襲自上古漢語的用詞。其在《地持經》中的例子如：

(36)若菩薩依四種如實知，現世知八種妄想。現世知已，未來依處緣中**虛偽**事則不復起。彼事不起者，彼未來緣中妄想不生。如是彼事彼妄想滅已，一切**虛偽**亦滅。**虛偽**滅已，菩薩疾得大乘大般涅槃。（地持經 T30n1581_p0896a28）

(37)菩薩若修如是四事斷除邪見，邪見斷故，諸煩惱滅。煩惱滅故，生死滅。生死滅故，知十二因緣滅。知十二因緣滅故，修無上道。修無上道故，得阿耨多羅三藐三菩提。得阿耨多羅三藐三菩提故，能壞眾生如是八謬，能教眾生知世流布，說**真實**義。若除眾生如是八謬，名大涅槃。（善戒經 T30n1582_p0971a14）

(38)略說菩薩止有四行：一者第一義，二者俗數智前行，三者一切**虛偽**妄想不行，四者於此無言無相之法不起妄想，其心寂靜，一切諸法悉同一味。（地持經 T30n1581_p0930a07）

(39)菩薩舍摩他有四種：一者第一義舍摩他，二者期舍摩他，三者**真實**舍摩他，四者離煩惱怨舍摩他。（善戒經 T30n1582_p0995a02）

(40)云何無相三昧？菩薩於無言說自性事，離一切妄想，**虛偽**相滅。觀察如實，寂靜心住，是名無相三昧。（地持經 T30n1581_p0934b28）

(41)云何無相三昧？菩薩摩訶薩知一切法不可宣說。以不可說故，悉無一切**煩惱之相**。以無相故，名為寂靜。修寂靜

故，是名無相三昧。（善戒經 T30n1582_p0997a16）

(42)一者一切法第一義自性平等。二者無言說行無相平等。三者無生平等。四者因緣不起平等。五者畢竟寂滅平等。六者離諸**虛偽**平等。七者一切行無取無捨平等。八者一切法離平等。九者妄想境界如幻如化平等。十者妄想境界有無無二平等。（地持經 T30n1581_p0943b16）

(43)第一義相者，即諸法無相。一切諸法不可說故，名之無相。無相者，無生滅相，是故諸法無生無滅。無生無滅故，見無生平等，無始終平等，有無平等，無取無捨平等、**如幻**平等，無性平等，無有無無平等。（善戒經 T30n1582_p1005b12）

(44)一切所知善觀察，一切法想當來想，一切**虛偽**無想無思無相，於一切義無所攝受。（地持經 T30n1581_p0957c08）

(45)一切法性者。謂**不真實**無有相貌。（善戒經 T30n1582_p1012a15）

上舉諸例，為《地持經》出現「虛偽」及與之對應的《善戒經》經文。其中例 42、43 與 44、45 有梵文本可資比對，例 42「六者離諸虛偽平等」梵文本作「vidyamānasya vastu-grāhakasya (jñānasya) niṣprapaṃca-samatayā」，「離諸虛偽」對譯梵文的「niṣprapaṃca」[43]；例 44「一切虛偽無想無思無相，於一切義無所攝受」梵文本作「sarva-prapaṃca-saṃjñā apanīyāpanīya nirvikalpena

[43] （日）磯田熙文、古坂紘一：《瑜伽師地論・菩薩地・隨法・究竟・次第瑜伽處》（京都：法藏館，1995 年），頁 160。

ca cetasā nirnimittena = artha-mātra-grahaṇa-pravṛttena」，「虛偽」對譯梵文的「prapaṃca」[44]。梵文「niṣprapañca」有「無進展的，不被細分的，無多樣性的；純潔的，天真的（人）」等諸多意思，佛經經文有譯作「離諸戲論；除滅眾虛妄……」者。[45]又「prapañca」有「（屬，一°）的擴大・發展・冗長・增大・分化或複雜化；現象；（屬）的顯示或形態；現象界」等義。[46]由梵漢對比的資料，反映曇無讖是以「離諸虛偽」來詮釋佛經中遠離有形的現象或形態之虛妄不真實的概念。而對比例 36-45《地持經》裡出現「虛偽」的經文，可以發現同經異譯的《善戒經》都沒有使用該詞語。例 37 與例 39《善戒經》「說真實義」、「真實舍摩他」都是就正面的角度詮釋，例 36 與例 38《地持經》「虛偽滅已」、「虛偽妄想不行」則是就否定負面的角度加以解釋。例 40《地持經》「虛偽相」在例 41《善戒經》中譯作「煩惱之相」。例 42「離諸虛偽平等」，《善戒經》則是以「（無）如幻平等」與之相對。例 44「虛偽」在《善戒經》裡譯作「不真實」。[47]慧琳《一切

44　同上注，394。

45　（日）磯田熙文、古坂紘一《瑜伽師地論・菩薩地・隨法・究竟・次第瑜伽處》此處梵文作「niṣprapaṃca」，但林光明、林怡馨《梵漢大詞典》查無「niṣprapaṃca」。平川彰《佛教漢梵大辭典》「虛偽」梵文作「prapañca」，故此處是按照平川彰所列梵文「prapañca」查詢林光明、林怡馨《梵漢大詞典》所收「niṣprapaṃca」的詞義。下面一段經文中的「prapañca」，情形與此相同。（參林光明、林怡馨：《梵漢大詞典》（臺北：嘉豐出版社，2004 年），頁 808。）

46　林光明、林怡馨：《梵漢大詞典》（臺北：嘉豐出版社，2004 年），頁 927。

47　「真實」、「如幻」、「煩惱」等，在佛經裡，也都是常用的專有詞語，如丁福保《佛學大辭典》「真實」條云：「（雜語）法離迷情，絕虛妄，

經音義》卷四十七「薩迦耶見」條下注云：

> 梵言也。迦耶云身，薩名不定，或言虛偽，或說無常，或言有為，斯由大小諸師見解不一，既含多義，所以仍置本名也。[48]

這種因為大小諸師見解不一，而有不同詮釋的現象，應該就是造成上舉《善戒經》與《地持經》用詞不同的差異。不過，這種差異仍然能夠看出不同譯者的用詞風格，因為在兩部佛經裡，「虛偽」只出現在《地持經》而不見於《善戒經》，其使用情形如下：

表十五：「虛偽」使用次數統計表

	地持經	善戒經
虛偽	18	0

顯然，「虛偽」這個承襲自上古漢語已有的語詞，在求那跋摩的翻譯語言裡，並不被使用。

（六）勇猛：勇健

《地持經》中有「勇猛」一詞，未見於《善戒經》。比較兩經

云真實。」（參丁福保：《佛學大辭典》，頁 1759。）又如「如幻」條云：「（譬喻）大品經十喻之一。西俗多工伎，以種種法現出無實之象馬人物等，使人如實見聞，謂之幻。幻事雖如實見聞而非實也，故以譬一切諸法之無實。」（參丁福保：《佛學大辭典》，頁 1084。）

48 （唐）釋慧琳、（遼）釋希麟：《正續一切經音義附索引兩種（二）》（上海：上海古籍出版社，1988 年），頁 1881。

相對的經文，可發現《善戒經》與之相對的詞語為「勇健」，這兩個詞在兩部佛經中的使用情形如下表：

表十六：「勇猛、勇健」使用次數統計表

	地持經	善戒經
勇猛	20	0
勇健	2	16

上表顯示《地持經》「勇猛」、「勇健」都有，而以「勇猛」較常使用。《善戒經》只使用「勇健」，不用「勇猛」。有時則會以單音節詞「健」與《地持經》的「勇猛」相對應，其對應的經文例句如下：

(46)云何菩薩心無疲厭？有五因緣修正方便而不疲厭。一者菩薩性自有力而不疲厭；二者於不疲厭數數修習而不疲厭；三者方便所攝，精進**勇猛**，自觀前後，所修轉勝而不疲厭；四者深利智慧思惟成就而不疲厭；五者於諸眾生深起悲心，常等哀愍而不疲厭。（地持經 T30n1581_p0928c06）

(47)菩薩摩訶薩有五因緣為諸眾生受大苦切，心無愁惱。一者有大勇健力故，二者修集無愁故，三者懃善方便**健精進**故，四者智慧力健故，五者專念修悲心故。（善戒經 T30n1582_p0993c22）

(48)菩薩如所學而學。得一切功德名。所謂菩薩摩訶薩、**勇猛**、無上、佛子、佛持、大師、大聖、大商主、大名稱、大功德、大自在。（地持經 T30n1581_p0937c06）

(49)若能至心受持修行菩薩戒者，是名菩薩，是名摩訶薩，是名智者，是名**勇健**，是名上仙，是名佛子，是名佛持，是名大勝，是名佛戒，是名無畏，是名大聖，是名商主，是名船師，是名大名稱，是名憐愍，是名大功德，是名自在，是名法持，是名不可思議。（善戒經 T30n1582_p1000a25）

(50)菩薩成就五種真實相，得入諸菩薩數：一者哀愍，二者愛語，三者**勇猛**，四者惠施，五者說深法義。（地持經 T30n1581_p0937c16）

(51)真實菩薩有五種相，菩薩具足五種相故，名真實菩薩：一者憐愍心，二者柔軟語，三者**勇健**，四者不貪，五者解說深義。（善戒經 T30n1582_p1000b14）

(52)菩薩**勇猛**，於現法中離諸懈怠，心常歡喜。受持菩薩律儀戒，不毀不犯，以堪忍心攝受自他，於未來世菩薩所作悉能修學，學已堅固，是名**勇猛**界。（地持經 T30n1581_p0938b01）

(53)**勇健**功德果者，菩薩現在能<u>破</u>懈怠，受歡喜樂，樂於寂靜。護持禁戒，心無悔恨。自修忍辱，教人行忍。修諸苦行，莊嚴菩提心無退轉，是名**勇健**功德果。（善戒經 T30n1582_p1001a04）

(54)隨順世間故，若煩惱起，而生慚愧。以慚愧故，不隨煩惱，得**勇猛**力。得**勇猛**力故，修正方便，善法增長。（地持經 T30n1581_p0954b16）

(55)以智力故，客煩惱來，深生慚愧。以慚愧故，令彼煩惱不得自在，是名**勇健**。以**勇健**故，無有放逸。不放逸故，修集善法。（善戒經 T30n1582_p1008c19）

上舉例 46 與《地持經》「精進勇猛」相對應的，為「健精進」，「勇猛」與單音節詞「健」相對。例 48-55，《地持經》「勇猛」在《善戒經》中都翻譯為「勇健」。其中例 50「三者勇猛」（《善戒經》「三者勇健」）梵文本作「vairyaṃ」[49]，梵文「vairya」起自「vīrya」[50]，「vīrya」有「男子氣概，勇氣；力，能力，效力；英雄的行為……」等諸多意思。[51]例 52「菩薩勇猛」，梵文本對譯「dhīro」[52]，梵文「dhīra」表「持續的；安定，不變的，堅固的；心意堅定的，有勇氣的……」等義。[53]例 54「得勇猛力」，《善戒經》譯作「是名勇健」，梵文本作「dhṛti-bala = ādhāna-prāpto bhavati」，後文「得勇猛力故」（《善戒經》「以勇健故」）梵文本作「dhṛti-bala = ādhāna-prāptaś ca」[54]。梵文「dhṛti」也有「牢固，堅實；恒心；堅忍不拔」等意思，[55]「prāpta」則具有「所得，所獲，贏得；到達，達成……」等意義。[56]

《說文》云：「勇，气也。从力，甬聲。」段玉裁注：「气，雲气也。引申為人充體之气之偁。力者，筋也。勇者，气也。气之

49　（日）磯田熙文、古坂紘一：《瑜伽師地論・菩薩地・隨法・究竟・次第瑜伽處》（京都：法藏館，1995 年），頁 2。

50　林光明、林怡馨：《梵漢大詞典》（臺北：嘉豐出版社，2004 年），頁 1375。

51　同上注，頁 1451。

52　同注 49，頁 14。

53　同注 50，頁 380。

54　同注 49，頁 266。

55　同注 50，頁 382。

56　同注 50，頁 928。

所至，力亦至焉。」[57]又《玉篇》：「勇，果決也。」[58]故「勇」有「勇敢、果決」之義。又《說文》：「猛，健犬也。从犬，孟聲。」後引申為「威猛、勇猛」，如漢高祖〈大風歌〉「大風起兮雲飛揚，威加海內兮歸故鄉，安得猛士兮守四方。」[59]另外，《說文》：「健，伉也。从人，建聲。」[60]《易・乾》：「天行健，君子以自強不息。」孔穎達疏：「健者，強壯之名。」[61]故「健」指「健壯有力」。因此，從梵漢對比的資料來看，曇無讖譯作「勇猛」與求那跋摩譯作「勇健」，應該都是著眼於梵文的「勇氣」或「堅忍不拔」的涵義。只不過一個使用詞素「猛」，另一則選擇詞素「健」。《廣雅・釋詁二》：「猛，健也。」[62]表明「猛」、「健」已引申為具有相同義項的同義詞，故「勇猛」、「勇健」兩者語義相通。

另外，傳世的中土文獻顯示，「勇猛」跟「勇健」都是屬於漢語本有的詞語，其文獻上的用例如：

---

57 （東漢）許慎撰、（清）段玉裁注：《說文解字注》（臺北：洪葉文化，1999 年），頁 707。

58 （南朝陳）顧野王：《玉篇》（臺北：國立中央圖書館，1982 年），頁 129。

59 （西漢）司馬遷：《新校史記三家注》（臺北：世界書局，1983 年），頁 389。

60 同注 57，頁 373。

61 （魏）王弼注、（唐）孔穎達疏：《周易正義》（臺北：廣文書局，1972 年），頁 6。

62 （清）王念孫：《廣雅疏證（附索引）》（北京：中華書局，1983 年（2004 年重印）），頁 56。

(56)先王不以**勇猛**為邊竟，則邊竟安。（《管子·樞言》）

(57)竊見朱博忠信**勇猛**，材略不世出，誠國家雄俊之寶臣也。（《漢書·杜鄴傳》）

(58)先是小月氏胡分居塞內，勝兵者二三千騎，皆**勇健**富彊，每與羌戰，常以少制多。（《後漢書·鄧寇列傳》）

(59)軻比能本小種鮮卑，以**勇健**，斷法平端，不貪財物，眾推以為大人。（《三國志·魏志·軻比能傳》）

例 56-59 反映出在中土文獻裡，「勇猛」已見於先秦語料中的《管子》，至於「勇健」，則較早出現的文獻資料為《後漢書》，因此，若從使用年代來推論，「勇猛」一詞的使用，應早於「勇健」。[63]

（七）五明處：方術

在《地持經》的經文中有「五明處」，但該詞並未見於《善戒經》。《善戒經》與之對應的詞語為「方術」，其統計數據如下表：

表十七：「五明處、方術」使用次數統計表

	地持經	善戒經
（五）明處	22	0
方術	0	15

63　筆者根據中央研究院「漢籍電子文獻」語料庫進行檢索，「勇猛」在「上古漢語語料庫」裡，只有所舉例 56《管子》一例，「勇健」則未見於「上古漢語語料庫」。網址：http://hanji.sinica.edu.tw/。檢索日期：2018 年 8 月 15 日。

上表顯示在《地持經》裡，沒有「方術」這個詞語，只有「（五）明處」，反觀《善戒經》裡，則有「方術」而沒有「（五）明處」，其例句如：

(60)云何菩薩自性慧？入一切所知境界，隨入已，如法擇觀，緣**五明處**。所謂內明、因明、聲明、醫方明、世工巧明，是名自性慧。（地持經 T30n1581_p0922b17）

(61)云何菩薩性慧？為一切智故，分別法界，是名性慧。又復善學**五種方術**，所謂內方術、因論、聲論、醫方、一切世事，是名性慧。（善戒經 T30n1582_p0988c16）

(62)云何菩薩善知諸論？是菩薩於**五明處**、名身、句身、味身，從他所聞，具足攝受，誦習通利。（地持經 T30n1581_p0928c11）

(63)云何菩薩解世書籍？菩薩善知世間**方術**，知字、知句、知辭、知義，心口和合，專念受持，是名菩薩知法知義。（善戒經 T30n1582_p0993c25）

例 60、62 的「五明處」，分別與《善戒經》「五種方術」、「世間方術」相對。丁福保《佛學大辭典》「五明」條云：「（名數）西域內外學者，必宜學習之處，有五明，故云五明處。一聲明……，明言語文字者。二工巧明……，明一切工藝技術算曆等者。三醫方明……，明醫術者。四因明……，明考定正邪，詮考真偽之理法者。所謂論理學也。五內明……，明自家之宗旨者。」[64]

---

64 丁福保：《佛學大辭典》（臺北：新文豐出版公司，2008 年），頁 530。

故知佛經所說的「五明」，即指聲明、工巧明、醫方明、因明與內明等五種技藝。有時省略前面的數詞「五」而稱「明處」，或在數詞「五」與「明處」之間插入量詞，例如：

(64)般若波羅蜜菩薩種性相者，是菩薩於一切**明處**、一切智處，生慧成就。（地持經 T30n1581_p0889a26）

(65)**明處**者有五種：一者內**明處**，二者因**明處**，三者聲**明處**，四者醫方**明處**，五者工業**明處**，此五種**明處**，**菩薩**悉求。（地持經 T30n1581_p0903a02）

例 64「一切明處」、例 65「明處者」、「五種明處」，顯示數詞「五」為「明處」的修飾成分，至於《善戒經》中，與之相對的詞語仍然是「方術」，如：

(66)云何般若波羅蜜菩薩性印？菩薩摩訶薩了知一切世間之事，知諸**方術**及諸眾生所有言說。（善戒經 T30n1582_p0963c22）

(67)**方術**有五。一者內術，二者因術，三者聲術，四者知病因治病術，五者知一切作事，菩薩摩訶薩常求如是五種方術。（善戒經 T30n1582_p0976c21）

顯然，《地持經》中的「明處」，即《善戒經》的「方術」，兩者所用詞語不同。

「方術」在先秦漢語裡已經出現，例如《莊子・天下》：「天下之治方術者多矣，皆以其有為不可加矣。」[65]《漢語大詞典》將之釋義為「學術，特定的一種學說或技藝。與道家所謂無所不包的『道術』相對。」[66]由於「學說、技藝」的概念，與印度聲明、工巧明、醫方明、因明、內明等帶有「學說、技藝」的概念相似，故求那跋摩使用「方術」作為翻譯的詞語，是運用漢語的固有詞對譯。但是「明」在漢語裡，一般不會有「方術、技藝」的涵義，故曇無讖以「明處」來指稱「方術」的概念，是一種佛化漢詞的現象。它使詞素「明」增加了「方術、技藝」這個義項，但這樣的用法，只保留在佛經裡。

除了「方術」，《善戒經》有時會以其他詞語與《地持經》的「五明處」相對，例如：

> (68)如是菩薩求**五明處**，為無上菩提大智眾具究竟滿故。（地持經 T30n1581_p0904c10）
>
> (69)若有菩薩不能如是求**五事**者，終不能得阿耨多羅三藐三菩提，成一切智。（善戒經 T30n1582_p0978b20）

例 68「求五明處」在例 69 中作「求五事」。「事」本就有「職業」、「事情」等義項，與「方術、技藝」意思相近，故這種對比，仍然顯示求那跋摩是以漢語的固有詞來翻譯。

---

65 （清）郭慶藩：《莊子集釋》（北京：中華書局，1961 年（1997 年重印）），頁 1065。

66 漢語大詞典編輯委員會：《漢語大詞典（第六卷）》（上海：漢語大詞典出版社，1989 年），頁 1565。

（八）施設：流布

《史記・孫子吳起列傳》：「太史公曰：『世俗所稱師旅，皆道《孫子》十三篇，吳起《兵法》，世多有，故弗論，論其行事所**施設**者。』」[67]反映漢代文獻裡，已有「施設」一詞，其義為「實施；實行」。後引申為「安排；措置」，如《漢書・趙尹韓張兩王傳》：「翁歸文武兼備，唯所**施設**。」[68]又如東漢王充《論衡・書解》：「出口為言，集札為文，文辭**施設**，實情敷烈。」[69]之後又引申有「陳設；布置」之義，例如《南史・恩倖傳・阮佃夫》：「就席便命施設，一時珍羞，莫不畢備。」[70]由此可知，「施設」常出現在漢魏晉南北朝以來的中土文獻裡。

漢譯佛經文獻裡，「施設」也有「陳設；布置」的意思，例如：

> (70)時，清信士即便**施設**，手自斟酌，食訖行水，別取小敷在佛前坐。（長阿含經 T01n0001_p0012c13）

例 70 出自後秦佛陀耶舍共竺佛念翻譯的《長阿含經》，「施設」即指「陳設；布置」，與中土文獻裡的用法基本相同。但是除了表

67　（西漢）司馬遷：《新校史記三家注》（臺北：世界書局，1983 年），頁 2168。

68　（東漢）班固撰、（唐）顏師古注：《新校漢書集注》（臺北：世界書局，1974 年），頁 3206。

69　（明）黃暉：《論衡校釋》（北京：中華書局，1990 年（2006 年重印）），頁 1149。

70　（唐）李延壽：《新校本南史附索引》（臺北：鼎文書局，1985 年），頁 1922。

「陳設；布置」以外，「施設」在佛經裡，還衍生出佛教專門術語的用法，如丁福保《佛學大辭典》「施設」條云：「（術語）安立之義，建立之義，發起之義。唯識述記三末曰：『言施設者，安立之異名。建立發起者，亦名施設。』」[71]在曇無讖所譯的《地持經》裡，「施設」基本都用作這種表達「安立；建立」的用法，例如：

(71)又真實相建立二種：一者有性，二者無性。有性者，建立**施設**假名自性。（地持經 T30n1581_p0893a18）

(72)真實義者，復有二種：一者有，二者無。有者，名世**流布**。（善戒經 T30n1582_p0968b24）

(73)云何知一切法離於言說。此**施設**假名自相諸法。所謂色受想行識乃至涅槃。當知假名無有自性。（地持經 T30n1581_p0894a19）

(74)善行菩薩諦知法界不可宣說。知法界性知世**流布**。（善戒經 T30n1582_p0969b15）

(75)此偈顯示**施設**假名，名色等諸法。以色等名宣說諸法，流通言教。說色乃至涅槃。色等假名無色等自性，色等法亦無餘自性。此色等假名，諸法離言說，義無所有。（地持經 T30n1581_p0895a02）

(76)如色乃至涅槃則有多名。色無自性，無自性者則無多名，有多名者名為**流布**。以是義故雜藏中說。諸佛世尊不著

---

[71] 丁福保：《佛學大辭典》（臺北：新文豐出版公司，2008 年），頁 1682。

流布，若見若聞思惟覺知，如色名乃至涅槃名，名為**流布**。（善戒經 T30n1582_p0970a29）

(77)菩薩有四種正**施設**。如是正**施設**。是如來說。非餘若天若人。沙門婆羅門如是聞。一者法**施設**。二者諦**施設**。三者方便**施設**。四者乘**施設**。（地持經 T30n1581_p0936b29）

(78)有四事唯佛菩薩獨能**流布**。非餘沙門婆羅門天魔梵等所能**流布**。若從佛聞則能**流布**。一者法**流布**。二者實**流布**。三者方便**流布**。四者乘**流布**。（善戒經 T30n1582_p0999a26）

例 71、73、75「施設假名」都指「建立假名」的意思，故「施設」已經衍生出新的義位。這一義位的產生，[72]應是受到翻譯語言的影響，例如在《地持經》中有下面這兩個例句：

(79)若世尊說菩薩淨心，**施設**顯示，一切皆是十五淨心所攝。（地持經 T30n1581_p0939c10）

(80)如此名字內外六入及兩中間，一切悉無，自性亦無，但是名想**施設**。（地持經 T30n1581_p0957b24）

例 79 與 80 有梵文本可供參照，「施設」分別對譯梵文的「prajñaptāḥ」[73]與「prajñaptir」[74]。梵文「prajñapta」有「被委派的，被指定的；安排（座位）」的意思；「prajñapti」也有「用語

---

[72] 《漢語大詞典》「施設」並未收錄「建立；安立」的義項。

[73] （日）磯田熙文、古坂紘一：《瑜伽師地論・菩薩地・隨法・究竟・次第瑜伽處》（京都：法藏館，1995 年），頁 56。

[74] 同上注，頁 388。

言表達；陳述；指示；安置」等義。[75]例 79「施設顯示」指的是用言語宣說開示；例 80「但是名想施設」則指「名字等皆是透過語言的表達，並非實有」的概念。[76]兩者所強調的，都是言語的表述，乃是人為建立的假名。因此，從其主要使用在翻譯佛經的情形來看，可將之視為漢語舊詞語義引申變化之後的「佛化漢詞」。

「施設」在《善戒經》中基本並不使用，例如上舉諸例與《地持經》「施設」相對應的經文，都是以「流布」與之相對。他們在《地持經》與《善戒經》中的分布情形如下表：

表十八：「施設、流布」使用次數統計表

	地持經	善戒經
施設	64	0
流布	1	73

「流布」在《漢語大詞典》中具有「流傳散布」與「流露、表達」兩個義項，[77]其中「流傳散布」乃「流布」較早的用法，如《吳子・料敵》：「有不占而避之者六：一曰土地廣大，人民富眾。二

75 林光明、林怡馨：《梵漢大詞典》（臺北：嘉豐出版社，2004 年），頁 913。

76 例 79 唐玄奘譯本即是譯作「於彼彼處，種種宣說，施設開示，增上意樂」。例 80 玄奘譯本作「於此有中，如是名想，施設，假立言說，轉耶」。

77 漢語大詞典編輯委員會：《漢語大詞典（第五卷）》（上海：漢語大詞典出版社，1989 年），頁 1259。

曰上愛其下，惠施流布。……」[78]《東觀漢記・明德馬皇后傳》：「太后詔書流布，咸稱至德，莫敢犯禁。」[79]北魏楊衒之《洛陽伽藍記・凝玄寺》：「惠生從于闐至乾陀羅，所有佛事處，悉皆流布，至此頓盡，惟留太后百尺幡一口，擬奉尸毗王塔。」[80]可知「流布」亦常見於漢魏晉南北朝時期的中土文獻裡。而從上舉《善戒經》經文的例句，可看出佛經中的「流布」仍是取「流傳散布」之義，如例 72「有者，名世流布」乃指「世間所知而流傳散布」。這層意思，也可以從下面這一組例句看出來，如：

> (81)復有四種：一者**世間所知**，二者學所知，三者煩惱障淨智所行處法，四者智障淨智所行處法。（地持經 T30n1581_p0892c22）
>
> (82)復有四種：一者**世流布**，二者方便流布，三者淨煩惱障，四者淨智慧障。（善戒經 T30n1582_p0968a28）

上舉《善戒經》中的「世流布」在《地持經》中譯作「世間所知」，顯然「流布」乃指「世間所周知而流傳」的意思，這種用法乃是採取漢語本身已有的語詞加以翻譯，且在詞義上並沒有太大的變化。

78　傅紹傑：《吳子今註今譯》（臺北：臺灣商務印書館，1976 年），頁 81。

79　（東漢）劉珍等：《東觀漢記》（臺北：藝文印書館，1970 年，百部叢書集成影印聚珍版叢書本），卷 6，頁 3。

80　（北魏）楊衒之著、楊勇校箋：《洛陽伽藍記校箋》（北京：中華書局，2006 年（2008 年重印）），頁 215。

就翻譯語詞的選擇而論，把原有經文翻譯成「施設」或是「流布」，應是對原典詮釋採取不同角度來翻譯的結果，翻譯為「施設」，重點在強調「法、名」的人為造作義；翻譯成「流布」，則是把焦點放在「法、名」的世間周知與流傳散布，因此這兩個語詞的對比所顯示的，仍舊只能解釋為譯者選詞風格不同所產生的差異。但是如果從這兩個語詞在佛經中的詞義來觀察，則「施設」應屬「佛化漢詞」的用法。至於「流布」，則仍是沿用漢語固有詞語的意思，這反映求那跋摩在譯經風格上，傾向於使用漢人較能接受明白的漢語詞彙來翻譯。

（九）旨趣：義／義趣

「旨趣」即「宗旨、大意」的意思，漢荀悅《漢紀・卷二十五・孝成皇帝紀二》云：「孔子既歿，後世諸子，各著篇章，欲崇廣道藝，成一家之說，旨趣不同，故分為九家。」[81]又劉勰《文心雕龍・頌贊》云：「摯虞品藻，頗為精覈，至云雜以風雅，而不變旨趣，徒張虛論，有似黃白之偽說矣。」[82]可知「旨趣」常見於漢魏晉南北朝的中土文獻當中。該詞在《地持經》中共出現了 4 次，其例句及與之相應的《善戒經》經文如下：

(83)如是一切自在菩薩成就五種上妙功德：一者得第一淨心，寂滅正受，而不寂滅一切煩惱。二者一切明處清淨知見增長無減。三者為眾生故，處在生死而不疲厭。四者善入如來言說**旨趣**。五者善解大乘不從他受。（地持經 T30n1581_

---

81 （東漢）荀悅：《漢紀》（臺北：臺灣商務印書館，1968 年），頁 246。

82 （梁）劉勰：《文心雕龍註（增訂本）》（臺北：明倫出版社，1970 年），頁 158。

p0896b07）

(84)得大自在菩薩摩訶薩成就五事：一者心得寂靜。二者了知世事及出世事。三者為眾生故，處在生死心不愁惱。四者了知如來**甚深祕藏**。五者菩提之心無能壞者。（善戒經 T30n1582_p0971a22）

(85)有相似法能滅正法者，善知善說能令除滅。是善入如來言說**旨趣**，功德之業。五者降伏一切外道異論，堅固精進正願不滅。是善解大乘不從他受，功德之業。（地持經 T30n1581_p0896b18）

(86)法說非法能滅佛法污辱佛法。犯說非犯受畜八種不淨之物。為擯如是諸惡人故。受持解說如來**祕密甚深之義**。雖知外道微細書論解其**義趣**。終不破壞菩提之心。（善戒經 T30n1582_p0971b01）

(87)彼諸眾生於如來說甚深微妙空相應經如其**旨趣**。彼經中說離自性法及離諸事，不起不滅，如虛空如幻如夢。**不知義者**聞則驚怖，謗彼深經言非佛說。菩薩為彼眾生隨順巧便，於彼深經如來**旨趣**隨順其義分別解說而攝取之。（地持經 T30n1581_p0932c29）

(88)若有眾生不解如來**甚深空義**，即為開示分別演說。若有眾生誹謗方等大乘經典，即為說法令其調伏。（善戒經 T30n1582_p0995b24）

上舉三組例句中，與《地持經》「旨趣」相對應的譯語，在例84、86、88《善戒經》中，分別譯作「甚深祕藏」、「祕密甚深之義」或「甚深空義」，都不用「旨趣」。其中與「旨趣」相近的語詞，為例 86 中的「義趣」。丁福保《佛學大辭典》「義趣」條云：「（術語）義理之所歸趣也。」[83]可知「義趣」、「旨趣」詞義相近。該詞在《地持經》中也有例子，如：

(89)云何義陀羅尼？如前所說。於此諸法無量**義趣**，未曾讀誦，未曾修習，經無量劫，憶持不忘。（地持經 T30n1581_p0934a08）

(90)義陀羅尼者，如法陀羅尼隨順解**義**。於無量世受持不忘。（善戒經 T30n1582_p0996b27）

(91)智慧成熟者，明慧具足，善說惡說，能解**義趣**。受持分別，生智成熟。（地持經 T30n1581_p0900a29）

(92)智慧調伏者，菩薩摩訶薩修集智慧故，心行曠大，善能受持，讀誦經典。解善惡**義**，思惟分別，廣為人說。（善戒經 T30n1582_p0974b02）

例 89 中的「無量義趣」，《善戒經》譯作「隨順解義」；例 91「能解義趣」於《善戒經》中譯作「解善惡義」，故「義趣」即「義旨、義涵」。這兩個語詞在兩部譯經中的使用情形，如下表：

表十九：「旨趣、義趣」使用次數統計表

	地持經	善戒經
旨趣	4	0
義趣	2	1

[83] 丁福保：《佛學大辭典》（臺北：新文豐出版公司，2008 年），頁 2310。

根據 CBETA 電子佛典的檢索，可以發現「義趣」在佛經中有大量的例句。查考《漢語大詞典》對「義趣」的解釋，所引用的書證，最早的則是唐代孔穎達對杜預〈《春秋經傳集解》序〉：「辭約則義微」一句的疏文：「文辭約少，則義趣微略。」[84]利用中央研究院「漢籍電子文獻資料庫」進行檢索，所得到較早的文獻資料亦為佛經文獻典籍的內容，中土傳世文獻中所顯示出最早的材料，則為梁沈約《宋書・孔覬傳》：「夫帝王所居，目以眾大之號，名曰京師，其義趣遠有以也。」[85]故可推測「義趣」應是南北朝時期受佛經翻譯影響而產生的新興雙音節詞。而從上表顯示《地持經》中「旨趣」、「義趣」皆有用例，《善戒經》則僅有 1 次「義趣」的情形來看，顯示《地持經》兼用了承襲自漢代以來的「旨趣」及南北朝新興的「義趣」；《善戒經》則不用較古的「旨趣」。

（十）巧便：方便

「巧便」在先秦典籍裡已經出現，如《荀子・王霸》：「百工忠信而不楛，則器用巧便而財不匱矣。」[86]《漢語大詞典》將其釋義為「靈便；靈巧」。《地持經》也有許多「巧便」的用例，但在《善戒經》裡則沒有這一詞語，其與《地持經》「巧便」相對應的，多是譯作「方便」，例如：

84　漢語大詞典編輯委員會：《漢語大詞典（第九卷）》（上海：漢語大詞典出版社，1989 年），頁 181。

85　中央研究院「漢籍電子文獻資料庫」，網址：http://hanchi.ihp.sinica.edu.tw/ihp/hanji.htm。檢索日期：2017 年 1 月 5 日。

86　（清）王先謙：《荀子集解》（北京：中華書局，1988 年（1997 年重印）），頁 229。

(93)復有四事勝於一切聲聞緣覺：一者根勝，二者道勝，三者**巧便**勝，四者果勝。（地持經 T30n1581_p0888b11）

(94)菩薩摩訶薩復有四事勝於聲聞辟支佛等：一者根勝，二者行勝，三**方便**勝，四得果勝。（善戒經 T30n1582_p0962c27）

(95)聲聞、緣覺唯能了知陰界諸入、十二緣起、是處非處、及四真諦，菩薩**巧便**悉能了知一切諸法，是名**巧便**勝。（地持經 T30n1581_p0888b15）

(96)**方便**勝者，聲聞、緣覺唯能了知陰界諸入，不能了知十二因緣及處非處，菩薩**方便**則能善知一切諸法，是名**方便**勝。（善戒經 T30n1582_p0963a04）

(97)菩薩如是四無礙，得五處無量巧便，謂陰**巧便**、界**巧便**、入**巧便**、緣起**巧便**、處非處**巧便**。（地持經 T30n1581_p0929c11）

(98)菩薩具足四無礙智，知陰、入、界**方便**、十二因緣**方便**、是處非處**方便**。（善戒經 T30n1582_p0994c09）

上舉例 93-98 顯示，《地持經》中的「巧便」，在《善戒經》中都譯作「方便」。筆者參照磯田熙文、古坂紘一編著的《瑜伽師地論・菩薩地・隨法・究竟・次第瑜伽處》，簡單觀察《地持經・翼品》（《善戒經》之〈禪品〉）內，「巧便」對譯梵文詞語的情形，將其列表如下：[87]

---

[87] 表中求那跋摩部分空格之處，乃因《善戒經》中沒有相對應之詞出現，故以空白示之。

表二十：〈翼（禪）品〉「方便、巧便」對譯梵文對照表

梵文	曇無讖	求那跋摩	玄奘	卷別	頁碼
kauśalaṃ	巧便	方便	方便善巧	翼品/禪品	22
kauśalaṃ	巧便	方便	方便善巧	翼品/禪品	27
kauśalaṃ	巧便	方便	方便善巧	翼品/禪品	28
kauśalāni	巧便	方便	方便善巧	翼品/禪品	28
kauśalair	巧便	方便	方便善巧	翼品/禪品	28
kauśalair	巧便	方便	方便善巧	翼品/禪品	30
kauśalena	巧便		方便善巧	翼品/禪品	28
kúsalena	巧便		方便善巧	翼品/禪品	32
kauśalena	巧便	方便	方便善巧	翼品/禪品	30
kauśale	巧便		方便善巧	翼品/禪品	33
kauśalasya	巧便		方便善巧	翼品/禪品	33
kauśalaṃ	巧便	善方便	方便善巧	翼品/禪品	26
kauśalaṃ	巧便	行善方便	方便善巧	翼品/禪品	27
upāya-kauśalaṃ	方便巧便	行善方便	方便善巧	翼品/禪品	27
upāya-kauśalaṃ	方便巧便	行善方便	方便善巧	翼品/禪品	27

上表顯示《地持經》「巧便」主要對應梵文的「kauśalaṃ、kauśalāni、kauśalair」等，與之相應的《善戒經》，大都譯作「方便」。〈翼品〉中有兩例對譯的梵文為「upāya-kauśalaṃ」，曇無讖譯作「方便巧便」。梵文「upâya」有「接近；到達；手段；權宜，方法，辦法，策略，技巧」等諸多意思，[88]「kauśala」也有「幸福，幸運，繁榮，對（位，一°）熟練的，聰明，經驗」等意

[88] 林光明、林怡馨：《梵漢大詞典》（臺北：嘉豐出版社，2004 年），頁 1348。

思。[89]曇無讖翻譯為「方便巧便」，應是受到梵文詞序的影響，把「upāya」譯作「方便」，「kauśalaṃ」仍譯作「巧便」。《說文》：「巧，技也。」「巧」本指「技巧，技能」，後引申為「靈巧，神妙」，故將「kauśala」譯作「巧便」，是取意於「對……熟練」之義，「巧」用的仍是漢語固有的「靈巧、善巧」的意思，所以在《地持經》與《善戒經》的翻譯中，有時「巧便」也可對應於「善巧方便」，如：

(99)菩薩為彼眾生隨順**巧便**，於彼深經如來旨趣隨順其義分別解說而攝取之，如是隨順為彼說言……（地持經 T30n1581_p0933a04）

(100)菩薩摩訶薩**善巧方便**，漸漸為開修多羅義。隨意而言……（善戒經 T30n1582_p0995c02）

至於求那跋摩將「kauśalaṃ、kauśalāni、kauśalair」等直接譯作「方便」，則是因為這一佛經術語也具有「善巧」之義，如丁福保《佛學大辭典》「方便」條云：「（術語）梵語傴和，upāya，有二釋，一對般若而釋，二對真實而釋。……對真實而釋，則謂究竟之旨歸為真實，假設暫廢為方便，故又名善巧，或曰善權。即入於真實能通之法也。……」[90]但是在《善戒經》的部分經文中，有時還是會譯出「善巧」的概念來，例如表中以「善方便」對譯「kauśalaṃ」以及例 100 的「善巧方便」。只是在譯出「善巧」概

89 同上注，頁 584。

90 丁福保：《佛學大辭典》（臺北：新文豐出版公司，2008 年），頁 620-621。

念時，求那跋摩慣用詞素「善」，而不用「巧」，這可從下面這兩組例句加以印證，如：

(101)云何菩薩**巧方便**？略說十二種。為起內佛法有六種，為外成熟眾生有六種。……是名為起內佛法六種**巧方便**。（地持經 T30n1581_p0930a16）

(102)云何名為菩薩摩訶薩**善方便**？善方便者有十二種。內六種，外六種。……是名內**方便**。（善戒經 T30n1582_p0995a09）

(103)如是菩薩於一切法界不取不捨不增不減亦無所壞，如實了知。如其所知為人顯示，是名菩薩**隨順巧方便**。（地持經 T30n1581_p0933a24）

(104)是故菩薩於諸法界不取不捨不增不減，實則知實，亦說是實。是名菩薩**善隨方便**。（善戒經 T30n1582_p0995c23）

例 101「巧方便」在例 102 作「善方便」，例 103「隨順巧方便」在例 104 中作「善隨方便」。「善」與「巧」皆有「擅長」之義，故「善」、「巧」義本相通，如《廣韻．巧韻》：「巧，善也。」[91]又《淮南子．說林》：「入水而憎濡，懷臭而求芳，雖善者弗能為工。」高誘注：「善，或作巧。」[92]從「巧方便」與「善方便」的對應來看，顯然曇無讖與求那跋摩慣用的詞素不同，故在對譯梵

---

91 （宋）陳彭年等：《校正宋本廣韻》（臺北：藝文印書館，1998 年），頁 299。

92 何寧：《淮南子集釋》（北京：中華書局，1998 年），頁 1217。

文時，就形成「巧便」、「巧方便」與「方便」、「善方便」的差別。到了唐代玄奘大師的翻譯中，則將「善」、「巧」並列，構成「方便善巧」之譯語。

胡湘榮（1994）曾經討論過「善權」與「方便」之間的關係，認為兩者具有舊譯與新譯之間的差別，他說：

> 善權，《佛學大辭典》的解釋是：「善巧之權謀，猶言方便。」可見與「方便」為同一術語的不同譯名。「舊譯」多用「善權」，而「新譯」只用「方便」。……善權，「舊譯」又常常寫作「善權方便」或「權方便」，「新譯」一概改為「方便」。[93]

因此，在佛經翻譯裡，「方便」是較晚出現的新興術語。這一術語在南北朝譯經中已十分常見。但若從先秦典籍已經出現「巧便」的現象來看，這裡「巧便」與「方便」之間的對比，也可能反映出兩位譯者使用新、舊詞語風格不同的特點，也就是《地持經》在翻譯時慣用較古的語詞，《善戒經》則多改以新譯詞語翻譯。[94]

---

93 胡湘榮：〈鳩摩羅什同支謙、竺法護譯經中語詞的比較〉，《古漢語研究》第 2 期，1994 年，頁 77。

94 筆者根據中央研究院「漢籍電子文獻—古漢語語料庫」檢索，在「上古漢語語料庫」中，也沒有「方便」一詞。在中土文獻裡，較早出現的語料是《世說新語》。檢索日期：2018 年 8 月 14 日。又廖桂蘭（2012）比較支謙、羅什與玄奘翻譯特色時，曾提及：「再看《維摩詰經》第二品的品名是 “acintyopāyakauśalyaparivarto nāmadvitīyaḥ”。支謙譯為〈善權品第二〉，羅什譯為〈方便品第二〉，玄奘譯為〈顯不思議方便善權品第二〉。若以梵文直譯，acintya 是『不可思議的』，upāyakauśalya 是『方

（十一）觸惱：打罵

梁曉虹（1994）認為「觸惱」為「補充式」結構的詞語，意思是「引起心內煩惱」，她說：

> 觸，《說文・角部》：「抵也。」「惱」者，慧琳《一切經音義》卷二九引《文字集略》：「心內結恨也。」故「觸惱」指引起心內煩惱。《法苑珠林》卷十二引《起世經》：「常行如是不淨業，彼等當生叫喚處。種種觸惱眾生故，於叫喚獄被燒煮。」[95]

檢視「觸惱」在《地持經》與《善戒經》中的使用情形，可發現《地持經》共出現了 3 次，《善戒經》則沒有該詞語的用例。在《地持經》所使用的 3 次例句中，有一例《善戒經》並沒有相應的經文，另有二例出現在同一段文字當中，其內容如下：

> (105)除惱戒者有八種：菩薩初作是思惟：「如我不欲令他殺盜、邪婬、妄語、兩舌、惡口、綺語、手石杖等**觸惱**於我，如我不欲不喜，彼亦如是。云何以此加於他人？」以是

便善巧』，parivartaḥ是『品』，nāma 是『名稱』，dvitīyaḥ是『第二的』。支謙、羅什簡化省略，玄奘增添『顯』字。而且用字結合前兩位譯者的譯詞。其中，以羅什之譯最為淺白口語。」也認為「方便」應是較為淺白的口語。（參廖桂蘭：〈翻譯與創作：邁向佛經翻譯問題的省思〉，《中國文哲研究通訊》第二十二卷第 1 期，2012 年，頁 92。）

95 梁曉虹：《佛教詞語的構造與漢語詞彙的發展》（北京：北京語言學院出版社，1994 年），頁 55。

故**不惱於彼**，乃至不加手石杖等**觸**。作是思惟已，不以八事**觸惱**眾生，是名菩薩除惱戒。（地持經 T30n1581_p0917c15）

(106)除戒者有八種，菩薩常應作如是念：「如我不喜死，一切眾生亦復如是，是故不應殺害物命。如我不喜劫盜、貪婬、惡口、妄語、兩舌、無義語、杖石**打罵**等，一切眾生亦復如是，是故不應劫盜、貪婬、惡口、妄語、兩舌、無義語、杖石**打罵**。」是名除戒。（善戒經 T30n1583_p1018a16）

上舉例 105《地持經》「以是故不惱於彼，乃至不加手石杖等觸」，顯示「觸」與「惱」可以分開，語義上本屬兩個不同層次的概念。「惱」專指「引起心內煩惱」，「觸」則為手、石、杖等直接的「觸碰」。《說文》以「抵」解釋「觸」，段玉裁注：「牛部曰：『抵，觸也。』」[96]「抵」與「觸」屬同義互訓，《易・大壯》：「羝羊觸藩，羸其角。」[97]顯示「觸」有用角抵觸的意思。又《左傳・宣公二年》：「觸槐而死。」[98]「觸」則有「碰撞」之義。因此，「觸惱」之「觸」在《地持經》裡的用法，應當不是梁曉虹（1994）所說的「引起心內煩惱」，而是實質上的碰觸，與上

---

96 （東漢）許慎撰、（清）段玉裁注：《說文解字注》（臺北：洪葉文化，1999 年），頁 187。

97 （魏）王弼注、（唐）孔穎達疏：《周易正義》（臺北：廣文書局，1972 年），頁 39。

98 楊伯峻：《春秋左傳注》（臺北：漢京文化事業有限公司，1987 年），頁 658。

古漢語抵觸、碰觸之「觸」，詞義基本相同。「觸惱」連文，則屬於並列結構的用法。其補充式結構，當是語義進一步引申之後的結果。《善戒經》譯作「打罵」，兩者所用詞語雖不同，但都分別強調「惡口、妄語、兩舌、無義語」之罵（惱），與「杖石」之打（觸）。

檢索 CBETA 語料庫，可發現除了《善戒經》沒有「觸惱」以外，在求那跋摩所譯其他經典中也沒有該詞。進一步檢索真諦與菩提流支所翻譯的佛經，則「觸惱」於南方真諦所譯《阿毘達磨俱舍釋論》與《四諦論》中，各有 1 次用例，但是北方菩提流支所譯經典未見該詞。因此就所觀察的佛經語料來看，未能斷定該詞是否帶有地域性的色彩。不過，就「觸惱」與「打罵」作比較，「打罵」應是較為通俗的口語之詞。而根據《漢語大詞典》收錄詞條所引書證來看，中土文獻裡的「觸惱」要到明清小說裡才出現，其詞義表「觸犯使之惱怒」的意思，為進一步引申之後的用法。

（十二）習近：親近

《說文》云：「習，數飛也，从羽，白聲」，段注「〈月令〉『鷹乃學習』，引伸之義為習孰。」[99]依據《說文》的解說，則「習」的本義乃是鳥頻頻拍動翅膀試飛的意思，後引申出有「反覆演練」、「學習」、「通曉」、「習慣」、「親近」等義。胡湘榮（1994）指出「習」在上古漢語中，有與「近」連文的組合用法，他說：

99　（東漢）許慎撰、（清）段玉裁注：《說文解字注》（臺北：洪葉文化，1999 年），頁 139。

> 上古時期，「習近」連文，專指親幸的人。《禮記・月令・仲冬之月》：「雖有貴戚近習，毋有不禁。」《尹文子・大道》：「內無專寵，外無近習。」習、近同義連用，「習」有近義。「舊譯」中「習」的這種含義經常見到。……而這些用法在「新譯」中均未見到，「新譯」改用其他詞語來對應「習」的種種含義。[100]

顯然「習」字在上古漢語中已有「親近」的意思，且在舊譯佛經裡經常使用「習近」連文來表達「親近」的概念。但是到了東晉以後的新譯時期，「習」表「親近、依著、契合、樂於」等承自上古引申而來的諸義項，已逐漸遭到淘汰而從口語中消失，因此「習近」一詞也逐漸被取代而不再使用。然而在《地持經》裡，「習」字仍有表達「親近」的用法，例如：

> (107)云何四種煩惱？一者久習放逸，煩惱數利；二者愚癡**習**惡知識；三者尊主王賊，怨敵所迫，不得自在，其心迷亂；四者眾具不足，常憂身命。（地持經 T30n1581_p0889b12）
>
> (108)菩薩摩訶薩以四煩惱因緣故，破壞淨法。何等為四？一者利重常恒；二者以是二結**親近**惡友；三者若於師所、王主怨賊而生怖懼，故失善心，起於煩惱；四者為身命故，作諸惡法。（善戒經 T30n1582_p0964a08）

---

100 胡湘榮：〈鳩摩羅什同支謙、竺法護譯經中語詞的比較（續）〉，《古漢語研究》第 3 期，1994 年，頁 82。

例 107《地持經》「二者愚癡習惡知識」，在例 108《善戒經》中譯作「二者以是二結親近惡友」，可知《地持經》「習」有「親近」義。且在《地持經》裡，也常有「習」、「近」連文，表達「親近」的用法，例如：

(109)云何福因、智因？福因智因略說三種：一者得長養福智方便處欲，二者隨順近緣，三者本**習**福智**近**緣者，不住顛倒緣，住不顛倒緣。**習近**惡知識，倒說福智，倒念倒受，是名住顛倒緣。（地持經 T30n1581_p0892b15）

(110)云何名為福因智因？福因智因有三種。何等為三？一者信心，二者發心，三者**親近**善友，是為三福因。智因復有二種：一者善，二者不善。若**近**惡友修集邪道，行施定慧，名不善福。（善戒經 T30n1582_p0967c05）

(111)又隨心者，不嗤笑、不戲弄，令其慚恥而生疑悔。彼雖不如，不言「汝今墮在負處。」見人謙下，亦不自高。又隨心者，非不**習近**，不極**習近**，不非時**習近**。（地持經 T30n1581_p0912a09）

(112)菩薩摩訶薩雖隨眾生不輕、不笑、不打、不罵、不說惡事、不讚己德，以自高人，不**親近**人，非不**親近**。雖復**親近**，非時不為。（善戒經 T30n1582_p0984c03）

例 109-112 顯示《地持經》「習近」乃對應於《善戒經》的「親近」，故「習近」表「親近」義的概念十分明確。有些時候，雖然兩經翻譯文句的詞語不完全對應，但仍能反映出「習近」具有「親近」之意，例如：

(113)若見一切上中下人，先語問訊，歎言：「善哉！」隨宜善處，隨力所能攝以財法。不諂曲，不自重，不自高，不自大，不以增高而自矜異，於諸親厚一切給與，終不棄捐若病不病。隨順身口意業與相**習近**，為善知識離諸怨對、孤獨、貧乞、無所歸蔭，隨其力能為作依怙，不以憂苦加於眾生。（地持經 T30n1581_p0929a21）

(114)菩薩悉於上中下眾生，先意軟語，善法教化，以食以法而攝取之。身口意業、善思惟等，**悉向眾生**。常作是念：「願我莫與一切眾生作惡因緣。」於諸眾生不作怨想，**常生親想**，無瞋恚心。（善戒經 T30n1582_p0994b07）

例 113 與例 114 雖然沒有明確的詞語對應，但是《地持經》「隨順身口意業與相習近」，大抵即《善戒經》所表示的「悉向眾生」與「常生親想」的意思，可見「習近」仍是表達「親近」。至於「親近」，則同時見於兩部譯經當中。例如：

(115)初夜後夜未曾睡眠。**親近**善人，依善知識。（地持經 T30n1581_p0910b21）

(116)初夜後夜，讀誦經典。憶念三寶，**親近**善友。（善戒經 T30n1582_p0982c24）

例 115 與例 116，兩經同用「親近」，說明曇無讖譯經也使用「親近」。根據筆者的統計，「親近」與「習近」出現在兩部經書裡的情形如下：

表二十一：「習近、親近」使用次數統計表

	地持經	善戒經	善戒經(1 卷)
習近	9	0	0
親近	5	16	1

上表的分布數據顯示《地持經》「習近」、「親近」二詞皆有，並且「習近」出現的次數比「親近」還多，《善戒經》則僅有「親近」而無「習近」。顯示出在曇無讖所使用的譯經語言裡，保有較多古語的特色。

（十三）顧念（戀）：念

《說文》：「顧，還視也，从頁，雇聲。」[101]又《廣韻》：「顧，迴視也，眷也。」[102]可知「顧」本指「回頭看」，後引申有「眷顧、眷念」之義。《詩・小雅・伐木》：「寧適不來，微我弗顧」之「顧」，即「眷顧」的意思，故鄭玄箋云：「寧召之適自不來，無使言我不顧念也」[103]。鄭玄的箋注，顯示「顧念」在東漢時已經出現。至於《地持經》中的例子，及其與《善戒經》對應的經文，大致如下：

(117)云何為起內佛法六種巧方便？一者菩薩悲心，**顧念一**

---

[101] （東漢）許慎撰、（清）段玉裁注：《說文解字注》（臺北：洪葉文化，1999 年），頁 423。

[102] （宋）陳彭年等：《新校宋本廣韻》（臺北：藝文印書館，1998 年），頁 368。

[103] （西漢）毛亨傳、（東漢）鄭玄箋：《毛詩鄭箋》（臺北：臺灣中華書局，1983 年），卷 9，頁 6。

切眾生；二者一切諸行如實了知；三者求無上菩提智；四者依**顧念**眾生捨離生死；（地持經 T30n1581_p0930a17）

(118)內六種者，菩薩常於一切眾生**起大悲心**，真實了知一切諸行，常樂**繫念**阿耨多羅三藐三菩提，樂為眾生轉於生死（善戒經 T30n1582_p0995a11）

(119)**顧念**眾生，滿足菩提，離一切相，無量身口意業生，淨修無生法忍。（地持經 T30n1581_p0944a20）

(120)**為眾生故**，說有為法。離身口意一切相貌，得深法忍不生不滅。（善戒經 T30n1582_p1006a08）

(121)無明緣行，乃至生緣老死等，言說境界，**顧念**味著，諸有支生，是名煩惱以有因。（地持經 T30n1581_p0903c04）

(122)無明緣行乃至生緣老死，**為貪恚故**，不斷十二因緣，是名從因。（善戒經 T30n1582_p0977b18）

例 117《地持經》「菩薩悲心，顧念一切眾生」，《善戒經》譯作「菩薩常於一切眾生起大悲心」；又「依顧念眾生捨離生死」，《善戒經》作「樂為眾生轉於生死」。例 119《地持經》「顧念眾生」於例 120《善戒經》中作「為眾生故」。例 121「顧念味著，諸有支生」則大約對應《善戒經》的「為貪恚故，不斷十二因緣」。相比之下，可以發現《善戒經》都沒有「顧念」。另外，《地持經》還有一個例子作「顧戀」，其例句如下：

(123)菩薩成就如是十法，名住律儀戒。善護持戒，謂過去五欲，心不**顧戀**；未來五欲，不生欣想；現在五欲，不念貪

著。（地持經 T30n1581_p0911a22）

(124)菩薩成就如是法者，是名菩薩住菩薩戒。菩薩受學菩薩戒者，不**念**過去五欲之樂，不求未來五欲之樂，於現在五欲心不生著。（善戒經 T30n1582_p0984a10）

例 123「過去五欲，心不顧戀」，在南宋思溪藏、元大普寧寺藏、明方冊藏及宮內省圖書寮本等版本中作「心不顧念」，所以「顧戀」即是「顧念」。《善戒經》此段經文則譯作「不念過去五欲之樂」，是用單音節詞「念」翻譯，與《地持經》的「顧念（戀）」相對。統計「顧」在兩部譯經裡的用法，其使用的數據如下表：

表二十二：詞素「顧」使用次數統計表

	地持經	善戒經
顧	4	0
顧戀	1	0
顧念	6	0

從上表統計的分布情形，可以看出《善戒經》沒有詞素「顧」，以及與之搭配的雙音詞「顧念」跟「顧戀」。其中《地持經》「顧」字單用的 4 個例句，有兩例在《善戒經》中沒有明確對應的文句，另外兩例對應的例句如下：

(125)菩薩住波羅提木叉戒，捨轉輪王出家學道，不**顧**尊位如視草土，捨離五欲如棄涕唾，乃至來世魔天亦無願樂，終不為彼修持梵行。（地持經 T30n1581_p0910c13）

(126)若有菩薩捨轉輪王位，出家學道，受解脫戒，放捨五欲如棄涕唾，不**念**不**求**，不生悔惜，乃至天上五欲之樂，亦復如是，不為人天受快樂故，受持禁戒。（善戒經 T30n1582_p0983b12）

(127)是菩薩始不**顧**財，捨離出家。既出家已，受菩薩戒。以護戒故，修習忍辱，不怖眾生，忍力清淨。（地持經 T30n1581_p0954c13）

(128)生者，菩薩摩訶薩**捨於一切世俗之物**，出家學道，是名檀波羅蜜。既出家已，受菩薩戒，是名尸羅波羅蜜。以護戒故，雖有罵打，默受不報，是名羼提波羅蜜。（善戒經 T30n1582_p1009a21）

例 125「不顧尊位如視草土」即例 126 的「不念不求」。又例 127「是菩薩始不顧財」則對應例 128 的「菩薩摩訶薩捨於一切世俗之物」。語義上，《地持經》的「顧」仍然表「顧念」的意思，所以例 126《善戒經》是以「念」與「顧」相對。而上舉同經異譯的對比文句，都反映出劉宋求那跋摩的譯經語言中，沒有單音節詞「顧」與雙音節詞「顧念（戀）」的事實，在求那跋摩的譯經裡，多數都是翻譯為單音節詞「念」，此亦可見兩位譯者用語之差異。

（十四）熾然：勳／熾盛

「熾」有「猛烈燃燒」的意思，《說文》云：「熾，盛也。」[104]王充《論衡・論死》：「火熾而釜沸，沸止而氣歇，以火為主

---

104 （東漢）許慎撰、（清）段玉裁注：《說文解字注》（臺北：洪葉文化，1999 年），頁 490。

也。」[105]「熾」皆形容大火猛烈燃燒。又「然」的本義，即為「燃燒」，故《說文》云：「然，燒也。」[106]又《孟子・公孫丑上》云：「若火之始然。」[107]因此「熾然」並列，本具有「大火猛烈燃燒」之意。在《地持經》裡，有部分經文所使用的「熾然」，就是指「大火燃燒」，例如：

(129)**熾然**者，身上出火，身下出水；身上出水，身下出火；入火三昧，舉身洞**然**，現種種色，青、黃、赤、白、紅、頗梨色。（地持經 T30n1581_p0896c22）

(130)云何**出火**？身上出火，身下出水；身上出水，身下出火；或舉身出火，作種種色：青、黃、赤、白、紫、黑、頗梨，是名出火。（善戒經 T30n1582_p0971c07）

(131)正使三千大千世界大火**熾然**。乃至梵天尚入其中。況復小火。（地持經 T30n1581_p0942b16）

(132)假使三千大千世界滿中**猛火**，於無量劫尚以身處，況於小火。（善戒經 T30n1582_p1004c13）

例 129「熾然者，身上出火……」《善戒經》作「云何出火？身上出火……」，說明「熾然」指大火猛烈燃燒。例 131「三千大千世界大火熾然」有梵文本可供對照，其梵本經文作「tri-sāhasra-mahā-

---

105 （明）黃暉：《論衡校釋》（北京：中華書局，1990 年（2006 年重印）），頁 882。

106 同注 96，頁 485。

107 （清）焦循：《孟子正義》（北京：中華書局，1987 年（1998 年重印）），頁 235。

sāhasra-pratimāyām apy agni-khadāyāṃ」，「大火熾然」對應梵文「agni-khadāyāṃ」[108]。梵文「agni-khadā」指「地獄之鍋或煖爐」，佛經經文有譯作「火坑，火阬，火聚，猛火坑」者。[109]「熾然」同樣表火燒之意，故慧琳《一切經音義》卷三十一「熾然」條云：「《毛詩傳》云：『熾，盛也』，顧野王云：『猛火也』。」[110]但在例 130、132 求那跋摩譯經中，則不用「熾然」，而分別譯作「出火」與「滿中猛火」。

除了「燃燒」義以外，「熾然」在佛經裡也可以指「勤苦修行」的意思，例如：

(133)堅固心，**熾然**精進，廣大精進。平等方便，不緩方便，不斷方便。（地持經 T30n1581_p0939c05）

(134)菩薩因堅固淨，**懃修**精進，破於懈怠，成不放逸。（善戒經 T30n1582_p1002b01）

(135)不能專精行大菩提、**熾然**方便、深樂淨信。（地持經 T30n1581_p0940b28）

(136)少念阿耨多羅三藐三菩提，不**懃**精進，不得甚深信解之心。（善戒經 T30n1582_p1003a14）

---

108 （日）磯田熙文、古坂紘一：《瑜伽師地論・菩薩地・隨法・究竟・次第瑜伽處》（京都：法藏館，1995 年），頁 136。

109 林光明、林怡馨：《梵漢大詞典》（臺北：嘉豐出版社，2004 年），頁 45。

110 （唐）釋慧琳、（遼）釋希麟：《正續一切經音義附索引兩種（一）》（上海：上海古籍出版社，1988 年），頁 1251。

例 133「堅固心，熾然精進」，梵本作「dṛḍhādhyāśayena uttapta-vīryā」，「熾然」對譯梵文的「uttapta」。[111]梵文「uttapta」為過去被動分詞，[112]詞根為「tap」，「tap」的過去被動分詞「tapta」有「熱的，燃燒的，使赤熱的；使鎔解的；受苦的，熱惱的；實施（苦行）……」等義，[113]《善戒經》則譯作「懃修」。例 135「不能專精行大菩提、熾然方便、深樂淨信」，梵文本作「na ca tīvra-cchando bhavati mahābodhau nottapta-vīryaḥ (na) gaṃbhīra-susaṃniviṣṭa-prasādaḥ」，「熾然方便」對應梵文的「nottapta-vīryaḥ」[114]。梵文「tapta」前加詞頭「no」，在語義上應帶有否定的意思，同時參照《善戒經》的翻譯，整段話的結構為「少念……，不……，不得……」，因此，筆者認為曇無讖譯本這段翻譯的文字，所要表達的是「不能專精行大菩提，（不）熾然方便，（不）深樂淨信」，後兩句的否定詞都承前省略了，因此在標點上，應以頓號「、」標注。[115]至於「熾然」，則同樣對譯梵文的「tapta」，《善戒經》也譯作「懃」。兩者之間的差別，在於義理解讀上，使用了不同的詞語來詮釋。曇無讖使用「熾然」，是著眼於詞根「tap」火燒的意思，用火的猛烈燃燒來比喻修行之猛烈精

111　（日）磯田熙文、古坂紘一：《瑜伽師地論・菩薩地・隨法・究竟・次第瑜伽處》（京都：法藏館，1995 年），頁 54。

112　林光明、林怡馨：《梵漢大詞典》（臺北：嘉豐出版社，2004 年），頁 1360。

113　同上注，頁 1275。

114　同注 111，頁 82。

115　對照玄奘譯本，這段話的翻譯為「於大菩提無猛利樂欲，無熾然精進，無有甚深牢固淨信。」也是「無……，無……，無有……」的句式。（參注 111，頁 82。）

進。求那跋摩用「懃（修）」，則是將翻譯的焦點放在「tapta」的「受苦」、「實施（苦行）」義的上面。

另外，「熾然」在佛經裡還有引申為「興盛」的意思，例如：

(137)建立法次法向，漸轉增廣，不起像法，法滅盡相。能令像法實義**熾然**。能令正法永不滅盡。（地持經 T30n1581_p0959b09）

(138)如來正法久住不滅，諸惡比丘漸就損減，若無菩薩戒者，諸惡比丘漸漸**熾盛**，如來正法不久則滅。（善戒經 T30n1582_p1013c07）

例 137「能令像法實義熾然」梵文本作「saddharma-pratirūpakāḥ pracurā」，「熾然」對譯梵文的「pracurā」[116]。「pracurā」有「豐富的，廣大的，多量的，多數的……」等義。[117]故曇無讖譯作「熾然」是由「大火猛烈燃燒」進一步引申為「興盛」的意思，與之相對的《善戒經》則譯作「熾盛」。

從文獻使用情況來看，「熾然」並未見於《善戒經》裡，它在兩部譯經中的使用情形如下：

表二十三：「熾然」使用次數統計表

	地持經	善戒經
熾然	29	0

116 同注 111，頁 470。

117 同注 112，頁 903。

筆者利用中央研究院「漢籍電子文獻：古漢語語料庫」進行檢索，發現「熾然」並未見於「上古漢語語料庫」之中。在「中古漢語語料庫」裡，也只出現在屬於佛經語料的「大藏經」語料庫，[118]這顯示「熾然」是一個新興的佛教用語。不過，詞素「熾」表「盛大」，「然」表「燃燒」，都已見於先秦文獻，因此「熾然」在佛經裡被大量的使用，應該是利用漢語舊詞素重新創造的意譯詞。而由上舉諸例的比較，求那跋摩譯經不用「熾然」背後的因素，應該與義理詮釋的角度不同有關。

（十五）穢污：罣礙／煩惱

「穢污」一詞，戰國時已經出現，指「不潔、骯髒」之義，如《尸子・治天下》云：「故文王之見太公望也，一日五反；桓公之奉管仲也，列城有數，此所以國甚僻小，身至穢污，而為正於天下也。」[119]曇無讖所譯《地持經》中，也有使用該詞的例子，其例句如下：

(139)捨離一切無明**穢污**，一切所知無礙自在，是名智淨。（地持經 T30n1581_p0956a25）

(140)知一切法無有**罣礙**。得自在智知一切法行。是名智淨。（善戒經 T30n1582_p1010c15）

(141)方便義有二種，一切應作不應作如實知。究竟義有二種，**穢污**清淨如實知。（地持經 T30n1581_p0923a14）

---

118 中央研究院「古漢語語料庫」，網址：http://hanji.sinica.edu.tw/。檢索日期：2017 年 7 月 15 日。

119 （戰國）尸佼：《尸子》（臺北：藝文印書館，1966 年，百部叢書集成影印湖海樓叢書本），卷上，頁 17。

(142)為善知方便故修集，為知作不作事故修集，為知**煩惱**故修集，為畢竟得故修集，是名寂靜慧。（善戒經 T30n1582_p0989a22）

(143)復有八種。行苦諦。苦苦諦。壞苦諦。生諦。滅諦。**穢污**諦。清淨諦。正方便諦。（地持經 T30n1581_p0936c10）

(144)復有八種。一者行苦實。二者苦苦實。三者生苦實。四者滅實。五者**煩惱**實。六者解脫實。七者善行實。八者善果實。（善戒經 T30n1582_p0999b09）

上舉例 139「穢污」，在《善戒經》中譯作「罣礙」，其所對應的梵文為「dauṣṭhulya」[120]。梵文「dauṣṭhulya」在其他佛經中，有譯為「麤重，障，過，惡習，虛偽，污辱，染污」等不同用語，[121] 在《地持經》與《善戒經》中，有時也可譯作「煩惱」，例如：

(145)**煩惱**悉離，善根成熟，是名心淨。（地持經 T30n1581_p0956a24）

(146)修集善法，心離**煩惱**，是名心淨。（善戒經 T30n1582_p1010c14）

---

[120] （日）磯田熙文、古坂紘一：《瑜伽師地論・菩薩地・隨法・究竟・次第瑜伽處》（京都：法藏館，1995 年），頁 336。

[121] 林光明、林怡馨：《梵漢大詞典》（臺北：嘉豐出版社，2004 年），頁 355。

例 145、146 中的「煩惱」，即是對譯梵文的「dauṣṭhulya」。[122]上舉例 142、144 兩個例子，與《地持經》「穢污」相對應的《善戒經》，也都作「煩惱」。佛經文獻顯示這一源自上古漢語的詞語，已不再單純表示「不潔、骯髒」的意思，而被借以表達塵世間的煩惱（將塵世間的煩惱譬喻為穢污之事），是漢語固有詞進一步引申的用法。不過「穢污」在《善戒經》中並沒有出現，就對比詞語來看，「穢污」、「罣礙」在兩部譯經中的使用數據如下：[123]

表二十四：「穢污、罣礙」使用次數統計表

	地持經	善戒經
穢污	5	0
罣礙	1	3

「煩惱」為佛經常見的術語，在兩經中都有為數不少的例子，但「穢污」這一源自古漢語的「佛化漢詞」，未見於《善戒經》裡，也反映出了曇無讖譯經多用古語詞來翻譯，[124]求那跋摩少用的特點。

---

122 同注 120，頁 336。

123 「煩惱」一詞，為佛經中常用的術語，在兩經中也都有大量的用例，故下表沒有列出「煩惱」的使用數據。

124 此處使用古語詞，指的是就「穢污」的詞形來說。若就詞義來說，則「穢污」表煩惱已是佛經中產生的新用法，是屬於舊瓶裝新酒的詞彙現象，也就是梁曉虹（1994）所謂的「佛化漢詞」。

（十六）奇特：不可思議

在先秦兩漢的中土文獻裡，未見有「奇特」的用例，[125]可是佛經文獻中，從東漢康孟詳所譯經典以後，即有大量「奇特」的用法，例如：

(147)優陀白太子言：「宜現**奇特**。」……一切眾女，皆稱：「妙哉！甚為**奇特**，世之希有。」（後漢・竺大力共康孟詳譯・修行本起經 T03n0184_p0466a16）

(148)佛身相**奇特**三十有二。至尊難雙貫心照焉。（吳・支謙・譯梵摩渝經 T01n0076_p0883b24）

「奇特」在《地持經》中共出現了 13 次，但在《善戒經》裡則未見「奇特」一詞，《地持經》中的例句如下：

(149)種性菩薩具足如是性功德者，成就真實白淨之法，是故名為難得，名為**奇特**，名為不可思議，名為不動，名為無上，名為如來住處正因相應種性菩薩。（地持經 T30n1581_p0889b02）

(150)菩薩性者，不可思議，成就具足諸功德事，清淨真實。具足淨法，是故名上，亦名不動，亦名阿耨多羅三藐三菩提印。（善戒經 T30n1582_p0963c27）

(151)初發心堅固，有二事出過世間殊勝**奇特**未曾有法。

---

125 根據中央研究院歷史語言研究所「漢籍電子文獻資料庫」進行檢索，網址：http://hanchi.ihp.sinica.edu.tw/ihp/hanji.htm。檢索日期：2017 年 4 月 2 日。

（地持經 T30n1581_p0890b16）

(152)菩薩摩訶薩初發菩提心，有二事不可思議。（善戒經 T30n1582_p0965a27）

(153)生母胎時，**奇特**光明，充滿世界，正知入胎，住胎出胎。（地持經 T30n1581_p0899b08）

(154)初下之時，放大光明，遍照十方。了了自知始入母胞胎時，住時出時。（善戒經 T30n1582_p0973b23）

(155)四者以是因緣，於未來世能成大人**奇特**功業，是名精進四功德力。無餘無上。（地持經 T30n1581_p0899a15）

(156)捨是身已，受人天樂，身得大力，獲菩提道，是名大果。是名菩薩精進四事。（善戒經 T30n1582_p0973b08）

現代漢語「奇特」主要表達「獨特、奇異」的意思，對照佛經文獻，可知這一語義是沿襲佛經裡的用法，如上舉《地持經》，「奇特」往往與「殊勝」、「不可思議」、「未曾有」等詞並列共舉，說明「奇特」具有「特殊、特別」的涵義。唐慧琳《一切經音義》卷三十五「奇特」條云：「《說文》：『奇，異也。不偶曰奇。』……《方言》云：『物無偶曰特。』」[126]故「奇特」雖源自於佛經，但仍屬利用漢語本有的材料，所創造出同義並列結構的意譯詞。《地持經》則是承襲了康孟詳、支謙以來的翻譯用語。上舉《地持經》與《善戒經》相應的經文，顯示出《地持經》的「奇特」，《善戒經》有時以「不可思議」與之相應，如例 150、

126 （唐）釋慧琳、（遼）釋希麟：《正續一切經音義附索引兩種（二）》（上海：上海古籍出版社，1988 年），頁 1399。

152，有時以其他形容詞與之相對，如例 154 的「大光明」，有時則沒有翻譯出相對應的語詞，如例 156。不過，《善戒經》雖然沒有「奇特」，但仍有下面這個例句：

(157)爾時舍利弗作是思惟：「甚**奇**甚**特**！諸菩薩事不可思議。」（善戒經 T30n1582_p0960c06）

例 157 顯示求那跋摩的譯經中，並非沒有詞素「奇」與「特」，且「奇」、「特」在《善戒經》裡還可以對文並舉，說明《善戒經》沒有使用「奇特」，應該只是正好沒有使用該詞對譯原本的佛經用語而已。

（十七）開覺：知

「開」本為「開門、打開」的意思，如《說文》：「開，張也。从門，从幵。」[127]後引申有「啟發、領悟」的意思，如《荀子・儒效》：「教誨開導成王，使諭於道，而能揜迹於文、武。」[128]「開」即有啟發成王令其領悟的涵義。「覺」則本來就有「覺悟；領悟」之意，故《說文》云：「覺，悟也。从見，學省聲。」[129]慧琳《一切經音義》卷二十四「覺寤」條云：「《廣雅》：

---

[127] （東漢）許慎撰、（清）段玉裁注：《說文解字注》（臺北：洪葉文化，1999 年），頁 594。

[128] （清）王先謙：《荀子集解》（北京：中華書局，1988 年（1997 年重印）），頁 115。

[129] 同注 127，頁 413。

『覺，知也。』顧野王云：『覺謂知曉也。』……」[130]可知「開覺」屬同義並列的結構。其在《地持經》中的例子如下：

(158)一者現世第一樂住。**開覺**方便。生身心方便。疲勞悉滅是心寂靜。功德之業。（地持經 T30n1581_p0896b13）

(159)菩薩何故心得寂靜。能**破**現在眾生煩惱故心得寂靜。（善戒經 T30n1582_p0971a26）

(160)七者菩薩入定，覺諸迷醉，迷十方者等**開覺**之，是名**開覺**禪。（地持經 T30n1581_p0922a20）

(161)七者若入三昧，能**破**十方眾生放逸，是名為禪。（善戒經 T30n1582_p0988b24）

上舉例 158「開覺方便」對應於《善戒經》經文，是與「破現在眾生煩惱」相對，例 160「迷十方者，等開覺之」，在《善戒經》中譯作「破十方眾生放逸」。從「開覺」與《善戒經》的「破……煩惱」、「破……放逸」相對應，反映「開覺」有「破除煩惱、障業，令彼覺知」的意思。在《善戒經》中，有時又以動詞「知」與「開覺」相對應，例如：

(162)非不如說，故名如來。得一切義故，無上福田故，應供養故，故名為應。如第一義**開覺**故，名等正**覺**。（地持經 T30n1581_p0902a10）

130　（唐）釋慧琳、（遼）釋希麟：《正續一切經音義附索引兩種（一）》（上海：上海古籍出版社，1988 年），頁 943。

(163)無虛妄故，名為如來。良福田故，名為應供。**知**法界故，名正遍**知**。（善戒經 T30n1582_p0976a25）

(164)一切魔道不能壞故，名力波羅蜜。智**開覺**故，名智波羅蜜。（地持經 T30n1581_p0954c01）

(165)不為四魔之所障故，名力波羅蜜。能**知**諸法真實性故，名智波羅蜜。（善戒經 T30n1582_p1009a06）

例 162「如第一義開覺故」對應例 163《善戒經》的「知法界故」。又例 164「智開覺故」，在例 165《善戒經》中的譯文為「能知諸法真實性故」。此例梵文本作「jñeya = avabodhatā」[131]。梵文陽性詞「avabodha」有「醒悟；知覺」之義，[132]因此曇無讖以帶有「領悟」義的「開」與「覺」對譯，「開覺」表「令彼開悟覺知」。

根據中央研究院「漢籍電子文獻：古漢語語料庫」進行檢索，上古及中古漢語的中土文獻裡，都未見有「開覺」的用法。[133]《漢語大詞典》收錄「開覺」一詞，所引書證為明徐復祚戲曲〈一文錢〉，已屬時代較晚的例證。而從佛經語料看，「開覺」至少在六朝時就已經出現了。但是在我們所觀察的兩部佛經裡，「開覺」並沒有出現在《善戒經》當中，它在兩部譯經中的使用數據如下：

---

131 （日）磯田熙文、古坂紘一：《瑜伽師地論・菩薩地・隨法・究竟・次第瑜伽處》（京都：法藏館，1995 年），頁 272。

132 林光明、林怡馨：《梵漢大詞典》（臺北：嘉豐出版社，2004 年），頁 205。

133 中央研究院「漢籍電子文獻：古漢語語料庫」，網址：http://hanji.sinica.edu.tw/。檢索日期：2018 年 8 月 21 日。

表二十五：「開覺」使用次數統計表

	地持經	善戒經
開覺	16	0

梵漢對比的資料顯示，曇無讖把梵文「avabodhatā」譯作「開覺」，是利用漢語固有的詞素，構成新的意譯詞。而求那跋摩以「曉了，覺知」的動詞「知」翻譯，則是以漢語常用的單音節動詞對譯，這又反映出了兩位譯者不同翻譯的風格。換句話說，曇無讖在翻譯時，較多受到梵文原典的影響，故較多採用仿譯詞的形式，求那跋摩的翻譯，則是較多使用漢語常用詞進行翻譯。

二、對應的某詞只見於《善戒經》

兩部佛經具有互相對應之詞的情形，除了只見於《地持經》的詞語外，另有少數是只見於《善戒經》的，這類詞語的例子如：

（一）推／推求：求

「推」本義為向外使力令物體移動，故《說文》云：「推，排也。从手，隹聲。」[134]其後引申為「推尋、探索」。「求」的本義本為「皮衣」，後亦有「尋找、探索」之意。從文獻使用的年代來看，表「探索」的「求」字很早就出現了，其來源可推至上古漢語，如《詩·王風·黍離》：「知我者，謂我心憂；不知我者，謂我何求？」唐孔穎達疏：「謂我有何所求索。」[135]至於表「尋

134　（東漢）許慎撰、（清）段玉裁注：《說文解字注》（臺北：洪葉文化，1999 年），頁 602。

135　（西漢）毛亨傳、（東漢）鄭玄箋、（唐）孔穎達疏：《十三經注疏·毛詩正義》（北京：北京大學出版社，1999 年），頁 253-254。

求、推斷」義的「推」字，依據《漢語大詞典》所列書證，最早的是《史記・秦始皇本紀》：「始皇推終始五德之傳，以為周得火德，秦代周德，從所不勝。」[136]因此，「推」字用為「推尋、探索」的意思，時代應晚於表「推尋」之義的「求」。

分析《地持經》與《善戒經》的經文，可以發現詞素「推」並不出現在《地持經》裡，兩部譯經中的使用數據如下：

表二十六：詞素「推」使用次數統計表

	地持經	善戒經
推	0	22
推求	0	9

上表顯示《地持經》沒有詞語「推」或「推求」。以單音節詞「推」而言，在《善戒經》中出現表「推尋、探索」義的「推」，在《地持經》裡都譯作「求」，例如：

(166)菩薩摩訶薩云何能知是八種謬，應**推**四事。何等四？一者**推**名，二者**推**物，三者**推**性，四者**推**分別。（善戒經 T30n1582_p0970c19）

(167)云何知妄想？有四種<u>**求**</u>，四種如實知。云何四種<u>**求**</u>？一者名<u>**求**</u>，二者事<u>**求**</u>，三者自性施設<u>**求**</u>，四者差別施設<u>**求**</u>。（地持經 T30n1581_p0895c18）

136 漢語大詞典編輯委員會：《漢語大詞典（第六卷）》（上海：漢語大詞典出版社，1989 年），頁 669。

《善戒經》除了使用「推」表「推尋、探求」的意思以外，也有「推求」連文的用法，但由於《地持經》的翻譯並沒有出現詞素「推」，因此也就沒有這類詞語，其對比的例句如：

(168)畢竟退者，終不發阿耨多羅三藐三菩提心，不能**推求**修集其法。不畢竟者，**求**菩提心修集其法。（善戒經 T30n1582_p0964b24）

(169)究竟退者，退已終不復起菩薩之願。不究竟退者，退已還起。（地持經 T30n1581_p0889c21）

(170)菩薩摩訶薩何故推名？知名實名，是故**推**名。菩薩諦觀，若無色名，何由說色？若不說色，云何觀色？若不觀色，云何而得阿耨多羅三藐三菩提？是故菩薩**推求**知名。（善戒經 T30n1582_p0970c25）

(171)云何隨名**求**如實知？菩薩於名名分齊，求如是名如實知。此名為此事立，為想為見為流布，於色等假名事，不立色等名者，無有能知色等事者。若不知者，無思量事。會無思量者，則無言說。如是如實知者，是名隨名**求**如實知。（地持經 T30n1581_p0896a03）

(172)下調伏者有二種：一者不於無量世中，修集善法故，二者不樂**推求**善根智慧故，名下調伏。（善戒經 T30n1582_p0974b08）

(173)下成熟者，有二因緣：一者不久修習諸根善根智慧因緣，一者修習下因。（地持經 T30n1581_p0900b03）

上舉例 168「不能推求修集其法」，在例 169 中並沒有譯出與之相對應的文句。例 170「推求知名」，在《地持經》與之意思相近的文句為「求如實知」。例 172「不樂推求善根智慧故，名下調伏」，在例 173 中作「修習下因」，一是從正面的「推求善根」翻譯，一是就負面的「修習下因」翻譯。比較之下，《地持經》都沒有「推求」這個詞語。不過，在曇無讖所翻譯的其他經典裡，並非全然不用詞素「推」，例如在《悲華經》、《金光明經》與《大般涅槃經》裡，都可發現使用「推求」的例子，因此《地持經》沒有使用「推」，應是翻譯時選詞上的風格差異。但從中也顯示出，在與《善戒經》翻譯用詞的比較上，《善戒經》較多使用新詞語的風格特色。

（二）龕窟：窟／舍

「龕窟」在《善戒經》裡共出現 3 次。《漢語大詞典》釋「龕窟」為「懸在壁上的洞窟」。[137]然就佛經中的用例來看，「龕」所強調的概念，應是供奉神佛的石室或小櫥櫃，而非「懸在壁上」的意思，如丁福保《佛學大辭典》「龕」字條云：「（物名）安置佛像之櫃，即厨子也。」[138]《善戒經》使用「龕窟」的例句如下：

> (174)若菩薩摩訶薩為如來故，造作塔廟形像**龕窟**，修治已壞朽故之塔，若見新塔，花香供養，是名供養塔。（善戒經 T30n1582_p0991a28）

---

[137] 漢語大詞典編輯委員會：《漢語大詞典（第十二卷）》（上海：漢語大詞典出版社，1989 年），頁 1503。

[138] 丁福保：《佛學大辭典》（臺北：新文豐出版公司，2008 年），頁 2961。

(175)若菩薩為如來故，若供養偷婆，若**窟**，若**舍**，若故，若新，是名支提供養。（地持經 T30n1581_p0925c09）

(176)若供養一佛，則已供養十方諸佛。若供養一塔，則已供養十方佛塔。造作**龕窟**，補治故塔。供養塔時，亦復如是。是名不現見供養。（善戒經 T30n1582_p0991b09）

(177)作是念：「我今現前供養如來，及供養過去未來現在如來。我今現前供養如來支提，及供養一切十方無量世界、一切支提。若偷婆，若**窟**，若**舍**，若新，若故。」是名菩薩共現前、不現前供養。（地持經 T30n1581_p0925c15）

(178)復有不現見供養者，若菩薩佛涅槃後，為如來故建立塔廟，造作**龕窟**，若一，若二，乃至無量，隨力能作，是名不現見供養。（善戒經 T30n1582_p0991b15）

(179)若菩薩於如來般涅槃後，以佛舍利起偷婆，若**窟**，若**舍**，若一，若二，若多，乃至億百千萬，隨力所能，是名菩薩廣不現前供養。（地持經 T30n1581_p0925c21）

「龕」字在《說文》裡釋為「龍皃」[139]，故字體從「龍」，其具有供奉神佛廟塔之櫃的意思，是後來產生的用法，如《龍龕手鏡》：「龕，坎也；塔也。」[140]《廣韻》：「龕，塔也。一曰龍

139 （東漢）許慎撰、（清）段玉裁注：《說文解字注》（臺北：洪葉文化，1999年），頁588。

140 （遼）釋行均：《龍龕手鏡（高麗本）》（北京：中華書局，2006年），頁196。

皃。又云塔下室。」[141]從上舉三段經文的對比，可以看出《善戒經》「龕窟」在《地持經》中，約略是翻譯為「若窟，若舍」，[142]反映在曇無讖的譯語中，是以詞素「舍」來表達安置神佛的「小室」，與求那跋摩譯經中，用較後出的「龕窟」來表達供奉神佛之處的用法有異。

若從漢譯佛經的語料來看，「龕」出現在佛經中的時間較晚。根據筆者搜尋的結果，表供奉神佛之櫃的「龕」字，在「古譯時期」的譯經中尚未出現，要到後秦鳩摩羅什與東晉佛陀跋陀羅等翻譯的佛經裡，才有「龕」字的用例，例如：

(180)五千欄楯**龕室**千萬。無數幢幡以為嚴飾。（後秦・鳩摩羅什譯・妙法蓮華經 T09n0262_p0032b19）

(181)忽然自見大鐵叉頭如白銀山，**龕室**千萬，有白師子盤身為座。（東晉・佛陀跋陀羅譯・佛說觀佛三昧海經 T15n0643_p0652a06）

(182)塔極小者，高五十億那由他由旬。一一塔中，復有百億塵數**龕窟**。（東晉・佛陀跋陀羅譯・佛說觀佛三昧海經 T15n0643_p0658a14）

例 180「龕」出現在鳩摩羅什譯經中，與「室」合成雙音詞「龕

---

141 （宋）陳彭年等：《校正宋本廣韻》（臺北：藝文印書館，2012 年），頁 222。

142 例 175、177、179 中的「偷婆」，指「塔廟」（參本書第三章第四節「偷婆：塔」詞條），所對應的，約是例 174、176、178 的「塔廟」或「佛塔」。

室」；例 181 為東晉佛陀跋陀羅譯經所出現的「龕室」；例 182 則為「龕窟」出現在東晉佛陀跋陀羅譯經中的例子。梁曉虹等（2005）分析「佛經音義與方言詞」，指出「在歷史發展中方言和共同語在詞彙方面，總是經常互相滲透補充的。」[143]文後還列有可能來自於方言的詞素「龕」，現轉錄如下：

> 《方言》：龕，受也。（卷 4 龕室）按：《方言》卷六：「鋡，龕，受也。齊楚曰鋡，揚越曰龕。受，盛也，猶秦晉言容盛也。」[144]

此一訓詁資料，反映出「龕」可能來源於方言的線索。而就《地持經》與《善戒經》的使用情形來說，出於北方譯場的《地持經》及曇無讖所翻譯的其他佛經，都未見有使用詞素「龕」。與之相對，出於南方譯場的《善戒經》，卻正好出現「龕窟」的用法，這似乎印證了方言詞「龕」在滲入通語的過程中，存在著地域分布上的差異。不過這種方言詞滲入通語的情形，至少在舊譯時期已經存在，所以例 180 鳩摩羅什譯經中才會有「龕室」的用詞。但即使已滲入通語，文獻資料裡仍然會呈現南方文獻較多用例，而北方文獻較少或不曾使用該詞的分布情形。

（三）疲厭：愁惱

胡敕瑞（2002）認為「愁惱」是東漢以來佛經文獻裡，由「舊

---

143 梁曉虹、徐時儀、陳五雲：《佛經音義與漢語詞彙研究》（北京：商務印書館，2005 年），頁 251。

144 同上注，頁 253-254。

語素＋新語素」所產生的新詞語，意思是「憂愁、煩惱」。[145]這一新詞在《善戒經》出現了 9 次，但未見於《地持經》。比較兩經相應的經文，可發現《善戒經》的「愁惱」，在《地持經》許多地方都譯作「疲厭」，例如：

(183)得大自在菩薩摩訶薩成就五事：一者心得寂靜。二者了知世事及出世事。三者為眾生故，處在生死心不**愁惱**。……（善戒經 T30n1582_p0971a22）

(184)如是一切自在菩薩成就五種上妙功德：一者得第一淨心，寂滅正受，而不寂滅一切煩惱。二者一切明處清淨知見增長無減。三者為眾生故，處在生死而不**疲厭**。……（地持經 T30n1581_p0896b07）

(185)為令眾生得利根故，樂處生死心不**愁惱**。有令眾生破壞疑心，受持讀誦，了知如來甚深祕義。（善戒經 T30n1582_p0971a28）

(186)三者成就眾生，是於生死而不**疲厭**，功德之業。四者教化眾生，起未起疑，能為開解。護持正法，令得久住。（地持經 T30n1581_p0896b16）

(187)菩薩摩訶薩有五因緣為諸眾生受大苦切，心無**愁惱**。一者有大勇健力故，二者修集**無愁**故，……（善戒經 T30n1582_p0993c22）

(188)云何菩薩心無**疲厭**？有五因緣修正方便而不**疲厭**。一

145 胡敕瑞：《《論衡》與東漢佛典詞語比較研究》（成都：巴蜀書社，2002 年），頁 30。

者菩薩性自有力而不**疲厭**；二者於不**疲厭**數數修習而不**疲厭**；……（地持經 T30n1581_p0928c06）

例 183「處在生死心不愁惱」，例 184 作「處在生死而不疲厭」；例 185「樂處生死心不愁惱」，在例 186 中作「是於生死而不疲厭」；例 187「心無愁惱」，例 188 作「心無疲厭」，「愁惱」都與「疲厭」相對。然而「愁惱」為「憂愁煩惱」的意思，[146]「疲厭」則指「厭倦」之意，如《百喻經・入海取沉水喻》：「昔有長者子，入海取沈水……詣市賣之，以其貴故，卒無買者。經歷多日，不能得售，心生疲厭。」[147]兩者概念意義並不相同，何以《善戒經》的「愁惱」，在曇無讖譯經中，卻往往譯作「疲厭」呢？統計「疲厭」與「愁惱」二詞在兩部譯經中的分布情形，大抵如下表：

表二十七：「疲厭、愁惱」次數統計表

	地持經	善戒經
疲厭	17	1
愁惱	0	9

表中顯示曇無讖所譯《地持經》不使用「愁惱」，但《地持經》「疲厭」出現了 17 次，《善戒經》「愁惱」只出現了 9 次，故

146 漢語大詞典編輯委員會：《漢語大詞典（第七卷）》（上海：漢語大詞典出版社，1989 年），頁 626。

147 漢語大詞典編輯委員會：《漢語大詞典（第八卷）》（上海：漢語大詞典出版社，1989 年），頁 310。

「疲厭」與「愁惱」也並非完全一一對應。進一步觀察《地持經》所出現的 17 次「疲厭」，除了《善戒經》譯作「愁惱」之外，少數例子在《善戒經》裡，是翻譯為「憂悔」、「愁」、「愁悔」等，雖然用字不同，不過，仍是以具有「憂」、「愁」核心意義的詞語與之相對。例如：

(189)菩薩於諸眾生一切方便而不**疲厭**，是名**不厭**。（地持經 T30n1581_p0939a27）

(190)菩薩摩訶薩以憐愍故，為諸眾生懃修苦行，心無**憂悔**，是名**不愁**。（善戒經 T30n1582_p1001c12）

(191)安心、樂心、解脫心，一切種利益眾生而不**疲厭**。（地持經 T30n1581_p0939c04）

(192)菩薩因安隱淨、樂淨、不放淨，具足成就利益一切眾生之事，心不**愁悔**。（善戒經 T30n1582_p1002a28）

上舉例 189-192 有梵本經文可供參照，其中例 189「而不疲厭」，《善戒經》譯作「心無憂悔」，梵文本作「na parikhidyate」[148]。例 191「而不疲厭」，《善戒經》作「心不愁悔」，梵文本作「na pa(ri)khidyaṃte」[149]。梵文「khidyate」有「沮喪的，受苦的，感覺疲倦的」等義，前加詞頭「pari-」則表「被壓迫，感覺不安，焦

---

[148] （日）磯田熙文、古坂紘一：《瑜伽師地論・菩薩地・隨法・究竟・次第瑜伽處》（京都：法藏館，1995 年），頁 42。

[149] 同上注，頁 54。

燥；受苦的」。[150]因此，從梵漢對勘的角度分析，曇無讖與求那跋摩此處翻譯用語的不同，推測是因為對原文詞語的理解，所產生的差異。曇無讖譯作「疲厭」，乃取義於「khidyate」有「感覺疲倦的」的涵義，求那跋摩譯作「愁惱」、「憂悔」、「愁悔」等，則是強調「khidyate」指「沮喪的，受苦的」或「感覺不安，焦燥」等義。這種差異，也出現在單音節詞「厭」與「愁」的對比上，例如：

> (193)菩薩摩訶薩憐愍眾生有七種。何等為七。一者無畏。二者真實。三者**不愁**。四者不求。五者不愛。六者廣大。七者平等。（善戒經 T30n1582_p1001c06）
>
> (194)菩薩於諸眾生有七種憐愍。名第一真實。一無畏。二者巧便。三者**不厭**。四者不求。五者不貪。六者廣大。七者平等。（地持經 T30n1581_p0939a22）

例 193「三者不愁」在例 194 中作「三者不厭」，梵文本作「akhedaṃ」[151]，梵文「akheda」有「無疲勞，活氣」之意，佛經經文有譯作「不退，不愁，無倦，不厭」等不同詞語者，[152]也是出於語義詮釋間的不同。由於「愁惱」與「疲厭」的對應，是因為

---

[150] 林光明、林怡馨：《梵漢大詞典》（臺北：嘉豐出版社，2004 年），頁 594。

[151] （日）磯田熙文、古坂紘一：《瑜伽師地論・菩薩地・隨法・究竟・次第瑜伽處》（京都：法藏館，1995 年），頁 40。

[152] 林光明、林怡馨：《梵漢大詞典》（臺北：嘉豐出版社，2004 年），頁 60。

對原典詞義詮釋不同，所形成的差異，並非曇無讖的譯經語言中沒有「愁惱」的存在，所以《地持經》雖然沒有出現「愁惱」，但是在曇無讖所譯《大般涅槃經》、《金光明經》與《優婆塞戒經》裡，皆有不少用例。反觀《善戒經》經文，雖然只出現 1 次，但仍然有使用「疲厭」，其經文如：

> (195)菩薩施時，手奉上座。乃至沙彌及持戒、毀戒，心無**疲厭**。（善戒經・卷四・施品 T30n1582_p0980c15）

故「疲厭」與「愁惱」雖非同義詞或近義詞的關係，但在兩經經文裡，仍然可以形成對比詞。

（四）疑網：妄想／疑／疑惑

《說文》云：「网，庖犧氏所結繩，以田以漁也。」[153]可知「网」的本義為用繩線編織而成的網子。「網」為「网」的後起字，《玉篇》：「網，羅也。」[154]引申出用網子捕捉的意思。《廣雅・釋器》：「罔謂之罟。」王念孫疏證云：「此罔魚及鳥獸之通名。……罔，《說文》作网，又作網。」[155]唐慧琳《一切經音義》卷二十七釋「網」字則云：「網，疑。喻如網羅生難出

---

153 （東漢）許慎撰、（清）段玉裁注：《說文解字注》（臺北：洪葉文化，1999 年），頁 358。

154 （南朝陳）顧野王：《玉篇》（臺北：國立中央圖書館，1982 年），頁 385。

155 （清）王念孫：《廣雅疏證（附索引）》（北京：中華書局，1983 年），頁 224。

也。」[156]丁福保《佛學大辭典》「疑網」條云：「（譬喻）疑惑交絡譬如網。」[157]可知「網」具有「疑惑」義而能與「疑」構成「疑網」，乃是佛經翻譯中比喻造詞的結果，故《漢語大詞典》釋「疑網」為「佛教語」。[158]

在《善戒經》裡，「網」字除了有少數幾個「羅網」、「網縵」等與「網罟」、「網羅」相關的用法外，較多數的例子，都是跟「疑」組合成「疑網」，說明「疑網」在南北朝時已出現，其在《善戒經》中的例句如：

(196)現在受樂者，菩薩摩訶薩破諸**疑網**，身心寂靜。（善戒經 T30n1582_p0988a14）

(197)入正法界無有思惟，心得平等離**疑網**故，具足如是十種智已，入第八行。（善戒經 T30n1582_p1006b04）

(198)若有**疑網**，為說深義，能令除斷。（善戒經 T30n1582_p1008a08）

(199)二者以三十二相八十種好莊嚴其身，為利眾生，破其**疑網**。（善戒經 T30n1582_p1013b01）

(200)苦惱逼身，**疑網**怯弱。不能供養佛法僧寶。（善戒經 T30n1582_p1008c11）

---

156 （唐）釋慧琳、（遼）釋希麟：《正續一切經音義附索引兩種（一）》（上海：上海古籍出版社，1988 年），頁 1060。

157 丁福保：《佛學大辭典》（臺北：新文豐出版公司，2008 年），頁 2523。

158 漢語大詞典編輯委員會：《漢語大詞典（第八卷）》（上海：漢語大詞典出版社，1989 年），頁 517。

上舉幾個《善戒經》的例子，《地持經》相對應的經文分別如下：

(201) 菩薩禪定離一世**妄想**，身心止息。（地持經 T30n1581_p0921c10）

(202)入離**妄想**平等，一切煩惱悉皆遠離，是名略說入第一義智。此十種智增上滿足已，入第八清淨住，是名得快淨。（地持經 T30n1581_p0944b21）

(203) **疑**者為決，悔者令覺。（地持經 T30n1581_p0953c06）

(204)二者為欲利益一切眾生、斷一切**疑**故，起如來十力。（地持經 T30n1581_p0959a11）

(205)十者於佛**疑惑**，違於供養，是故供養對治。（地持經 T30n1581_p0954b09）

對照兩部譯經的經文，可以發現《地持經》不用「疑網」。「疑網」在《善戒經》裡，共出現了 12 次，但《地持經》都沒有該詞的用例，顯示兩經使用詞語有別。就上舉諸例來看，例 201 與例 202 中，與《善戒經》「疑網」相對應的是「妄想」；例 203、204 則用單音節詞「疑」；例 205《地持經》譯為「疑惑」。[159]丁福保《佛學大辭典》「妄想」條云：「（術語）不當於實曰妄，妄為分別而取種種之相曰妄想。」[160]又「疑」字條云：「（術語）謂於諸實理猶豫不決之心也。」[161]又「疑惑」條云：「（術語）疑理

[159] 在《善戒經》裡，也有使用「妄想」、「疑」、「疑惑」等詞。

[160] 丁福保：《佛學大辭典》（臺北：新文豐出版公司，2008 年），頁 968。

[161] 同上注，頁 2521

迷於事，不能決定是非者。」[162]故知「疑網」、「妄想」、「疑」、「疑惑」等，皆為義同義近的不同詞語。

「疑網」雖然不見於《地持經》，但在曇無讖所譯《悲華經》、《金光明經》、《大般涅槃經》、《優婆塞戒經》等皆有出現，其分布的數據如下表：

表二十八：曇、求相關譯經「疑網」使用次數統計表

譯者	經名	疑網	疑惑
曇無讖	大般涅槃經	29	5
	大方等無想經	0	0
	悲華經	1	6
	金光明經	3	4
	優婆塞戒經	5	1
求那跋摩	四分比丘尼羯磨法	0	0
	優婆塞五戒相經	0	1

因此「疑網」與「疑惑」在兩部譯經中的分布，並非地域性的差異，單純只是翻譯時，選用了意義相近的不同翻譯術語。但從中仍反映了《善戒經》較多使用新興語詞的特點。[163]

（五）伴侶：伴

《說文》：「伴，大皃。从人，半聲。」段玉裁注「伴、奐皆有大義，……《方言》、《廣雅》、《孟子注》皆曰『般，大也。』亦謂般即伴。《廣韻》云『侶也；依也。』今義也。夫部扶

162　同上注，頁 2523。

163　「疑」與「疑惑」都已出現在先秦文獻裡，故「疑網」為相對後出的新興詞語。

下曰『讀若伴侶之伴。』知漢時非無伴侶之語，許於俗語不之取耳。」[164]又《玉篇》「伴，侶也。」[165]是知「伴」本為「大」義，其作為「伴侶」義的用法乃後起的義項。「侶」字《說文》未收，大徐本《說文》將之收錄在「新附字」。《玉篇》:「侶，伴侶也。」是字書當中較早收錄「侶」字的文獻資料。從上引段玉裁注的引文，顯示段玉裁認為「伴侶」至少在東漢時已經出現，並以該詞為當時的俗語用法，為新興的口語詞，胡敕瑞（2002）也認為「伴侶」是「新語素＋新語素」的新興雙音詞。[166]

若以「伴」、「侶」作為搜尋的條件，其在《地持經》與《善戒經》的使用情形如下：

表二十九：「伴、伴侶」使用次數統計表

	地持經	善戒經
伴	6	3
伴侶	0	3

上表顯示《地持經》並沒有「伴侶」，僅有單音節詞「伴」。《善戒經》除了單音節詞「伴」之外，另有三例「伴侶」，相應的經文如：

164　（漢）許慎撰、（清）段玉裁注：《說文解字注》（臺北：洪葉文化，1999 年），頁 373。

165　（南朝陳）顧野王：《玉篇》（臺北：國立中央圖書館，1982 年），頁 64。

166　胡敕瑞：《《論衡》與東漢佛典詞語比較研究》（成都：巴蜀書社，2002 年），頁 31。

(206)一者眾生作饒益事，悉與為**伴**。二者眾生已起未起病等諸苦及看病者，悉與為**伴**。（地持經 T30n1581_p0910b25）

(207)若有眾生欲修善者，即往勸喻，共為**伴侶**，共作善業。有瞻病者，亦往勸喻，共為**伴侶**。（善戒經 T30n1582_p0982c28）

例 206「悉與為伴」[167]在《善戒經》裡，都作「共為伴侶」，梵文本作「sahāyī-bhāvaḥ」[168]。梵文陽性詞「sahâya」指「……的同伴，同僚，輔助」，形容詞用法有「有……作伴的，由……陪伴或支持」的意思，陽性詞「sahāyī-bhāva」在佛經裡有譯為「助伴，同事，營助」的，[169]曇無讖與求那跋摩則分別譯作「為伴」與「伴侶」。

「伴侶」一詞雖未見於《地持經》的經文，可是在曇無讖所譯《大般涅槃經》裡，仍有出現，其使用數據如下表：

---

167 第一句「悉與為伴」在南宋思溪藏、元大普寧寺藏、明方冊藏及宮內省圖書寮本等版本中作「悉與同事」。

168 （日）羽田野伯猷：《瑜伽師地論・菩薩地・戒品》（京都：法藏館，1993 年），頁 18、20。

169 林光明、林怡馨：《梵漢大詞典》（臺北：嘉豐出版社，2004 年），頁 1055。

表三十：曇、求相關譯經「伴、侶」使用次數統計表

譯者	經名	伴	同伴	侶	同侶	等侶	伴侶	伴黨
曇無讖	悲華經	5	0	0	0	0	0	0
	大般涅槃經	15	1	3	1	9	9	4
	大方等無想經	0	0	0	0	0	0	0
	金光明經	2	0	0	0	0	0	0
	優婆塞戒經	4	0	0	0	0	0	0
求那跋摩	四分比丘尼羯磨法	4	0	0	0	0	0	2
	優婆塞五戒相經	0	0	0	0	0	0	0

據此以推，曇無讖的譯經語言並非完全不用新興詞「伴侶」。只是在《地持經》中，剛好沒有出現罷了。不過，《地持經》無而《善戒經》有的對比情形，同樣反映了《善戒經》多用新興詞的特點。

（六）嫉妒：嫉

「嫉」為「㑵」的或體字，《說文》云：「㑵，妎也。从人，疾聲。……嫉，㑵或从女。」段玉裁注「妎者，妒也。《離騷》注『害賢曰嫉，害色曰妒。』……渾言則不別。」[170]可知「嫉妒」為同義並列的結構。在《地持經》與《善戒經》裡，「嫉妒」僅見於《善戒經》，其例句如：

(208)四者復有不見佛法滅時，唯見惡世諸眾生等，具重煩惱貪恚癡等，無慚無愧，**慳悋嫉妒**，愁憂苦惱，不信懶惰。（善戒經 T30n1581_p0890a05）

(209)四者不見法滅，見惡世眾生為十煩惱之所惱亂，一者愚癡，二者無慚愧，三者**慳嫉**，四者苦惱，……（地持經

170 （東漢）許慎撰、（清）段玉裁注：《說文解字注》（臺北：洪葉文化，1999 年），頁 384。

T30n1581_p0890a05）

(210) 能行忍辱，能壞瞋恚、**嫉妬**之心。（善戒經 T30n1582_p0969a24）

(211)修學忍已，瞋恨轉薄，不**惱逼**他，一切明處，精勤修學。（地持經 T30n1581_p0894a04）

(212)一者不貪五欲；二者於眾生中無**嫉妬**心；三者能施，施已無悔；四者樂聞正法，受持讀誦，書寫解說菩薩法藏、菩薩摩夷。（善戒經 T30n1582_p0996c21）

(213)一者不習愛欲；二者不**嫉**彼勝；三者一切所求等施無悔；四者樂法，深樂菩薩藏及摩得勒伽藏。（地持經 T30n1581_p0934b07）

(214)以施因緣修集善法，心無**嫉妬**，忍眾罪過，是名具足第二果報。（善戒經 T30n1582_p1009b01）

(215)彼俱生善方便，無有**疲厭**，忍他侵犯，不惱眾生，是名第二具足。（地持經 T30n1581_p0954c21）

上舉例 208《善戒經》「慳悋嫉妬」，《地持經》作「慳嫉」；例 210「（壞）嫉妬之心」，《地持經》譯作「不惱逼他」；例 212「無嫉妬心」，《地持經》譯作「不嫉彼勝」；例 214「心無嫉妬」，《地持經》譯作「無有疲厭」。兩相比較，可看出《地持經》不用「嫉妬」，而是以單音節詞「嫉」或其他詞語（「惱逼」、「疲厭」）翻譯。若以「嫉」、「妬」兩語素作為搜尋條件，其出現在二部佛典中的情形如下表：

表三十一：詞素「嫉、妬」使用次數統計表

	地持經	善戒經
嫉	5	1
妬	0	1
嫉妬	0	5
妬嫉	0	1
妬心	0	3
貪妬	0	2
慳嫉	2	0
瞋嫉	1	0
憎嫉	1	0

根據上表，顯示《地持經》沒有詞素「妬」的用例，所以不出現「嫉妬」、「妬嫉」、「妬心」、「貪妬」等詞。不過在曇無讖的其他譯經裡，如《大般涅槃經》、《悲華經》、《金光明經》、《優婆塞戒經》等，仍然存在著「嫉妒」的用例，因此，這一分布情形，只能說《地持經》不出現語素「妒」，應該只是偶然的現象。

第三節　無明確對應的詞語

從同經異譯的角度分析，《地持經》與《善戒經》兩部佛經中的翻譯詞語，除了第二節所述，不同詞語之間具有相互對應關係的情形以外，另外還有某些只出現在其中一部佛經的詞，但在另一部並沒有明確的對應之詞。這類詞語，也可區分為只見於《地持經》，與只出現在《善戒經》兩種情形，下面是有關這類無明確對應之詞的討論。

一、《地持經》有而《善戒經》無的詞條

兩經之中沒有對應之詞而只見於其中一部佛經的，也以出現在《地持經》中的詞條數量較多，這類詞語如下：

（一）無餘

「無餘」一詞，《漢語大詞典》收錄三個義位，一是「沒有剩餘、殘留」，如《詩・秦風・權輿》：「於我乎，夏屋渠渠，今也每食無餘。」二是指「沒有多餘資財」，如宋秦觀〈題彭景山傳神〉：「（景山）年四十不幸喪明，家居無餘，而目不可治。」三是佛教用語，指生死因果泯滅，不再受生三界的無餘涅槃。[171]

佛經文獻裡，「無餘」很早就已經出現了，例如：

(216)佛漏已盡，無復縛著，神真叡智，自知見證，究暢道行，可作能作，**無餘**生死，其智明審，是為佛十神力也。（東漢・竺大力共康孟詳譯・修行本起經 T03n0184_p0472a20）

(217)爾時，鹿王遊於雪山，其山多有叢林、華果、流泉、浴池，若諸禽獸共相憎惡，生賊害心，以是菩薩威德力故，悉滅**無餘**。（吳・支謙譯・菩薩本緣經 T03n0153_p0066c12）

(218)又逢梵志來匃其車。即下妻子以車惠之。太子車馬衣裘身寶雜物。都盡**無餘**。（吳・康僧會譯・六度集經 T03n0152_p0009a09）

---

171 漢語大詞典編輯委員會：《漢語大詞典（第七卷）》（上海：漢語大詞典出版社，1989 年），頁 152。

例 216-218，「無餘」的前後文往往有「盡」、「悉滅」、「都盡」等詞，顯示佛經中的「無餘」，同樣具有「無殘餘」之義，乃是來源於先秦漢語「沒有剩餘、殘留」的用法。至於「無餘」在佛經中，形容圓滿寂靜之涅槃，則是進一步的引申，如丁福保《佛學大辭典》「無餘」條云：「（術語）無餘殘無餘蘊也。謂事理之至極也。如無餘涅槃，無餘說，無餘修等。」[172]又如慧琳《一切經音義》卷四十七引玄應《顯揚聖教論》第二十卷「波羅闍已迦」條云：「梵語，此云他勝，謂破戒煩惱為他，勝於善法也。舊云：波羅夷義，此言無餘。若以犯此戒，永弃清眾，故曰無餘也。」[173]「無餘涅槃」為身智皆灰滅之涅槃，「無餘說」為盡理之說，「無餘修」為不加餘行專修一行之修，「波羅夷」為戒律中的嚴重罪，犯者永棄於清眾。在這些詞條裡，都反映出「無餘」表「事理之至極」的概念，故作為佛教專有術語，乃是進一步的引申，屬於佛化漢詞的性質。

該詞在《地持經》與《善戒經》裡，也呈現出分布上的差異，其使用數據如下：

表三十二：「無餘」使用次數統計表

	地持經[174]	善戒經
無餘	43	0

---

[172] 丁福保：《佛學大辭典》（臺北：新文豐出版公司，2008 年），頁 2192。

[173] （唐）釋慧琳、（遼）釋希麟：《正續一切經音義附索引兩種（二）》（上海：上海古籍出版社，1988 年），頁 1876。

[174] 《地持經》中有一例句為：「如是諸義，所謂無義，是故亦無餘義可求。」（T30n1581_p0934a21），從前後文觀之，「無餘」並非一詞，故不列入計算。

上表顯示《善戒經》基本不用「無餘」，但該詞在《地持經》中，則有為數不少的例子。這些例子當中，除了用以形容「涅槃」，構成「無餘涅槃」之佛教術語外，最常用的是與「無上」並列連文，構成「無餘無上」的凝固語，例如：

(219)是名布施四功德力，**無餘**無上。（地持經 T30n1581_p0898c25）

(220)是名菩薩布施四事。（善戒經 T30n1582_p0973a22）

(221)過去未來現在一切菩薩，皆以此五種受生，**無餘**無上。（地持經 T30n1581_p0953b13）

(222)過去菩薩摩訶薩亦受如是五有，現在未來諸菩薩等亦復如是。（善戒經 T30n1582_p1007c02）

(223)過去未來現在菩薩，已攝當攝今攝，皆此六種，**無餘**無上。（地持經 T30n1581_p0953c18）

(224)過去未來現在菩薩攝取眾生，悉皆不離如是六攝。（善戒經 T30n1582_p1008a25）

(225)煩惱習身，捨離**無餘**，得最上身，生滅自在，是名身淨。（地持經 T30n1581_p0956a22）

(226)**永斷**習氣，得清淨器，成阿耨多羅三藐三菩提，身得自在，生滅自由，是名身淨。（善戒經 T30n1582_p1010c12）

「無餘無上」在《地持經》中，通常出現在一段經文的最末一句，表達「事理之至極」，如例 219、221、223。與之相應的《善戒經》經文，則都沒有「無餘無上」的譯語。從梵漢對比的資料來看，例 221「五種受生，無餘無上」，「無餘」對應梵文的「nāto bhūyaḥ」[175]。例 223「皆此六種，無餘無上」，梵本「無餘」作「na = ato bhūyaḥ」[176]。根據筆者的檢索，《梵漢大詞典》沒有「nāto」，但從例 223「na=ato」可知「nāto」應為「na」與「ato」，「aa」連音之後拼作「ā」。《梵漢大詞典》收錄有梵文副詞「atas」，表「由此，由此處；此後……」等義，詞典對該詞解釋的內文中，列有「na～」，表「除此無有」，[177]故推測「nāto」具有「除此無有」之義。[178]又梵文「bhūyas」有「（程度更大的），在……之上或比之更多或更豐富的……」等義[179]，故「nāto bhūyaḥ」譯作「無餘」，是指「除此無有更多或更豐富」的意思。曇無讖的翻譯，譯出了梵文「nāto bhūyaḥ」的涵義，求那跋摩則都沒有相應的譯語。

例 225「煩惱習身，捨離無餘」，梵文本作「kleśa-pakṣyāṇāṃ dauṣṭhulyānām āśrayān niravaśeṣato 'tyaṃtamuparamaḥ」，「無餘」對應梵文「niravaśeṣato」[180]。梵文「niravaśeṣa」有「毫無剩餘的；完全的，完整的，全部的」等義，[181]故曇無讖譯語作「捨離

175 （日）磯田熙文、古坂紘一：《瑜伽師地論・菩薩地・隨法・究竟・次第瑜伽處》（京都：法藏館，1995 年），頁 226。

176 同上注，頁 244。

177 林光明、林怡馨：《梵漢大詞典》（臺北：嘉豐出版社，2004 年），頁 188。

178 根據《梵漢大詞典》，亦查無梵文「niravaśeṣato」，其所列梵文「niravaśeṣa」之後，收錄有「niravaśeṣatas」，佛經經文譯作「無餘」，「nāto／nātas」與「niravaśeṣato／niravaśeṣatas」詞形變化相同，故依此推測「nāto」即「nātas」。

179 同注 177，頁 286。

180 同注 175，頁 334。

181 同注 177，頁 792。

無餘」，與梵本經文「niravaśeṣato」相應。求那跋摩譯作「永斷（習氣）」，則是譯出了梵文「'tyaṃtamuparamaḥ」的意思，[182]但在語序上與梵本不符。

《地持經》還有「無餘思惟」，對應另一梵文詞語，其例句為：

> (227)正願、正念、正智、正說等功德增長，**無餘**思惟，一切種成熟方便，成就眾生（地持經 T30n1581_p0943b08）
>
> (228)為令念心施心慧心轉增長故。為欲**思惟諸善法**故。為欲調伏行眾生故。（善戒經 T30n1582_p1005b07）

例 227「無餘思惟」，梵本經文作「ananya-manasikāra-」[183]。梵文「ananya-manas」指「不考慮別人的；專心練習的」，故曇無讖以「無餘」譯出梵文「ananya」（「專心於」、「與（從）無別」）的意思，[184]其「無餘」應與前文「無餘修」所指相同。《善戒經》譯作「思惟諸善法」，則與梵文「ananya」不相應。因此，「無餘」的使用，除了反映《地持經》承襲舊譯「無餘」的古語詞，也透露出曇無讖譯經風格較符合梵文本經文的特色。

---

182 唐玄奘譯本「'tyaṃtamuparamaḥ」譯作「永滅」。（參（日）磯田熙文、古坂紘一：《瑜伽師地論・菩薩地・隨法・究竟・次第瑜伽處》，頁334。）另外，曇無讖譯經中也有「永斷無餘」的文句，如：「滅一切煩惱習，清淨明達，永斷無餘，是名無上菩提。（T30n1581_p0901b19）」

183 （日）磯田熙文、古坂紘一：《瑜伽師地論・菩薩地・隨法・究竟・次第瑜伽處》（京都：法藏館，1995 年），頁 158。

184 林光明、林怡馨：《梵漢大詞典》（臺北：嘉豐出版社，2004 年），頁87、88。

（二）無間

「無間」一詞，在上古漢語已經出現，指「沒有空隙」的意思，如《老子・四十三章》云：「天下之至柔，馳騁天下之至堅。無有入無間，吾是以知無為之有益。」[185]之後由空間概念引申表時間上的「不間斷」，如《呂氏春秋・有始覽第一・聽言》：「其願見之，日夜無間，故賢王秀士之欲憂黔首者，不可不務也。」[186]在佛經音義的資料裡，慧琳《一切經音義》卷二十三收錄詞條「十方無間」，下引《漢書》顏師古注云：「間，空也。謂無空隙之處也。」[187]又卷二十二收錄詞條「無間然」，下云：「《玉篇》曰：『間，隔也。』言情無阻隔也。」[188]反映佛經「無間」的來源，為承襲自上古漢語的用法。在《地持經》中，使用了許多表示「不間斷」義的「無間」，其例句如下：

(229)長夜修習，精勤**無間**，復以此法轉授他人。見有授者，隨喜讚善。見彼受行，隨順訓導。亦以此法而自建立，是名方便淨。（地持經 T30n1581_p0892a04）

(230)修集菩提助道之事，常樂受持書寫讀誦菩提法藏，復以此法轉化眾生。若有不受，心不憂悔，**亦不休息**，是名莊

185 （西漢）河上公注：《老子河上公注》，大安出版社編輯部：《老子四種》（臺北：大安出版社，1999 年），頁 55。

186 （東漢）高誘注：《呂氏春秋》（臺北：藝文印書館，1959 年），頁 299。

187 （唐）釋慧琳、（遼）釋希麟：《正續一切經音義附索引兩種（一）》（上海：上海古籍出版社，1988 年），頁 898。

188 同上注，頁 845。

嚴淨。（善戒經 T30n1582_p0967a10）

(231)云何菩薩難精進？略說三種。是菩薩精進**無間**，無衣食想、床臥具想、己身想，常修善法，是名第一難精進。（地持經 T30n1581_p0920c11）

(232)難精進者，菩薩摩訶薩不作衣想，不作食想，不作臥具想，不作我想，不作我所想，不作法想，不作道想，不作菩提想，亦為菩提**懃修精進**，是名難精進。（善戒經 T30n1582_p0987a28）

(233)云何無行無開發無相住？即此無相住，多修淳至，**不斷無間**，增長道隨順住。（地持經 T30n1581_p0940a28）

(234)無相行者，雖不見眾生相及菩提相，而修菩提，**不休不息**，是名無相行。（善戒經 T30n1582_p1002c18）

例 229「精勤無間」與例 231「精進無間」，皆表示「（修習）專心勤奮毫不間斷」，與之相應的《善戒經》為「亦不休息」、「勤修精進」。例 233「不斷無間」更用「不斷」與「無間」組合，突顯「無間」不間斷之義。《善戒經》則作「不休不息」。此例「多修淳至，不斷無間」梵文本作「bhāvanā-bāhulyāt svarasenaiva nicchidra-nirantara-」[189]，梵文「nirantara」為形容詞，有「無空隙，接觸的，連續的，繼續的，不中斷的……」等義，[190]故曇無讖以漢語意義相同的古語詞「無間」對譯。

[189] （日）磯田熙文、古坂紘一：《瑜伽師地論・菩薩地・隨法・究竟・次第瑜伽處》（京都：法藏館，1995 年），頁 74。

[190] 林光明、林怡馨：《梵漢大詞典》（臺北：嘉豐出版社，2004 年），頁 790。

除了沿用上古漢語的意義之外，佛經中「無間」也可指「地獄」，如慧琳《一切經音義》卷十四「榛洛迦」條下云：「梵語地獄名也。此有多名，今略題一二，唐云不可愛樂，或云不可救濟，或云無休息，或云無間。」[191]丁福保《佛學大辭典》「無間」條云：「（界名）梵語阿鼻。Avīci 譯曰無間。」[192]又「阿鼻」條云：「avīci，又作阿鼻旨。譯曰無間。無間地獄是也。《涅槃經》十九曰：『阿者言無，鼻者名間，間無暫樂，故名無間。』受苦無間斷之義。八大地獄之一。是最苦處，極惡之人墮之。」[193]由於佛教以生死輪迴、六道輪迴等觀念勸喻世人，此一墮生死輪迴或六道輪迴之苦，亦為反覆不間斷之苦，因此以「無間」翻譯梵文中的「Avīci」，指稱最苦處的八大地獄之一，屬佛化漢詞的用法。但是《地持經》「無間」的用法，大多都是表達「不間斷」的意思，這種表「地獄」義的「無間」，在《地持經》裡，並不多見。唯一一個像是表「地獄」義的例子為：

(235)一切苦者，若前因所起及轉時緣苦。大苦者，長夜種種**無間**大苦。一切門苦者，若地獄畜生餓鬼善趣輪轉。（地持經 T30n1581_p0927c14）

(236)一切苦者，由往昔因得現在苦。大苦者，如諸眾生**無量世中受地獄苦**。一切自苦者，如地獄畜生餓鬼人天中苦。

---

191 （唐）釋慧琳、（遼）釋希麟：《正續一切經音義附索引兩種（一）》（上海：上海古籍出版社，1988 年），頁 512。

192 丁福保：《佛學大辭典》（臺北：新文豐出版公司，2008 年），頁 2179。

193 同上注，頁 1451。

（善戒經 T30n1582_p0993a14）

例 235「長夜種種無間大苦」，《善戒經》譯作「無量世中受地獄苦」，「無間」與「地獄」相對，顯示「無間」可以表「地獄」。不過，這個例子並沒有梵文本的內容可供參照，若以梵漢對比的資料來分析，在《地持經》裡，有另外一組相似的句子，其例句如下：

(237)非法惡行，是名為惡。受極苦觸，長夜**無間**，是名惡趣。墮極下處，背大悲等，是名為墮。（地持經 T30n1581_p0957a18）

(238)惡業因緣，死過地獄。不樂受果，故名地獄。放逸惡業，共為翅羽，必至地獄。（善戒經 T30n1582_p1011b26）

例 237「長夜無間」，梵文本作「dīrgha-kālika-vicitra-tīvra-nirantara-」，「無間」仍是對譯梵文的「nirantara-」，[194]表「不間斷」的意思，而非表「地獄」。參照《善戒經》的翻譯，與「受極苦觸，長夜無間」相對的，似乎是「不樂受果，故名地獄」。但是根據磯田熙文與古坂紘一的分析，「不樂受果，故名地獄」的「地獄」一詞，所對應的梵文為「narakā」，[195]並非《地持經》所對應的「nirantara-」，而梵文陽性詞「narakā」，即指「冥界，地界，

---

[194] （日）磯田熙文、古坂紘一：《瑜伽師地論・菩薩地・隨法・究竟・次第瑜伽處》（京都：法藏館，1995 年），頁 372。

[195] 同上注，頁 370。

地獄」。[196]《地持經》經文「受極苦觸，長夜無間」，在《善戒經》中，是沒有與之相對應的內容的。故例 235「長夜種種無間大苦」中的「無間」，也有可能是「不間斷」的意思，與漢語古語詞的用法一致。至於兩經用語的不同，則可能與例 237、238 的情況相同，是各自對譯梵文原典不同內容的結果。

《地持經》這一承襲自古漢語的「無間」，在《善戒經》中並沒有出現，其在兩部譯經中的分布情形如下：

表三十三：「無間」使用次數統計表

	地持經	善戒經
無間	20	0

除了《善戒經》沒有「無間」以外，求那跋摩的其他譯經也沒有發現該詞的用法。反映出求那跋摩譯經不用這個古語詞的特點。

（三）等比

梁曉虹（1994）指出在佛經翻譯中，有一類特殊的雙音節詞語，既非純粹的佛教術語，也非漢語詞的襲用或改造，但卻在譯經中頻頻出現，這類例子如代詞「班類」的表示法，有「諸餘、等類、輩類、儔類、等輩、等倫……」等，它們的產生，主要是受到中古時期同義複合的聯合式雙音節構詞法的影響。如「等類」一詞，梁曉虹云：

> 譯經中的「等類」指「同類」，大多數指人，也可指物，表

---

196 林光明、林怡馨：《梵漢大詞典》（臺北：嘉豐出版社，2004 年），頁 768。

示「如此等……」，列舉未盡。[197]

「等類、等輩、等倫、儔類、輩類」等詞，在《地持經》與《善戒經》裡並未出現，與之相對等的詞語，則是在《地持經》中有「等比」。《廣雅・釋詁》：「同、儕、等、比，輩也」[198]，又《玉篇》：「等，類也」[199]、「比，類也」[200]，《易・繫辭下》：「道有變動，故曰爻；爻有等，故曰物」，王弼注：「等，類也」[201]；《漢書・敘傳上》：「班侍中本大將軍所舉，宜寵異之，益求其比，以輔聖德」，唐顏師古注：「比，類也」[202]，可知「等」、「比」具有「種類、類別」的意義，也是承自上古漢語的用法，但就文獻資料所反映的年代來說，「比」是較為後起的詞語。

在北涼曇無讖所譯的《地持經》裡，「等」、「比」可並列連文，形成「如是等比」的詞例，如：

---

197 梁曉虹：《佛教詞語的構造與漢語詞彙的發展》（北京：北京語言學院出版社，1994 年），頁 185。

198 （清）王念孫：《廣雅疏證（附索引）》（北京：中華書局，1983 年），頁 24。

199 （南朝陳）顧野王：《玉篇》（臺北：國立中央圖書館，1982 年），頁 214。

200 同上注，頁 399。

201 （魏）王弼注、（唐）孔穎達疏：《周易正義》（臺北：廣文書局，1972 年），頁 80。

202 （東漢）班固撰、（唐）顏師古注：《新校漢書集注》（臺北：世界書局，1974 年），頁 4202-4203。

(239)得大財寶，猶不貪著，何況小利？**如是等比**，是名檀波羅蜜菩薩種性相。（地持經 T30n1581_p0888c05）

(240)諸餘苦事，悉能堪耐。大方便力，終不憂悔，何況小事。**如是等比**，是名毘梨耶波羅蜜菩薩種性相。（地持經 T30n1581_p0889a11）

有時「等」、「比」亦可單用，構成「如是等」、「如是比」的用法，例如：

(241)若有眾生更相殘害、打縛、割截、毀呰、訶責，有**如是等**無量眾苦。（地持經 T30n1581_p0888c15）

(242)如來以俱生力示現色身及聖威儀，攝取眾生。示現身故，狂者得正，逆胎得順，盲者得視，聾者得聽，令三毒者離欲、恚、癡。以**如是比**示現色身，攝取眾生，是名示現俱生神力。（地持經 T30n1581_p0899b25）

(243)謂學捕獵殺生極大貪著，作大方便，多殺眾生。**如是比**會，[203]菩薩不為。亦不教他。（地持經 T30n1581_p0906c05）

但在《善戒經》中，除了「如是等」以外，並沒有「等」、「比」並列共存的用法，也無「如是比」的例句，其在兩部譯經中分布的數據如下：

---

[203] 此例「會」字，在正倉院聖語藏本及知恩院本作「貪」。

表三十四：「等、比」使用次數統計表

	地持經	善戒經
如是等[204]	39	45
如是比	4	0
如是等比	7	0

顯見在《地持經》的翻譯語言中，表達「種類、類別」義的「等」、「比」二詞素都有被使用，而在《善戒經》裡，則不用「比」。

在《漢語大詞典》所引書證裡，「比」的「種類、類別」義位，也出現在北魏酈道元《水經注》當中，如《水經注・卷八・濟水》：「山下有大穴，謂之舜井，抑亦茅山禹井之比矣」[205]，可知「比」的這一義位也存在南北朝時期的北方文獻裡。而就《地持經》「等」、「比」皆用，《善戒經》卻不用「比」的情形來說，是否正反映出地域上的差異，將可做進一步的分析。

（四）偏黨

《尚書・洪範》：「無偏無黨，王道蕩蕩；無黨無偏，王道平

---

204 按：《地持經》「如是等」39 例當中有一例經文為：「餘一切亦如是以有飢渴身。羸瘦故求索摶食。如是等此名以有因。」（T30n1581_p0903b19），其中「此」字於南宋思溪藏、元大普寧寺藏、明方冊藏、宮內省圖書寮本等版本中作「是」，於正倉院聖語藏本、知恩院本等版本中作「比」。由於此例有版本異文的差別，本文暫依大正藏本列入「如是等」的例句，然如依正倉院聖語藏本、知恩院本等版本，則亦可歸入「如是等比」的例句中。

205 （北魏）酈道元撰、陳橋驛校證：《水經注校證》（北京：中華書局，2007 年），頁 209。

平」，孔穎達疏：「無偏私，無阿黨，王家所行之道蕩蕩然開闢矣。無阿黨，無偏私，王者所立之道平平然辯治矣。」[206]慧琳《一切經音義》卷二十九「偏黨」條云：「《尚書》云：『偏坡，不平也』，《說文》：『偏，頗也。從人，扁聲』……太公《六韜》云：『朋謂之黨。』《論語》曰：『君子群而不黨』，孔注云：『黨，朋也』。」[207]顯見「偏黨」一詞源自《尚書》「無偏無黨」，後將兩語素並列結合，構成雙音節詞語。其在《地持經》裡的例句如：

(244)五者平等悲念一切眾生，於上中下心無**偏黨**。（地持經 T30n1581_p0926c20）

(245)於諸眾生其心**平等**，無有貴賤尊卑之異。（善戒經 T30n1582_p0992b11）

(246)菩薩為父，於他眾生，尚無**偏黨**，況自眷屬而不**平等**。言常柔軟，真實不虛。（地持經 T30n1581_p0953b27）

(247)隨本種姓所有分界，於他國土不生貪奪，任力養民**作一子想**，所有之物與眷屬共，所言誠實柔軟不麁，離於慳貪。（善戒經 T30n1582_p1007c27）

(248)二者教修正義，以法饒益拔惡邪見，等心攝受，不隨**偏黨**，不為法慳，不作師倦，不於彼所求於供養。（地持經 T30n1581_p0953c02）

---

206 （西漢）孔安國傳、（唐）孔穎達疏：《十三經注疏・尚書正義》（北京：北京大學出版社，1999 年），頁 311。

207 （唐）釋慧琳、（遼）釋希麟：《正續一切經音義附索引兩種（一）》（上海：上海古籍出版社，1988 年），頁 1145。

(249)二者法施。以財施故，破於貧窮。以法施故，破於邪見。於諸眾生，其心**平等**。不作法慳，不作師相憍慢之想，不求恩報，不求供養。（善戒經 T30n1582_p1008a02）

上舉例 244《地持經》「心無偏黨」，《善戒經》作「其心平等，無有貴賤尊卑之異」；例 246「於他眾生，尚無偏黨」，與《善戒經》「作一子想」相對；例 248「等心攝受，不隨偏黨」，《善戒經》譯作「於諸眾生，其心平等」。

另外，例 246 與 248 有梵文本經文可供對照，其中例 246「（尚）無偏黨」對譯梵文的「saṃvibhāga-śīlaś」，[208]例 248「不隨偏黨」梵文本作「na pakṣa-patitaḥ」。[209]梵文「saṃvibhāga」有「劃分，共享，與別人分享」之意，「saṃvibhāga-śīla」詞義為「（習慣上）能與他人平分的」，[210]故知曇無讖譯作「無偏黨」乃指「不偏私」，故能與他人分享。又梵文「pakṣa」有「黨派，同盟者，黨徒」之意，「pakṣa-patita」經文有譯作「墮朋黨，偏黨，黨類」者，[211]前加表否定的梵文「na」，[212]故曇無讖譯作「不隨偏黨」，指的也是「不偏私，無阿黨」的意思。兩例的用法，與承襲自《尚書》等古漢語中的「偏黨」基本相同。在梵漢對

---

[208] （日）磯田熙文、古坂紘一：《瑜伽師地論・菩薩地・隨法・究竟・次第瑜伽處》（京都：法藏館，1995 年），頁 235。

[209] 同上注，頁 236。

[210] 林光明、林怡馨：《梵漢大詞典》（臺北：嘉豐出版社，2004 年），頁 1120。

[211] 同上注，頁 828。

[212] 同上注，頁 754。

比的資料中，曇無讖利用漢語舊有的詞語，譯出了梵文「saṃvibhāga-śīlaś」與「na pakṣa-patitaḥ」的意思。反觀求那跋摩的翻譯，則沒有與梵文對應的詞語，僅以「平等」與「作一子想」詮釋「等施」[213]或「不偏私」的涵義。

不過，「偏黨」在《地持經》中的使用次數並不多，一共只有 3 次，《善戒經》裡則沒有出現。若利用「偏」與「黨」作為搜尋的條件，其在兩部譯經中的分布情形如下：

表三十五：詞素「偏、黨」使用次數統計表

	地持經	善戒經
偏	1	0
偏黨	3	0
朋黨	2	0
黨類	1	0
偏袒	2	2

上表「偏袒」一詞，仍指「裸露肩臂」之意，並非「私心庇護」的概念，而根據表中統計的數據，可知在求那跋摩所譯的《善戒經》裡，大抵不用「偏（偏心）」與「黨（偏私）」這兩個承襲自上古漢語的詞素，因而也就沒有「偏黨」的用語。

（五）殊勝

《漢語大詞典》收錄「殊勝」，並列有「稍勝；略勝」與「特別優美」兩個義位，前一義位如《宋書・范曄傳》：「號泣何關

---

213 玄奘譯本將梵文「saṃvibhāga-śīlaś」譯作「等施」，較符合梵文的本義。

人，向見道邊親故相瞻望，亦殊勝不見。吾意故欲相見。」[214]第二個義位如宋趙彥衛《雲麓漫鈔》卷二：「予嘗親到，名公題刻已遍，山水殊勝。」[215]所引中土文獻的例句，最早為南朝沈約等所著《宋書》，前此則未發現有中土文獻使用「殊勝」的例子。[216]佛經文獻中，則出現了不少「殊勝」的用語，例如：

(250)（被辱去者）皆隨從還，觀與太子決於勝負。調達、難陀奮其威武，便前欲擊。太子止言：「此非為人，大力魔王耳。卿不能制，必受其辱。吾自當之。」父王聞此，念太子幼，深為愁怖；諸來觀者，謂勝太子。時力人王，踰地勇起，奮臂舉手，前撮太子，太子應時，接撲著地，地為大動。眾會重辱，散去忽滅。太子**殊勝**，椎鍾擊鼓，彈琴歌頌，騎乘還宮。（後漢．竺大力共康孟詳譯．修行本起經 T03n0184_p0466a06）

(251)未見日光時　燭火獨為明　諸鳥本見事　水飲及果蓏　由音聲具足　日出止樹間　諸鳥所見供　於今悉永無　當觀此**殊勝**　無尊卑見事　尊上適興現　卑賤無敬事（西晉．竺法護譯．生經 T03n0154_p0104c26）

214　（南朝梁）沈約：《新校本宋書附索引》（臺北：鼎文書局，1987年），頁1828。

215　（宋）趙彥衛：《雲麓漫鈔》（北京：中華書局，1996年），頁27。

216　根據中央研究院歷史語言研究所「漢籍電子文獻資料庫」進行檢索，最早所見的中土文獻亦為沈約等所著《宋書》，未見有早於該著作的中土文獻資料。網址：http://hanchi.ihp.sinica.edu.tw/ihp/hanji.htm。檢索日期：2017年4月3日。

(252)何謂為道**殊勝**？所說道義，不可稱量。能行大道，最勝無比。降心態度，憂畏為法，御導世間。是輩沙門，為道**殊勝**。（西晉・白法祖譯・佛般泥洹經 T01n0005_p0167c23）

這些佛經中的「殊勝」，與「稍勝；略勝」、「特別優美」之意有別，如例 250「太子殊勝」從前後文的敘述來看，當指「太子大勝」的意思。例 251 為《生經・佛說孔雀經》中的一段偈文，〈佛說孔雀經〉內容敘述智幻齎持烏鳥至波遮梨國，因其國無此種烏鳥，故國人感到新奇而奉事供養，後有一商人自他國帶來三隻孔雀，從此國人就被孔雀所吸引，而不再對烏鳥產生興趣了。至於此段偈文所述，乃是將前段敘事經文的內容改以韻文的形式重複敘述，對應散文敘事的內容，「殊勝」乃是對前文「孔雀」的指涉，經文中有段對孔雀的描述為「時眾人見微妙殊好，羽翼殊特，行步和雅，所未曾有。」其中「殊好」、「殊特」正可與「殊勝」並列觀之，顯示佛經「殊勝」一語乃一偏正結構，且詞素「殊」並非「稍、略」之意，而是帶有「最、大、甚」的涵義。這一點可以就例 252 做為佐證。其經文云「何謂為道殊勝？」後文則明確描述為「能行大道，最勝無比」，顯見「殊勝」即「最勝」。

這一古譯時期就已經出現的詞語，在《地持經》裡，仍然持續在使用，其例句如：

(253)彼菩提因所修善法，是名因勝。無上菩提，是名果勝。勝於一切聲聞緣覺，是故菩薩因果**殊勝**。（地持經 T30n1581_p0890c01）

(254)菩薩摩訶薩發菩提心，所修善法，是名為因。因行善法，得阿耨多羅三藐三菩提，是名為果。如是因果，**勝於**一切聲聞緣覺。（善戒經 T30n1582_p0965b14）

(255)此諸三昧門現前已，得不壞心。一切種佛法**殊勝**，外道魔怨所不能壞。餘如前說。（地持經 T30n1581_p0943c07）

(256)以修三萬三昧門故，一切邪見外道聲聞緣覺諸魔眷屬不能移轉傾動沮壞，餘如上說。（善戒經 T30n1582_p1005c02）

(257)取要言之，為功德事、親屬想攝受，修習勝進住三解脫，求下乘者方便調伏，受五欲者求**殊勝**欲。轉諸邪見，隨順正念。於諸大會皆悉隨順。餘如前說。（地持經 T30n1581_p0944a26）

(258)修三解脫調伏眾生，不令住於聲聞緣覺。調伏眾生離五欲樂，斷諸邪見。修集是時，善法增長，無能破壞動轉其心。（善戒經 T30n1582_p1006a12）

上舉例 255、257 有梵文本可資對比，例 255「一切種佛法殊勝，外道魔怨所不能壞」，梵文本作「sarvākārāc chāsanād asaṃhāryaś ca bhavati sarva-tīrthya-māra-śāsana-pratyarthikaiḥ」，「殊勝」對應梵文「asaṃhāryaś」[217]。「asaṃhārya」有「不迷惑；不可抵抗，難

---

[217]（日）磯田熙文、古坂紘一：《瑜伽師地論・菩薩地・隨法・究竟・次第瑜伽處》（京都：法藏館，1995 年），頁 166。

以征服；不被誘惑，不被買收；不滅」等義。[218]例 257「受五欲者，求殊勝欲」，梵文作「kāma-paribhogaṃ kāma-viśeṣa-prārthanāṃ」，「求殊勝欲」對譯梵文「kāma-viśeṣa-prārthanāṃ」[219]。梵文「kāma」表「欲望」[220]，「viśeṣa」有「（屬與屬，位與位，屬與具）之間的差別；特徵的差異，特異性，特殊的事物；卓越，優越，優秀」等諸多意思。[221]「prārthana」為「對……的請求，懇請，懇求」[222]。可知例 255「佛法殊勝」以「殊勝」翻譯，強調的是佛法最勝不可奪。[223]例 257「殊勝欲」則是表達所求乃有別於五欲，而為特殊、卓越、最勝之欲。故丁福保《佛學大辭典》「殊勝」條云：「（術語）事之超絕而世所希有者曰殊勝。」[224]

事實上，「殊」在先秦文獻中即有表示程度「極、甚」的副詞用法，如《詩・魏風・汾沮洳》：「彼其之子，美無度，美無度，殊異乎公路。」[225]故佛經「殊勝」一語，當是承自先秦漢語「殊」作「極、甚」等副詞修飾語的用法而來，之後逐漸凝鍊成固定詞語。與之相對的《善戒經》經文，則都沒有「殊勝」。如例

---

218 林光明、林怡馨：《梵漢大詞典》（臺北：嘉豐出版社，2004 年），頁 167。

219 同注 217，頁 180。

220 同注 218，頁 555。

221 同注 218，頁 1457。

222 同注 218，頁 929。

223 此例玄奘譯本即是譯作「不能引奪」。

224 丁福保：《佛學大辭典》（臺北：新文豐出版公司，2008 年），頁 1811。

225 （西漢）毛亨傳、（東漢）鄭玄箋：《毛詩鄭箋》（臺北：臺灣中華書局，1983 年），卷 5，頁 9。

253《地持經》「是故菩薩因果殊勝」，《善戒經》只作「勝於一切聲聞緣覺」，並未譯出「最勝」的語義。例 255《地持經》「一切種佛法殊勝」，《善戒經》則是強調修三昧之「不能移轉傾動」。例 257《地持經》「受五欲者，求殊勝欲」指要令受五欲者，離五欲而轉求殊勝欲，《善戒經》僅譯出「離五欲樂」之意。而若統計「殊勝」在兩部譯經中的使用情形，其數據如下：

表三十六：「殊勝」使用次數統計表

	地持經	善戒經
殊勝	7	0

顯然，《地持經》多用此一承自早期佛經翻譯的詞語，呈現反映承古的特色。而在《善戒經》裡不用該詞，說明求那跋摩較少使用古譯語的特點。除此之外，本文利用 CBETA 電子佛典進行搜尋，發現譯師中，代表南方的真諦，所譯佛經中也沒有「殊勝」，而在北方菩提流支所譯經典裡，包含《深密解脫經》、《十地經論》、《勝思惟梵天所問經論》在內，都有許多「殊勝」的例詞。故該詞是否帶有地域色彩的差異，將值得做進一步的觀察。

（六）分齊

「分齊」主要出現在佛經文獻當中，慧琳《一切經音義》卷八《大般若波羅蜜多經》收錄詞條「分齊」，下注「或作『劑』」[226]，同卷詞條「齊何」下注亦云：「字書分齊之齊或作劑。」[227]

---

226 （唐）釋慧琳、（遼）釋希麟：《正續一切經音義附索引兩種（一）》（上海：上海古籍出版社，1988 年），頁 298。

227 同上注，頁 315。

可知「分齊」之「齊」讀如「劑」。李維琦《佛經詞語滙釋》將「分齊」區別為「制限，界限」與「分量」兩個義項，[228]《佛光大辭典》則將「分齊」釋為「限界、差別」義，其云：

> 指限界、差別。又指有所差別之內容、範圍、程度，或指具有程度差別之階位、身分等。為佛教論書中之常用語彙；其不云「分別」或「界別」等語者，概用以強調程度上之差異、區別，而非僅為一般性質之異同出入而已。後世多與「分際」一詞混同。[229]

在北涼曇無讖所譯的《地持經》裡，也常見「分齊」的用語，例如：

> (259)名求者，菩薩於名名**分齊**觀，名求。如是事事**分齊**觀，事求。自性施設，自性施設**分齊**觀，自性施設求。差別施設，差別施設**分齊**觀，差別施設求。（地持經 T30n1581_p0895c20）
>
> (260)云何推名？菩薩摩訶薩唯知名名，不見名物，是名推名。云何推物？唯知是物，不知餘者，是名推物。云何推性？知名流布，是名推性。云何推分別？名不見物，物不見名，是名推分別。（善戒經 T30n1582_p0970c21）

---

[228] 李維琦：《佛經詞語滙釋》（長沙：湖南師範大學出版社，2004 年），頁 121-122。

[229] 佛光山宗委會「佛光山電子大藏經」，網址：http://etext.fgs.org.tw/search02.aspx，查詢日期：2016 年 12 月 22 日。

(261)此四有為相，略說二種：有性及無性。如來以起故，立一有為相。以自性故，立第二有為相。諸行住老故，立第三有為相。彼菩薩觀有為行**分齊**，非生、非住、非老、非壞，一切時別有事起。何以故？諸行**分齊**起時，更無別生、別住、別老、別壞。諸行**分齊**住老壞時，亦無別生、別住、別老、別壞（一念頃名為一剎那）。菩薩如實觀者，不別有生等事可得。（地持經 T30n1581_p0935a02）

(262)如是四相，見有二種：一者有，二者無。有者三相，無者第四相。菩薩見有為法，不見生，不見住，不見老，不見壞。何以故？生住老壞無真性故。菩薩摩訶薩見色法生，色法住，色法老，色法壞，不見生住老壞。菩薩摩訶薩以方便觀不見四相。方便觀者，菩薩觀。若離色法別有生者，色法生時，生亦應生。（善戒經 T30n1582_p0997b20）

上舉例 259「名名分齊」，前一「名」字為動詞，後一「名」字為名詞，所指的是「對事物命名之事」。這一點，可由同經異譯的《善戒經》經文「唯知名名，不見名物」加以印證。而參照《善戒經》的譯文，可知《地持經》「名名分齊」指的是「命名」與「所名」限界並不相同，所知之「名」，乃人為之「名」，而非「名」所指涉之「物」的本身。後文「事事分齊觀」、「自性施設分齊觀」與「差別施設分齊觀」所表達的都是相同的意思，即「事」與「所事」；「自性」與「施設」；「差別」與「施設」皆有限界，需差別觀之，方能求得「事」、「自性」、「差別」的真實義。由此可以推知，「分齊」是表示名、實之間的「限界、差別」。

例 261「彼菩薩觀有為行分齊，非生，非住，非老，非壞」的意思是菩薩觀「有為行」之身口意造作為不同相，[230]其相並非「生、住、老、壞」之本身，兩者之間是有「限界、差別」的。所以《善戒經》說「菩薩見有為法，不見生，不見住，不見老，不見壞。何以故？生住老壞無真性故。」下文「諸行分齊」也都是此意。故「分齊」亦指「限界、差別」。

若檢索「分齊」在兩部譯經中的使用情形，則如下表所列數據：

表三十七：「分齊」使用次數統計表

	地持經	善戒經
分齊	19	0

表中顯示在求那跋摩譯經中，沒有「分齊」這一詞語，故呈現出兩部譯經不同用語的現象。進一步觀察南北朝時期分屬南北的真諦與菩提流支兩大譯師的譯經，顯示「分齊」仍見於真諦所翻譯的《大乘起信論》與菩提流支所譯《十地經論》、《深密解脫經》，故求那跋摩譯經不用「分齊」，與地域分布沒有直接的關係。

《漢語大詞典》收錄有兩條「分齊」的資料，一為「齊」通作「齋」，讀為「zhāi」，指古時祭祀，將齋祭之物分獻於各祖宗的意思，與佛經中的「分齊」無關。另一條為「齊」讀為「jì」，有「分際，分寸」之義，如北齊顏之推《顏氏家訓‧教子》：「嘗朝南殿，見典御進新冰，鈎盾獻早李，還索不得，遂大怒，訽曰：

230 「行」指「身口意之造作」，參丁福保《佛學大辭典》，頁1075。

『至尊已有，我何意無？』不知分齊，率皆如此。」[231]

而從時代先後順序來談，此例當是「限界、差別」義引申之後的用法。故中土文獻中的「分齊」，當是來源於佛經用語的影響。若從上舉例 259-262 兩經之間的對比，可以看出《善戒經》不僅沒有使用「分齊」，也沒有明顯與該詞相對應的詞。在例 260 中，《善戒經》是以「唯知名名」、「唯知名物」、「知名流布」與「名不見物，物不見名」等與《地持經》的「分齊觀」相對。例 262 則是以「見有為法，不見生……」等與《地持經》「觀……分齊」相應，此種對比，反映出求那跋摩是採較易理解的「知」、「見」等用語來表達「觀……分齊」的意思。而這也透露出求那跋摩譯經的用語風格較符合漢語使用習慣的特點。

（七）逼迫

《說文》未收錄「逼」字，段玉裁於「畐」字下注云：「許書無偪、逼字，大徐附逼於辵部，今乃知逼仄、逼迫字當作畐，偪、逼行而畐廢矣。……二皆畐之俗字。」[232]《爾雅・釋言》：「逼，迫也。」宋邢昺疏：「逼，相急迫也。」[233]故「逼」有「脅迫」的意思，如〈古詩為焦仲卿妻作〉：「廬江府小吏焦仲卿妻劉氏，為仲卿母所遣，自誓不嫁。其家逼之，乃沒水而死。」[234]又《說

---

231 王利器：《顏氏家訓集解（增補本）》（北京：中華書局，1993 年（1996 年重印）），頁 16。

232 （東漢）許慎撰、（清）段玉裁注：《說文解字注》（臺北：洪葉文化，1999 年），頁 232。

233 （晉）郭璞注、（宋）邢昺疏：《十三經注疏・爾雅注疏》（北京：北京大學出版社，1999 年），頁 92。

234 （南朝陳）徐陵編、（清）吳兆宜注：《玉臺新詠箋注》（北京：中華書局，1985 年（1999 年重印）），頁 43。

文》：「迫，近也。从辵，白聲。」[235]《玉篇》：「迫，逼也。」[236]可知「迫」也有「逼迫、強迫」之意，如《左傳・哀公十五年》：「孔伯姬杖戈而先，大子與五人介，輿豭從之，迫孔悝於厠，強盟之，遂劫以登臺。」[237]故「逼迫」是同義並列的複合詞。而根據中央研究院「漢籍電子文獻資料庫」進行索引，「逼迫」較早見於劉宋范曄《後漢書》所收錄的蔡琰〈悲憤詩〉，[238]詩云：「漢季失權柄，董卓亂天常。志欲圖篡弒，先害諸賢良。逼迫遷舊邦，擁主以自彊。」[239]

在翻譯佛經裡，「逼迫」並未出現在劉宋求那跋摩所譯的《善戒經》，只見於北涼曇無讖翻譯的《地持經》，其例句如下：

> (263)若菩薩布施，令他受苦，若致**逼迫**，若被侵欺，及非法求，自力他力，不隨所欲。（地持經 T30n1581_p0906b11）
>
> (264)菩薩若知緣以身施，令眾生受苦，**妨行善法**，及非法求，亦不應施。（善戒經 T30n1582_p0980a06）
>
> (265)非法之物，不以施人。凡所施物，清淨如法，不**逼迫**呵責取他財物而行布施。不犯佛戒而行布施。（地持經

---

235 同注 232，頁 74。

236 （南朝陳）顧野王：《玉篇》（臺北：國立中央圖書館，1982 年），頁 163。

237 楊伯峻：《春秋左傳注》（臺北：漢京文化事業有限公司，1987 年），頁 1694-1695。

238 中央研究院「漢籍電子文獻資料庫」，網址：http://hanchi.ihp.sinica.edu.tw/ihp/hanji.htm，檢索日期：2016 年 12 月 29 日。

239 （南朝宋）范曄撰、（唐）李賢等注：《後漢書》（北京：中華書局，1965 年（1987 年重印）），頁 2801。

T30n1581_p0907a06）

(266)菩薩不以非法求財而行布施。行施之時，於己眷屬，不瞋、不打、不罵、不呵，善言教導，令其歡喜，如是福報，汝亦有分。（善戒經 T30n1582_p0980b09）

(267)是菩薩於此四種成就眾生，當知略說六種巧方便。一者隨順，二者立要，三者異相，四者**逼迫**，五者報恩，六者清淨。（地持經 T30n1581_p0932c16）

(268)菩薩摩訶薩為是四法修集六事。一者隨他，二者無障，三者不動，四者**心相似**，五者報恩，六者清淨。（善戒經 T30n1582_p0995b15）

(269)云何菩薩現**逼迫**巧方便？若菩薩為主為王，於自眷屬作如是教……彼諸眾生以恐怖故，勤修善法，斷不善法。彼雖不樂，**強逼**令修。是名菩薩**逼迫**巧方便。（地持經 T30n1581_p0933c02）

(270)心**相似**者，菩薩若得自在之身，若王大臣多有眷屬，先唱是言……爾時眾生以怖畏故，遠離諸惡，修集善法，**似菩薩心**。是名**相似**方便。（善戒經 T30n1582_p0996a13）

比較兩經之間的差異，主要在於不同方式的義理詮釋，因而形成詞語上的差別。如例 263「若致逼迫，若被侵欺」，《善戒經》作「妨行善法」，一為「強迫他人」，一為「妨（礙）他人」，兩者意思相近。又如例 265「不逼迫呵責取他財物而行布施」，《善戒經》作「不以非法求財而行布施」，僅舉概要，說明「（不）非法求財」，《地持經》則明確指出「非法取財」為透過「逼迫呵責」而來。例 267、268 與例 269、270，《善戒經》都以「（心）相似」對應《地持經》的「逼迫」，兩者差異在於《地持經》強調藉由「逼迫」令眾生生畏而勤修善法，《善戒經》則把焦點放在眾生因怖畏而產生相似心（似菩薩心），因而修集善法。

《地持經》中，另有兩例具有梵本經文可供參照，但這兩個例子都沒有相應的《善戒經》經文，其例句如下：

(271)（菩薩）於刀兵世，為大力王，以善方便誠信之言，等心救濟，息於戰諍。繫縛鞭打**逼迫**之處，為息惱故，生於王家。（地持經 T30n1581_p0953a24）

(272)言常柔軟真實不虛。一切殺縛、**逼迫**苦切，皆悉遠離。（地持經 T30n1581_p0953b28）

例 271「繫縛鞭打逼迫之處」，與梵文本「bandhana-citra-pīḍā-」相對應，[240]梵文「citra」可指「各種拷問（刑罰）」[241]，「pīḍā」則有「痛苦，受苦；侵害，侵犯」等義[242]。例 272「一切殺縛、逼迫苦切」，梵文本作「vadha-bandhana-daṇḍana-cchedana-tāḍanādi-satvotpīḍā」[243]，根據磯田熙文、古坂紘一的分析，「逼迫苦切」對應梵文的「cchedana」，梵文「chedana」當形容詞時，有「切割，劈開；破壞」等義，當中性詞時，也有「切斷，截斷，砍倒；

---

240 （日）磯田熙文、古坂紘一：《瑜伽師地論・菩薩地・隨法・究竟・次第瑜伽處》（京都：法藏館，1995 年），頁 218。

241 林光明、林怡馨：《梵漢大詞典》（臺北：嘉豐出版社，2004 年），頁 331。

242 同上注，頁 890。

243 同注 240，頁 236。

割斷；打破；解開（疑惑）」等義，[244]因此例 272「逼迫」並沒有明顯對應的梵文詞語。單就例 271 來看，曇無讖以「逼迫」對譯，應是漢語詞的「逼迫」本就具有侵犯他人的涵義，因而藉以翻譯外來語中表「侵犯、侵害」義的詞語。

上舉例 263-270 兩經用語的差別，雖然是因為義理詮釋角度不同，但若以詞素「逼」與「迫」對兩部佛經進行搜尋，可發現《善戒經》基本不用詞素「迫」，詞素「逼」也只出現 1 次，兩部譯經中的使用情形如下：

表三十八：詞素「逼、迫」使用次數統計表

	地持經	善戒經
逼	1	1
迫	1	0
逼迫	11	0
惱逼	1	0
侵逼	1	0
迫切	2	0

除了《善戒經》沒有使用「逼迫」以外，求那跋摩所翻譯的另外幾部佛經，也都沒有該詞的用例。這一統計數據，多少呈現了求那跋摩譯經語言不用「逼迫」的特點。[245]

---

244 《梵漢大詞典》沒有收錄梵文「cchedana」，只有「chedana」。（參林光明、林怡馨：《梵漢大詞典》（臺北：嘉豐出版社，2004 年），頁 325。）

245 南朝陳真諦所譯《大乘起信論》、《四諦論》各有 1 例「逼迫」，菩提流支譯經則沒有「逼迫」，因此不太可能是屬於地域分布的差別，故將之視為個人譯經語言的用詞特色。

（八）顏／顏容

《說文》云：「顏，眉之閒也。」段玉裁注：「各本作眉目之間，淺人妄增字耳，今正。……顏為眉間，醫經之所謂闕，道書所謂上丹田，相書所謂中正印堂也。」[246]後引申指「額頭」，如《左傳・僖公九年》：「天威不違顏咫尺。」孔穎達正義：「顏謂額也。」[247]又引申為「面容；臉色」，如《詩・鄭風・有女同車》：「有女同車，顏如舜華。」[248]「容」則有「容貌」之義，如《玉篇》：「容，容儀也。」[249]

在《地持經》中，「顏」主要表達「面容；臉色」，且可以有「顏容」並列的用法，例如：

(273)長壽久往，是名壽具足。**顏容**端政，是名色具足。生於上族，是名種性具足。（地持經 T30n1581_p0891c13）

事實上，「顏容」在西晉竺法護的譯經裡，已經很常見，《地持經》應該是承襲前人翻譯的用詞，如：

(274)三十二相，**顏容**殊妙，猶得自在，無所拘礙。（西

246 （東漢）許慎撰、（清）段玉裁注：《說文解字注》（臺北：洪葉文化，1999 年），頁 420。

247 （周）左丘明傳、（晉）杜預注、（唐）孔穎達正義：《十三經注疏・春秋左傳正義》（北京：北京大學出版社，1999 年），頁 358。

248 （西漢）毛亨傳、（東漢）鄭玄箋：《毛詩鄭箋》（臺北：臺灣中華書局，1983 年），卷 4，頁 12。

249 （南朝陳）顧野王：《玉篇》（臺北：國立中央圖書館，1982 年），頁 169。

晉・竺法護譯・正法華經 T09n0263_p0070c03）

(275)**顏容**殊妙好，百福功德相，德慧度無極，稽首於導師。（西晉・竺法護譯・佛說海龍王經 T15n0598_p0152b20）

例 274「三十二相，顏容殊妙」、例 275「顏容殊妙好，百福功德相」，「顏容」與「相」相對文，說明「顏容」是指「容貌」。不過，在《地持經》裡，「顏容」只有 1 次用例，即例 273 中的「顏容端政」。《地持經》出現較多次的，是「顏」的單音節詞用法，如：

(276)善隨人心，言常含笑。舒**顏**平視，先意問訊。知恩報恩，所求正直，不偽不曲。（地持經 T30n1581_p0888c12）

(277)破壞憍慢，先意問訊，知恩念恩。（善戒經 T30n1582_p0963b04）

(278)修習悲心，不掉不動。成就戒見威儀正命。和**顏**平視，先語問訊。常修善業，不為放逸。（地持經 T30n1581_p0953c11）

(279)修集悲心，具足成就，或見正命。先意問訊。遠離惡心，常修善法。終不放逸，遠離懈怠。（善戒經 T30n1582_p1008a15）

上舉例 276「舒顏平視」，前有「言常含笑」，顯示「舒顏」帶有「臉色和善」的意思。例 278「和顏平視」則與「舒顏平視」結構相同。此例梵文本作「uttāna-mukha-varṇaś」[250]，梵文「uttāna」有「擴大的；擴張的」[251]等義，「mukha」指「口（嘴）；顎，臉」[252]，「mukha-varṇa」則指「臉色，容貌」[253]，由此可知「和顏」、「舒顏」中，詞素「顏」皆指「面容；臉色」。與之相對的《善戒經》，則都沒有使用「顏」或「顏容」，如例 279《善戒經》是把「和顏平視」譯作「遠離惡心」，這是義理詮釋角度不同所導致的結果。例 273「顏容端正」與例 276「舒顏平視」，在《善戒經》中沒有譯出相對應的文句。因此，《善戒經》並沒有與「顏容」或「顏」具體對應之詞。該詞在兩經中的使用情形如下：

表三十九：詞素「顏」使用次數統計表

	地持經	善戒經
顏	5	0
顏容	1	0

表中顯示《善戒經》沒有「顏」與「顏容」，而在《地持經》裡則承襲這一源自古漢語的詞語。

（九）勝妙

「勝妙」一詞經常出現在佛經文獻裡，《漢語大詞典》釋義為

---

250 （日）磯田熙文、古坂紘一：《瑜伽師地論・菩薩地・隨法・究竟・次第瑜伽處》（京都：法藏館，1995 年），頁 241。

251 林光明、林怡馨：《梵漢大詞典》（臺北：嘉豐出版社，2004 年），頁 1360。

252 同上注，頁 745。

253 同上注，頁 746。

「佳妙」，並引蕭齊求那毗地所譯《百喻經》為例。[254]利用 CBETA 佛經語料庫進行檢索，可看出該詞至遲在後秦鳩摩羅什、竺佛念等人的譯經中已經出現，例如：

(280)佛告諸比丘：「未來世中，若有善男子、善女人，聞妙法華經提婆達多品，淨心信敬不生疑惑者，不墮地獄、餓鬼、畜生，生十方佛前，所生之處，常聞此經。若生人天中，受**勝妙**樂，若在佛前，蓮華化生。」（後秦・鳩摩羅什譯・妙法蓮華經 T09n0262_p0035a14）

(281)云何十難解法？謂十賢聖居：一者比丘除滅五枝，二者成就六枝，三者捨一，四者依四，五者滅異諦，六者**勝妙**求，七者無濁想，八者身行已立，九者心解脫，十者慧解脫。（後秦・佛陀耶舍共竺佛念譯・長阿含經 T01n0001_p0057a28）

若以中土文獻作為觀察的對象，則「勝妙」最早出現的年代為唐代，如《漢語大詞典》所引《全唐詩》卷八五一吳越僧〈武肅王有旨石橋設齋會進一詩〉之三「勝妙重重惟禱祝，永資軍庶息災虞。」[255]在時代上，較佛經文獻出現得晚，故從時代先後來說，

254 漢語大詞典編輯委員會：《漢語大詞典（第六卷）》（上海：漢語大詞典出版社，1989 年），頁 1336。

255 本文根據中央研究院歷史語言研究所「漢籍電子文獻資料庫」進行檢索，最早出現「勝妙」一詞的中土文獻，為唐姚思廉《陳書・傅縡傳》。網址：http://hanchi.ihp.sinica.edu.tw/ihp/hanji.htm。檢索日期：2017 年 3 月 14 日。

「勝妙」應是源自佛經文獻的用語。不過，「勝」字在南北朝時，已有「美好、佳妙」的意思，如《文心雕龍・隱秀》：「凡文集勝篇，不盈十一；篇章秀句，裁可百二；並思合而自逢，非研慮之所求也。」[256]故「勝妙」同義並列，是利用漢語固有的構詞材料所創造出來的新詞。此一詞語在《地持經》中亦經常使用，其例句如：

(282)三者布施愛語利益同利，攝取成就一切眾生，於所知事隨義了知，**勝妙**饒益，歡喜悅豫，是名自攝。（地持經 T30n1581_p0899a26）

(283)以四攝法攝取眾生。為菩提道修行智慧，以知法界故，身受安樂，是名自利。（善戒經 T30n1582_p0973b16）

(284)初處者，以初厭法，修行厭離，知**勝妙**義，度功德利。（地持經 T30n1581_p0900b24）

(285)初發者，初發心時，不樂生死。**不樂生死故，信心得生**，修集於道，增益**佛法**，是名初發。（善戒經 T30n1582_p0974c05）

(286)彼諸三昧，一切聲聞辟支佛不知其名，況復能起。及所出生，二乘解脫。除入，一切入，無礙慧，無諍，願智，**勝妙**功德，是名菩薩出生三昧功德禪。（地持經 T30n1581_p0921c13）

(287)如是三昧一切聲聞辟支佛等尚不識名，況能修集。復

256 （南朝梁）劉勰：《文心雕龍註（增訂本）》（臺北：明倫出版社，1970年），頁 632-633。

有共法，所謂八勝處，十一切處，四無礙智，願智，無諍智，**頂智**。增長如是共有法故，是名入禪增長菩提。（善戒經 T30n1582_p0988a19）

(288)云何菩薩難禪？略說三種。菩薩久習**勝妙**禪定，於諸三昧心得自在，哀愍眾生欲令成熟，捨第一禪樂而生欲界，是名菩薩第一難禪。（地持經 T30n1581_p0921c23）

(289)難禪者有三種：一者菩薩摩訶薩**入禪定時**，所受快樂，勝於一切世間之樂及出世樂，為眾生故，捨禪定樂，受欲界身。（善戒經 T30n1582_p0988a27）

(290)修習攝受，隨欲自在，是名成就。無上涅槃，是名**勝妙**。得八聖道，離一切惱亂恐怖，是名安隱。（地持經 T30n1581_p0956b08）

(291)真實莊嚴得自在故，名為具足。能破一切諸恐怖故，名為**涅槃**。因八正道因破諸苦故，名為無上。（善戒經 T30n1582_p1010c28）

就上舉例 282-291 來看，與《地持經》相對應的經文，在求那跋摩的譯經裡，都沒有使用「勝妙」。如例 282「勝妙饒益，歡喜悅豫」，《善戒經》作「身受安樂」；例 284「知勝妙義」，《善戒經》譯為「不樂生死故，信心得生」；例 286 從列舉內容的對比，「勝妙」約相對於《善戒經》的「頂智」，但兩者意思不一定相同。例 288「久習勝妙禪定」，《善戒經》只譯作「入禪定時」，沒有譯出「勝妙」的意思。

至於例 290，有梵本經文可資參照。其中「無上涅槃，是名勝妙」，梵文本作「niruttaratvān nirvāṇam udāram ity ucyate」，「勝妙」對譯梵文的「udāram」。[257]梵文「udāra」有「鼓舞；高揚，高大的，多量的……愉快的；巨大的」等諸多意思，[258]故曇無讖的翻譯，是取「美好、佳妙」義的「勝」、「妙」二詞素對譯梵文的「udāram」。求那跋摩翻譯「名為涅槃」，只譯出梵文「nirvāṇam」的意思，其後的「udāram」則沒有對譯的詞語。相比之下，《地持經》與梵本經文文句，對應較為整齊，《善戒經》則相去較遠，不只不用「勝妙」，同時也沒有與「勝妙」固定相應的詞語。兩部譯經中的使用數據如下：

表四十：「勝妙」使用次數統計表

	地持經	善戒經
勝妙	18	0

除了表中所顯示的，《善戒經》沒有「勝妙」以外，在求那跋摩的其他譯經中也不見該詞，因此可推測求那跋摩在翻譯佛經時，基本不用「勝妙」。曇無讖譯經則承襲了鳩摩羅什、竺佛念翻譯佛經所使用的詞語。

（十）衆具

「眾具」一詞，慧琳《一切經音義》、《希麟音義》或《漢語大詞典》均未收錄，但在曇無讖所翻譯的《地持經》中，出現了為數不少的例子，例如：

---

257 （日）磯田熙文、古坂紘一：《瑜伽師地論・菩薩地・隨法・究竟・次第瑜伽處》（京都：法藏館，1995 年），頁 340。

258 林光明、林怡馨：《梵漢大詞典》（臺北：嘉豐出版社，2005 年），頁 1317。

(292)財饒益者，隨其所須，衣食**眾具，**一切施與。（地持經 T30n1581_p0900c04）

(293)施食者，菩薩摩訶薩見飢饉者，施以飲食，隨前所須，一切供給，是名施食。（善戒經 T30n1582_p0974c21）

(294)攝取者，依止無貪心，修行布施。瞻視和上諸師疾病，供施衣食湯藥**眾具**。若有憂悔及餘煩惱，能為開解。（地持經 T30n1581_p0900c19）

(295)攝取者，以無貪心為人說法。受畜弟子，善為教誡。**施其衣鉢，病給醫藥**。知煩惱起，隨病說法，是名攝取。（善戒經 T30n1582_p0975a14）

(296)見他說法及得利樂，起隨喜心如己所得；五者以知足心少積**眾具**，所得能捨。（地持經 T30n1581_p0926c28）

(297)見他得利，歡喜如己。知足少欲，唯畜六物。**六物之外**，隨得隨施。（善戒經 T30n1582_p0992b15）

(298)云何菩薩立要巧方便？若有眾生來從菩薩求索十種**資生眾具**，為立要言：「汝能供養父母沙門婆羅門。廣說如上，乃至受戒。若能如是，我當施汝。如其不能，則不施與。」（地持經 T30n1581_p0933a27）

(299)無障者，菩薩摩訶薩見來求者作如是言：「善男子！汝今若能供養三寶父母師長沙門婆羅門者，**所須之物**，若衣、若食、床臥病藥、華香瓔珞、幡蓋伎樂、田宅屋舍、僕使乘用，**資生之物**，悉當與汝。」（善戒經 T30n1582_p0995c24）

上舉諸例中，「眾具」之前往往可以與「衣食」、「衣食湯藥」

等，表各類物品的名詞組合搭配，又例 298「資生眾具」與《善戒經》「資生之物」相對，顯示「眾具」即「眾多器物（具）」。

「具」本有「器物、器具」之義，如《韓非子・定法》：「人不食十日則死；大寒之隆，不衣亦死。謂之衣、食，孰急於人？則是不可一無也，皆養生之具也。」[259]「眾」則有「眾多」之義，如《說文》：「眾，多也。」[260]故「眾具」表「眾多器物（具）」，應屬偏正結構的詞語。《善戒經》不用該詞，在例 292-299 的對比中，有時以「……物」與「眾具」相對，如例 297 的「六物」與例 299「資生之物」；有時則沒有明顯的對應詞，如例 295「施其衣鉢，病給醫藥」與例 294「供施衣食湯藥眾具」相對。

再從梵漢對比的分析來看，《地持經》部分例子有梵文可供對照，例如：

> (300)瞻視病苦，隨順說法。除滅恐畏，離諸憂悔。若有乏短，給施**眾具**。（地持經 T30n1581_p0911b28）
> (301)有時貪著五欲境界，有時慳惜所有**眾具**。（地持經 T30n1581_p0940b23）

上舉二例在《善戒經》裡沒有相應的文句。其中例 300「給施眾

---

259 陳啟天：《增訂韓非子校釋》（臺北：臺灣商務印書館，1992 年），頁 76。

260 （東漢）許慎撰、（清）段玉裁注：《說文解字注》（臺北：洪葉文化，1999 年），頁 391。

具」，梵文本作「upakaraṇôpasaṃhāre」[261]。梵文「upakaraṇa」有「用具；器具；家具」等義，[262]「upasaṃhāra」在佛經中則譯作「施，給施」等，[263]故曇無讖譯為「給施眾具」。例 301「慳惜所有眾具」，梵文本作「āgṛhīta-pariṣkāratāyā」[264]。梵文過去被動分詞「āgṛhīta」有「不被逮捕，不被捉拿」之意，佛經經文譯作「慳吝，慳惜，吝執」等。[265]「pariṣkāra」也有「裝飾品；裝飾；家具」的意思，[266]故《地持經》以「眾具」對譯。顯然，《地持經》譯作「眾具」，是取其「器具」的涵義。

不過，在《地持經》裡，許多「眾具」的用例已不再指涉具體的器物，而引申表抽象的概念，例如：

(302)如是菩薩求五明處，為無上菩提大智**眾具**究竟滿故。（地持經 T30n1581_p0904c10）

(303)若有菩薩不能如是求五事者，終不能得阿耨多羅三藐三菩提，成一切智。（善戒經 T30n1582_p0978b20）

(304)復有五種：一者細微如其性境界入。二者周至如其性

261 （日）羽田野伯猷：《瑜伽師地論・菩薩地・戒品》（京都：法藏館，1993 年），頁 50。

262 林光明、林怡馨：《梵漢大詞典》（臺北：嘉豐出版社，2004 年），頁 1335。

263 同上注，頁 1343。

264 （日）磯田熙文、古坂紘一：《瑜伽師地論・菩薩地・隨法・究竟・次第瑜伽處》（京都：法藏館，1995 年），頁 80。

265 林光明、林怡馨：《梵漢大詞典》（臺北：嘉豐出版社，2004 年），頁 47。

266 同上注，頁 863。

境界入。三者本得智慧，**眾具**俱生。四者諸佛如來及大地菩薩所說法義，悉能受持。五者得淨心地乃至究竟地所攝受慧。（地持經 T30n1581_p0922c15）

(305)復有五種：一者能知微細甚深義故。二者修集禪定知法界故。三者共慧莊嚴，得智慧故。四者從佛菩薩來故。五者具足獲得寂靜之心乃至畢竟心故。是名善人慧。（善戒經 T30n1582_p0989a08）

例 302「五明處」為內明、醫方明、工巧明、聲明、因明等，故「大智眾具究竟滿」即具備五明處的種種知識條件，所以《善戒經》云「成一切智」。例 304「本得智慧，眾具俱生」，於《善戒經》中譯作「共慧莊嚴，得智慧故」，「眾具俱生」即「共慧莊嚴」，「眾具」帶有「各種智慧條件」的意思。又如：

(306)愚惑邪向，令入解脫，功德智慧**眾具**，成熟修行正願、正念、正智、正說等（地持經 T30n1581_p0943a18）

(307)為邪法者，說於解脫，**知莊嚴事**，具足念心，具足慧心。（善戒經 T30n1582_p1005a20）

例 306「功德智慧眾具」，《善戒經》譯作「知莊嚴事」，梵文本作「puṇya-jñāna-saṃbhāra-」[267]，梵文「saṃbhāra」有「一起帶來，收集；準備（—°）的；家財器具，財富，所有物……」等諸

---

[267] （日）磯田熙文、古坂紘一：《瑜伽師地論・菩薩地・隨法・究竟・次第瑜伽處》（京都：法藏館，1995 年），頁 154。

多意思，[268]曇無讖以「眾具」對譯梵文的「saṃbhāra」，應與「家財器具，財富，所有物」一義有關，「眾具」由具體的「器具」轉為具備功德智慧的「各種條件」。[269]至於《善戒經》譯作「知莊嚴事」，則是與「saṃbhāra」的「收集；準備（—°）的」意義相關，兩者詮釋角度不同，因而形成了以不同詞語對譯的現象。

在佛經語料中，「眾具」在署名東漢曇果共康孟詳譯的《中本起經》裡，已經出現。西晉竺法護譯經中，也可見到該詞語，例如：

> (308)寶稱中夜欻覺，見諸妓女，皆如死狀，膿血流溢，肢節斷壞，屋室**眾具**，皆似塚墓，驚走趣戶，戶輒自開……（東漢・曇果共康孟詳譯・中本起經 T04n0196_p0149a17）
>
> (309)無復恐懼。於是長者，見諸子出，心中寬泰，意得自由，廣設**眾具**，師子之座，吾身今日，則獲無為，彼諸苦患，已永盡除。（西晉・竺法護譯・正法華經 T09n0263_p0077b22）

但根據中央研究院「漢籍電子文獻古漢語語料庫」進行檢索，在語料庫中時代為上古漢語與中古漢語的中土文獻，都沒有「眾

---

268 同注 265，頁 1085。

269 此例唐玄奘譯本譯作「資糧」，丁福保《佛學大辭典》「資糧」條云：「（術語）資為資助，糧為糧食，如人遠行，必假糧食，資助其身。欲三乘之證果，宜以善根功德之糧，資助己身也。」（參丁福保：《佛學大辭典》，頁 2294。）

具」。[270]此一分布現象，說明「眾具」應是為了佛經翻譯，利用漢語舊語素所創造的意譯詞。曇無讖承襲了康孟詳、竺法護以來的用語，但求那跋摩的譯經中，則不見有任何該詞語的用例。兩部譯經中的使用情形如下：

表四十一：「衆具」使用次數統計表

	地持經	善戒經
眾具	56	0

從兩部譯經中的使用數據，可明顯看出「眾具」也是曇無讖與求那跋摩兩位譯師在譯經時所出現的詞彙差異之一。

（十一）惓（倦）／厭惓／懈惓／疲惓

《說文》：「倦，罷也。从人，卷聲。」段玉裁注：「罷者，遣有罪也。引伸為休息之偁。」[271]《集韻》：「倦，《說文》：『罷也。』或作惓。」[272]可知「惓」乃「倦」之異體。不過，在《地持經》裡使用較多的是「惓」字，其部分經文存在版本用字上的差異，正反映出「惓」、「倦」為異體字的事實，例如：

(310)所謂現法，心得樂住，身心不**惓**。能具足佛法，成就

---

[270] 中央研究院「漢籍電子文獻資料庫」，網址：http://hanchi.ihp.sinica.edu.tw/ihp/hanji.htm，檢索日期：2018 年 8 月 15 日。

[271] （東漢）許慎撰、（清）段玉裁注：《說文解字注》（臺北：洪葉文化，1999 年），頁 387。

[272] （宋）丁度等：《集韻》（臺北：臺灣中華書局，1965 年），卷八（去聲），頁 5。

眾生，是名菩薩戒。（地持經 T30n1581_p0918b05）

例 310，在元大普寧寺藏、明方冊藏、宮內省圖書寮本、知恩院本等版本中，「惓」都作「倦」。

「倦」在上古漢語有「疲倦、勞累」與「厭倦、懈怠」二個不同的義位，[273]例如《國語・晉語一》：「用而不倦，身之利也。」韋昭注：「倦，勞也。」[274]又如《論語・述而》：「學而不厭，誨人不倦，何有於我哉？」[275]但在《地持經》中，「惓／倦」較常用以表達的是「厭倦、倦怠」這個義位，例如：

(311)檀波羅蜜菩薩種性相者，是菩薩性自樂施，於彼受者，以所施物，等施不**惓**。於諸財物，若多若少，等心惠施，歡喜無悔。（地持經 T30n1581_p0888b22）

(312)以何義故，檀波羅蜜名菩薩性印？菩薩摩訶薩本性能得如是捨心，於諸財物，若多若少，心不貪著。欲施、施時、及行施已，**悉生歡喜**。隨所施物，若多若少，心無疑悔。（善戒經 T30n1582_p0963a11）

(313)菩薩力具足故，精勤方便，堅固方便，速疾方便，修

273 「惓」字在中土文獻中也有這二個義位的用法，例如《列子・湯問》：「飢惓則飲神瀵。」（楊伯峻：《列子集釋》（北京：中華書局，1979年），頁 164。）及《太玄・玄文》：「仰天而天不惓，俯地而地不怠。」「惓」與「怠」相對文，故「惓」有「倦怠」的意思。（（漢）揚雄撰、（宋）司馬光集注：《太玄集注》（北京：中華書局，1998年），頁 208。）

274 徐元誥：《國語集解》（北京：中華書局，2002 年），頁 263。

275 （南朝梁）皇侃：《論語義疏》（北京：中華書局，2013 年），頁 154。

善**無厭**，攝人不**惓**，是名力具足果。（地持經 T30n1581_p0892a21）

(314)菩薩何故求於大力？菩薩成就是大力者，則能修行一切善法，能懃精進救拔眾生煩惱諸苦，是故菩薩求於大力，是名報果。（善戒經 T30n1582_p0967b02）

(315)菩薩於諸眾生不觀輕重而為方便，或察於人而行於悲，或勇猛方便為造因緣，或修正願，或淨信心，或專心思惟觀察不**惓**，或時柔軟，或時行捨，或時精進，或時巧方便。菩薩如是正對治巧方便，於十二難能自開解，心不退沒。（地持經 T30n1581_p0954a01）

(316)菩薩摩訶薩於諸眾生不作輕重，或時作輕，或時作重，或觀境界，或作健心，或時立願，或不放逸，或修智慧，或修柔軟，或行呵責，或時行捨，或懃精進，或時**懈怠**，或作方便。菩薩摩訶薩作如是學，於十二難處心不憂悔，既能自護，又能利他。（善戒經 T30n1582_p1008b12）

上舉例 311「以所施物，等施不惓」，於《善戒經》中譯作「於諸財物，若多若少，心不貪著。欲施、施時、及行施已，悉生歡喜。」可看出「不惓」所指的乃是內心的「不厭倦」，而非形體的「勞累」。例 313「修善無厭，攝人不惓」中，「惓」與「厭」對文，具有「厭倦」之意。例 315「專心思惟觀察不惓」，在《善戒經》中雖無直接對應的用詞，但從經文內容來看，與之相應的內容，應是「或不放逸，或修智慧」與「或懃精進，或時**懈怠**」等概念，因此《地持經》中的「不惓」仍是指「不懈怠」或「不厭倦」。由於「惓」在《地持經》中較常使用的是「厭倦、倦怠」的義位，因此也就產生較多「厭惓」並列連文的用法，例如：

(317)云何常修？是菩薩施無**厭惓**，一切時平等隨得隨施。（地持經 T30n1581_p0938b28）

(318)常行者，菩薩施時有來乞者，不觀時與非時，隨得隨施，是名常行。（善戒經 T30n1582_p1001a26）

(319)五者為度眾生故，勤求世間出世間法，心不**厭惓**。六者心不**厭惓**故，知一切論。（地持經 T30n1581_p0941b14）

(320)為利眾生，受苦不**悔**。心不**悔**故，能知一切世典方術。（善戒經 T30n1582_p1003c21）

有時也可與「懈」組合，構成「懈惓」並列的雙音節詞，例如：

(321)是菩薩廣住悲心，利安眾生。是菩薩忍一切苦而不**懈惓**，心常歡喜，利安眾生。（地持經 T30n1581_p0924c18）

(322)一者菩薩摩訶薩修集無量慈心，為眾生故。二者受無量苦，為眾生故。三者得大喜見，諸眾生得利益故。（善戒經 T30n1582_p0990b09）

「懈惓」連文，在《地持經》中只有上舉這個例子，但配合「厭惓」的使用，不難看出「惓」在《地持經》中主要都是用以表達「厭倦、倦怠」這一義位。不過，《地持經》中仍有一例「疲惓」的用例如下：

(323)若說法時，身不**疲惓**，心不忘失。性種性菩薩，身口

意惡性自微薄。（地持經 T30n1581_p0890c08）

(324)二者發心菩薩常為眾生之所樂見，猶如父母。一切眾生於菩薩所，身口意業柔軟無惡，是名為二。（善戒經 T30n1582_p0965b23）

例 323「身不疲惓」，「惓」與「疲」構成同義並列的用法，並且所描述的對象為「身」，顯示詞素「惓」仍有做為「勞累、疲勞」的意思。

「惓」字在《地持經》中的使用情形，大體如上所述。然而就《善戒經》的翻譯經文觀察，則可發現並未有詞素「惓」或「倦」的用例，且在求那跋摩所譯另外幾部經典中，也沒有使用「惓」或「倦」，說明求那跋摩的翻譯用語，基本不用單音節詞素「惓」或「倦」，因此也就沒有「疲惓」、「厭惓」、「懈惓」等同義並列的結構出現。

（十二）孤獨／孤煢

《孟子・梁惠王下》：「老而無妻曰鰥，老而無夫曰寡，老而無子曰獨，幼而無父曰孤，此四者天下之窮民而無告者。」[276]故「孤」與「獨」原指「幼而無父」與「老而無子」的人，其與老而無妻的「鰥」、老而無夫的「寡」，四者往往並列連文，如《荀子・王霸》：「政令制度，所以接下之人百姓，有不理者如豪末，則雖孤獨鰥寡，必不加焉。」[277]又如《漢書・文帝紀》：「詔

276 （清）焦循：《孟子正義》（北京：中華書局，1987 年（1998 年重印）），頁 136。

277 （清）王先謙：《荀子集解》（北京：中華書局，1988 年（1997 年重印）），頁 220。

曰：『方春和時，草木群生之物皆有以自樂，而吾百姓鰥寡孤獨窮困之人或阽於死亡，而莫之省憂。為民父母將何如？其議所以振貸之。』」[278]由於「孤」與「獨」同屬父子之倫常，因而結合成較為緊密的「孤獨」，如《管子・四時》：「論孤獨，恤長老。」[279]這些文獻資料，說明「孤獨」是源自先秦漢語以來的常用詞語。這一承古的常用詞，只出現在《地持經》而未見於《善戒經》裡，其使用情形如下：

表四十二：「孤獨、孤煢」使用次數統計表

	地持經	善戒經
孤獨	5	0
孤煢	1	0

表中顯示，除了「孤獨」不出現在《善戒經》裡，《地持經》還有一例「孤煢」也不見於《善戒經》，其例句如：

(325) 二者貧苦，**孤煢**下賤，無所依怙。（地持經 T30n1581_p0907b29）

「孤煢」一詞，《漢語大詞典》釋義為「無依無靠」，也見於曹丕

278 （東漢）班固撰、（唐）顏師古注：《新校漢書集注》（臺北：世界書局，1974 年），頁 113。

279 （唐）尹知章注、（清）戴望校正：《管子校正》（臺北：世界書局，1958 年），頁 240。

〈短歌行〉：「我獨孤煢，懷此百離。」[280]說明至遲在東漢末年「孤煢」已出現在漢語的詞彙系統裡。

除此之外，詞素「獨」在兩部譯經中所使用的義位也有差異。檢索《善戒經》中詞素「獨」的用法，可發現只有表「單獨、獨自」義位的例子，例如：

(326)六月晝夜**獨**處閑靜懺悔諸罪。（善戒經 T30n1582_p0961a11）

(327)菩薩摩訶薩智慧力故，心樂寂靜，不與人居，默然不語，**獨**處無伴。（善戒經 T30n1582_p0996c06）

(328)若菩薩無伴**獨**行至白衣家。得錯謬罪。（善戒經 T30n1583_p1015c11）

但在《地持經》中，除了「單獨、獨自」之意，尚有「僅、只」與「老而無子，缺少親屬依靠之人」等兩個義位的用法，如：

(329)作如是言：「善男子！汝當**獨**處，深樂寂靜，思惟父母師長所制名字。……」（地持經 T30n1581_p0957b22）

(330)於一切眾生無上心。如優曇鉢花難遇心。於三千大千世界**獨**一心。（地持經 T30n1581_p0926b27）

(331)三者**孤獨**辛苦貧乞無依者為作依怙饒益。（地持經 T30n1581_p0935c24）

---

[280] 逯欽立：《先秦漢魏晉南北朝詩》（北京：中華書局，1983 年（2011 年重印）），頁 389。

例 329「獨處」之「獨」表「單獨」，例 330「獨一心」則有「僅、只」的意思，例 331「孤獨辛苦」則為「無親屬依靠之人」。這些義位都出現在上古漢語的中土文獻裡，如《呂氏春秋．論威》：「獨手舉劍，至而已矣。」[281]又如《史記．魏公子列傳》：「父子俱在軍中，父歸；兄弟俱在軍中，兄歸；獨子無兄弟，歸養。」[282]當中的「獨」均表「僅、只」之意。又如《論語．季氏》：「嘗獨立，鯉趨而過庭。」[283]「獨」則指「單獨」。[284]若把這些文獻資料與《地持經》的用例放在一起參照，則反映出承自上古漢語的「孤獨」、「孤煢」與「獨」，在《地持經》中的使用是較為頻繁與靈活的。

（十三）依怙

「依」與「怙」皆有「依靠」之義，如《廣雅．釋詁三》：「依，恃也。」[285]《說文》：「怙，恃也。」[286]故「依怙」為同義並列的詞語。該詞在東漢以前的中土文獻裡已經出現，如《尚書．無逸》：「周公曰：『嗚呼！君子所其無逸。先知稼穡之艱

---

281 （東漢）高誘注：《呂氏春秋》（臺北：藝文印書館，1959 年），頁 185。

282 （西漢）司馬遷：《新校史記三家注》（臺北：世界書局，1983 年），頁 2381。

283 （南朝梁）皇侃：《論語義疏》（北京：中華書局，2013 年），頁 437。

284 「獨」的另一義位「無親屬依靠之人」，例句可見前引《荀子．王霸》「孤獨鰥寡」。

285 （清）王念孫：《廣雅疏證（附索引）》（北京：中華書局，1983 年（2004 年重印）），頁 105。

286 （東漢）許慎撰、（清）段玉裁注：《說文解字注》（臺北：洪葉文化，1999 年），頁 510。

難，乃逸，則知小人之依。……』」孔氏傳：「稼穡農夫之艱難，事先知之，乃謀逸豫，則知小人之所依怙。」[287]又如《詩經・小雅・頍弁》：「未見君子，憂心弈弈。」鄭玄箋：「君子斥幽王也。幽王久不與諸公宴，諸公未得見幽王之時，懼其將危亡，已無所依怙，故憂而心弈弈然。」[288]在《地持經》裡，也經常使用這個詞語，例如：

(332)快樂心者。貧乏眾生無所**依怙**。能以攝法等心饒益。（地持經 T30n1581_p0890b21）

(333)能以財物賑給眾生，令離貧窮，所謂衣食房舍臥具病瘦醫藥，是名快樂。（善戒經 T30n1582_p0965b05）

(334)貧苦眾生，無所**依怙**，來求索者。不起悲心給施所求。（地持經 T30n1581_p0913b04）

(335)若有貧窮受苦惱者，及以病人，來從乞索，菩薩貪惜不施，乃至一錢之物。（善戒經 T30n1583_p1015a07）

(336)為善知識離諸怨對孤獨貧乞無所歸蔭。隨其力能為作**依怙**。（地持經 T30n1581_p0929a25）

(337)常作是念：「願我莫與一切眾生作惡因緣。」於諸眾生不作怨想，常生親想，無瞋恚心。（善戒經 T30n1582_p0994b09）

287 （西漢）孔安國傳、（唐）孔穎達疏：《十三經注疏・尚書正義》（北京：北京大學出版社，1999 年），頁 429。

288 （西漢）毛亨傳、（東漢）鄭玄箋：《毛詩鄭箋》（臺北：臺灣中華書局，1983 年），卷 14，頁 7。

佛經中的用例，「依怙」仍指「依靠、倚賴」的意思，與中土文獻的用法一致，故屬於承襲古語詞的用法。但「依怙」卻不見於《善戒經》的經文之中。在上舉例 333、335、337 中，《善戒經》都沒有譯出與「依怙」相對應的詞語。其中例 334「貧苦眾生，無所依怙」，梵文本作「duḥkhiteṣu kṛpaneṣv anātheṣv apratiśaraṇeṣv」[289]。梵文「anātha」有「無保護，無依靠；無主人，無父」等義，[290]「śaraṇa」也有「保護，防護」之意。[291]「apratiśaraṇa」在佛經裡，有譯作「無依，無依止，無依怙」的。[292]因此曇無讖翻譯「無所依怙」，是對譯出梵文的「anātheṣv apratiśaraṇeṣv」，求那跋摩譯作「貧窮受苦惱者」，則僅譯出了「duḥkhiteṣu kṛpaneṣv」的意思，而沒有對譯「anātheṣv apratiśaraṇeṣv」的梵文詞語。所以兩經在這個翻譯詞的處理上，有可能是受到直譯或略譯的影響所導致的。不過，「依怙」在兩經中的使用數據如下：

表四十三：「依怙」使用次數統計表

	地持經	善戒經
依怙	9	0

因此，從兩經對該詞的使用次數來看，仍然反映出《善戒經》不用「依怙」這個源自上古漢語詞的特點。

---

289 （日）羽田野伯猷：《瑜伽師地論・菩薩地・戒品》（京都：法藏館，1993 年），頁 100。

290 林光明、林怡馨：《梵漢大詞典》（臺北：嘉豐出版社，2004 年），頁 91。

291 同上注，頁 1133。

292 同上注，頁 144。

二、《善戒經》有而《地持經》無的詞條

《地持經》與《善戒經》所使用的翻譯詞彙，有一些只出現在《善戒經》，而《地持經》卻沒有明確與之對應的詞語，這類詞條如下：

（一）楚毒

「楚毒」在《漢語大詞典》裡列有三個義項：一是「指酷刑」，如《後漢書．蔡邕傳》：「臣一入牢獄，當為楚毒所迫，趣以飲章，辭情何緣復聞？」二是「殘酷」，如晉袁宏《後漢紀．順帝紀上》：「時魏郃霍諝舅宋光，為人所誣引刊定詔書，繫洛陽獄，考訊楚毒。」三為「痛苦」之意，如宋蘇軾〈與朱鄂州書〉：「有神山鄉百姓石揆者……其妻一產四子，楚毒不可堪忍，母子皆死。」[293]梁曉虹（2001）認為「楚毒」是漢譯佛經所使用的新詞新語，[294]這一新興詞也出現在《善戒經》裡，例如：

> (338)若有來打我是身者，我則不應加惡報之。何以故？我身非身。所謂身者，名為真實，真實之身則不可打，而我此身是和合身。和合身者，所謂不淨，於和合中少分見打，多無所損。……以業緣故而得此身，以是身故受是**楚毒**。譬如有的，箭則著之。（善戒經 T30n1582_p0963b18）
>
> (339)若以客塵煩惱因緣墮三惡道，能速得出。雖同受苦，

---

293 漢語大詞典編輯委員會：《漢語大詞典（第四卷）》（上海：漢語大詞典出版社，1989 年），頁 1154。

294 梁曉虹：〈漢魏六朝譯經對漢語詞彙雙音化的影響〉，《佛教與漢語詞彙》（臺北：佛光文化事業有限公司，2001 年），頁 475。

不生**楚毒**。見受苦者，心生悲愍。（善戒經 T30n1582_p0965b29）

例 338、339 在《地持經》裡相對應的經文為：

(340)若遇他人**不饒益事**，不起恚害，無反報心。（地持經 T30n1581_p0889a02）

(341)發心菩薩或生惡道，速得解脫。**受苦微少，疾生厭離**。於餘眾生，能起悲心。（地持經 T30n1581_p0890c15）

例 340《地持經》的翻譯內容雖然較為簡略，僅以幾句經文帶過，但仍可看出曇無讖所譯「不饒益事」即《善戒經》所云「有來打我是身者」。《善戒經》還進一步詳述受是「楚毒」（打我是身）的因緣果報，故不應「加惡報之」。這部分的內容，在《地持經》裡沒有對應的文句。若就前後文的意思來看，例 338 中的「楚毒」應指「拷打」。例 339「雖同受苦，不生楚毒」與例 341「受苦微少，疾生厭離」相對，可看出譯者在義理詮釋上，所要表達的概念並不相同。曇無讖的譯文著重於菩薩受苦而生厭離（惡道）之心，求那跋摩則強調菩薩雖同受苦，但卻能不覺「痛楚」的意思。

《善戒經》中另有一例，在《地持經》裡並沒有明確對應的經文文句，其例子如下：

(343)若以惡業因緣力故，或為他罵，或瞋恚打，身受**楚毒**，名現在義。（善戒經 T30n1582_p0967c29）

例343從上下文語境亦可得知「楚毒」表「拷打毒害」的意思。雖然《善戒經》中只出現了上述三個「楚毒」的例子，但是相比之下，不僅《地持經》沒有「楚毒」的用例，在曇無讖所翻譯的其他佛經裡，也都沒有出現這個新興的詞語。

（二）錯謬

《說文》：「錯，金涂也。」段玉裁注「謂以金措其上也。」[295]可知「錯」字本無謬誤之意，其「謬誤」義項，依《漢語大字典》所列書證，最早為東漢鄭玄與門人弟子間問答之語，如《鄭志．卷四．族師四閭為族八閭為聯》：「趙商問……族師之職，鄰比相坐；《康誥》之云，門內尚寬，不知《書》《禮》孰錯，未達旨趣。」[296]據此以推，「錯」字的「謬誤」義項，約產生於東漢末至魏晉之間。至於「謬」字，《說文》云：「謬，狂者之妄言也。」[297]《廣雅．釋詁三》：「謬，誤也。」[298]同樣具有「錯誤」之義，故「錯謬」乃同義並列的用法。

汪維輝（2000）指出「『錯誤』的『錯』，上古漢語可以用很多詞表示，如『誤、謬、訛、舛』等，現代漢語口語則說『錯』。」魏晉南北朝時期，則是「錯」使用漸廣的發展階段。至於上古漢語習用的「謬、訛、舛」等詞，在魏晉時「可能已經只用

---

295 （東漢）許慎撰、（清）段玉裁注：《說文解字注》（臺北：洪葉文化，1999年），頁712。

296 漢語大字典編輯委員會：《漢語大字典（六）》（武漢：湖北辭書出版社、四川辭書出版社，1986年），頁4215。

297 同注295，頁99。

298 （清）王念孫：《廣雅疏證（附索引）》（北京：中華書局，1983年（2004年重印）），頁107。

於書面語了」。[299]故「錯」、「謬」之間，在表達「謬誤」義上，存在著新舊詞語之間的變化。

從《地持經》與《善戒經》的用詞現象觀察，「錯謬」並不出現在《地持經》裡，《善戒經》中使用的例句及與之相對應的《地持經》經文如下：

(344)二者雖值善友、佛及菩薩，**錯謬**解義，不學菩薩所有禁戒……（善戒經 T30n1582_p0964a16）

(345)二者雖值善友、佛及菩薩，善說法者，而**謬**受學……（地持經 T30n1581_p0889b18）

(346)云何名為真解空義。若比丘比丘尼優婆塞優婆夷。說一切法中無有性故。是名為空。法亦不空是名解空。如是解者不妨於義。不謗三寶。是名正解，無有**錯謬**。（善戒經 T30n1582_p0970a18）

(347)何等為善取空。若於此物無彼物。故名為空。此物不空如實知，是名**如實，不顛倒**。（地持經 T30n1581_p0894c13）

(348)是故二乘無不共法。無上佛法，終無似於聲聞、辟支佛，法大悲，不**錯謬**，斷習氣，一切智、五智、三昧，如來具足一切不共之法，是故名為無上。（善戒經 T30n1582_p1013b23）

(349)自利利他，非如聲聞緣覺故，名不共。一切佛法大

[299] 汪維輝：《東漢－隋常用詞演變研究》（南京：南京大學出版社，2000年），頁 339-345。

悲，**不忘**，斷除諸習，一切種妙智，聲聞緣覺所不能得，餘一切種亦不滿足，故名不共。（地持經 T30n1581_p0959a25）

上舉例 344《善戒經》「錯謬解義」，《地持經》使用單音節詞「謬」，譯作「謬受學」；例 346「是名正解，無有錯謬」，《地持經》作「是名如實，不顛倒」，「錯謬」與「顛倒」相對；例348「法大悲，不錯謬，斷習氣」，《地持經》譯作「大悲，不忘，斷除諸習」，「不錯謬」對應「不忘」。由此可以看出在與《善戒經》的對比中，《地持經》或單用「謬」字，或以他詞與《善戒經》中的「錯謬」相對。其中例 348 有梵本經文可資參照，「不錯謬」梵文本作「asaṃmoṣa-dharmatā」。[300] 梵文「asaṃmoṣa」，佛經經文一般譯作「記言，不忘，不迷（沒）」，[301] 求那跋摩譯作「不錯謬」應取義於「不誤解（法）」，與「不忘（法）」意思相近。故此處譯經詞語的差異，與義理詮釋角度不同有關。

不過，若就「錯」與「謬」在兩部佛經中的使用現象來看，其分布的情形如下表所示：

---

300 （日）磯田熙文、古坂紘一：《瑜伽師地論・菩薩地・隨法・究竟・次第瑜伽處》（京都：法藏館，1995 年），頁 466。

301 林光明、林怡馨：《梵漢大詞典》（臺北：嘉豐出版社，2005 年），頁 168。

表四十四：詞素「錯、謬」使用次數統計表

	地持經	善戒經
謬	6	42
錯謬	0	8
錯亂	2	1
迷謬	0	1

上表《善戒經》單音節詞「謬」出現的頻率達 42 次，但其中有 38 次的例子出現在〈真實義品〉裡，內容是敘述於諸法中所生的八種「謬」，如性謬、分別謬、聚謬、我謬、我所謬、愛謬、不愛謬等，故在同一段落中出現了高頻率的使用次數。其餘單音節「謬」的用法則只有 4 次。《地持經》則除了 6 次單音節詞「謬」的用例外，並無「錯謬」同義並列的現象。不過「錯謬」在曇無讖所譯《大般涅槃經》及《優婆塞戒經》中，分別各出現了 4 次，因此就曇無讖所譯經典而論，並非完全不用「錯謬」，只不過在《地持經》中沒有出現罷了。但如果單就表「謬誤」的詞素「錯」在兩部譯經中的使用情況而言，還是顯現了《善戒經》較多使用新興口語詞的特點。

第四節　兩經皆有而比例懸殊或義項有別

《地持經》與《善戒經》使用翻譯詞彙呈現差異的第三種情形，是有些詞雖同時見於兩部譯經，但在使用頻率上卻產生懸殊的情況。這類詞條如：

一、增上

在佛經中有「增上心」、「增上果」、「增上緣」、「增上慢」等術語，梁曉虹（1994）認為「增上」一詞，是利用漢語構詞材料與構詞方法新創造的「意譯詞」，其意義為「增加得強」。[302]該詞在《地持經》與《善戒經》中的統計數據如下表：

表四十五：「增上」使用次數統計表

	地持經	善戒經
增上(動詞)	22	0
增上+NP(偏正)	91	4

表中數據顯示，「增上」在《善戒經》中出現的次數很少，總共只有 4 次，且都只擔任名詞修飾語，構成「增上緣」、「增上果」等佛教術語，其例句如下：

(350)方便因者有四種緣：一者因緣，二者次第緣，三者緣緣，四者**增上緣**。因緣者，諸法生因。**增上緣**者，謂方便因。次第緣緣緣者。謂心心數法，是名四緣。（善戒經 T30n1582_p0977a26）

(351)復次有四緣：因緣、次第緣、緣緣、**增上緣**。生因者，是因緣。方便因者，是**增上緣**。次第緣緣緣者，是心心數法。（地持經 T30n1581_p0903b11）

---

302 梁曉虹：《佛教詞語的構造與漢語詞彙的發展》（北京：北京語言學院出版社，1994 年），頁 56。

(352)云何名果？果有五種：一者報果，二者餘果，三者解脫果，四者現作果，五者**增上果**。（善戒經 T30n1582_p0977c29）

(353)云何為果？略說五種：一者報果，二者依果，三者解脫果，四者士夫果，五者**增上果**。（地持經 T30n1581_p0904a17）

(354)眼根眼識，乃至意法意識，名**增上果**。（善戒經 T30n1582_p0978a07）

(355)眼識是眼根**增上果**，乃至意識是意根**增上果**。生理不壞，是命根**增上果**。一切二十二根，各為**增上**，各有果生。當知皆是**增上果**。（地持經 T30n1581_p0904a26）

例 350-355《善戒經》中「增上」的用法都屬於名詞前修飾語，與之相對應的《地持經》也都譯作「增上緣」與「增上果」。不過，在《地持經》裡，「增上」除了上舉例 351、353、355 與《善戒經》翻譯詞語相同以外，尚有許多「增上 X」的詞語形式。這些詞在《善戒經》中不再譯作「增上 X」，而是用了其他詞語跟它相對。並且「增上」除了擔任名詞修飾語，在《地持經》還有謂語動詞的用法，同樣也沒有出現在《善戒經》裡，其使用例句如下：

（一）「增上」作名詞修飾語

《地持經》除了上舉「增上緣」、「增上果」，還有其他「增上慢」、「增上攝」、「增上生」、「增上戒」、「增上意」、「增上慧」……等詞語，例如：

(356)菩薩退分有五事。一者不恭敬法及說法者，二者放逸懈怠，三者習眾煩惱及諸惡行，四者稱量同己及餘菩薩起**增上慢**，五者於法顛倒起**增上慢**。（地持經 T30n1581_p0936a20）

(357)菩薩摩訶薩有五事善法損減。一者不能供養於法及說法者。二者放逸懈怠。三者樂起煩惱心掉不息。四者於同菩薩心生**憍慢**。五者於菩薩藏顛倒解義。（善戒經 T30n1582_p0998c08）

(358)菩薩一切住一切行等攝眾生略說有六種：一者頓攝。二者**增上攝**。三者取攝。四者久攝。五者不久攝。六者後攝。（地持經 T30n1581_p0953b17）

(359)菩薩摩訶薩修一切行時，有六事善攝眾生：一者至心攝取。二者**增益**攝取。三者取攝取。四者究竟攝取。五者不畢竟攝取。六者後攝取。（善戒經 T30n1582_p1007c14）

(360)菩薩生略說有五種，一切住一切行菩薩以無罪安樂一切眾生：一者息苦生。二者隨類生。三者勝生。四者**增上生**。五者最後生。（地持經 T30n1581_p0953a19）

(361)菩薩生有五種，一切一切行一切菩薩淨為令眾生安隱樂故：一者為離苦有。二者隨心行有。三者勝有。四者**自在有**。五者菩薩後有。（善戒經 T30n1582_p1007a28）

(362)云何菩薩十二住？一者種性住，二者解行住，三者歡喜住，四者**增上戒**住，五者**增上意**住，六者**增上慧**住。……（地持經 T30n1581_p0939c19）

(363)何等名為菩薩十二行？一者性行，二者解行，三者喜行，四者**戒行**，五者**慧行**。慧行有三種。一者共助菩提行。二者共諦行。三者共十二因緣行。（善戒經 T30n1582_

p1002b16）

(364)有二因緣失菩薩律儀戒：一者捨無上菩提願，二者起**增上**煩惱犯。（地持經 T30n1581_p0913b22）

(365)有二因緣失菩薩戒：一者退菩提心，二者得**上**惡心。（善戒經 T30n1583_p1015b01）

(366)菩薩於**增上**愚癡、鈍根眾生，以無厭心思惟籌量，而為說法，忍諸疲勞，以法攝取為具足說，是名第二難愛語。（地持經 T30n1581_p0923c03）

(367)又難軟語，菩薩摩訶薩常為**癡人**軟語說法，身口意業多受眾苦，雖受大苦，續復教喻：「汝好懃學，後當如我，或復見勝。」是名難軟語。（善戒經 T30n1582_p0989b23）

上舉例 356「起增上慢」，《善戒經》譯作「心生憍慢」。根據《戰國策・中山策》：「撫其恐懼，伐其憍慢，誅滅無道，以令諸候，天下可定，何必以趙為先乎？」[303]可知「憍慢」見於上古漢語。又《魏書・楊播傳》：「汝等若能存禮節，不為奢淫憍慢，假不勝人，足免尤誚，足成名家。」[304]說明「憍慢」也出現在中古漢語的中土文獻裡。[305]例 358「增上攝」，《善戒經》譯為「增益攝取」。戰國宋玉〈高唐賦〉有「交加累積，重疊增益。」[306]又《史記・禮書》云：「叔孫通頗有所增益減損，大抵皆襲秦

303　（西漢）劉向：《戰國策》（臺北：里仁書局，1990 年），頁 1191。
304　（北齊）魏收：《魏書》（臺北：藝文印書館，1956 年），頁 643。
305　「憍慢」為佛經中常見的用語，也見於《地持經》。
306　（唐）李善：《文選》（臺北：藝文印書館，2003 年），頁 271。

故。」[307]顯示「增益」也是中土文獻習見的詞語。[308]

例 360「增上生」，《善戒經》譯作「自在有」，梵文本作「ādhipatyopapattiḥ」[309]。梵文陽性詞「adhipa」表「統治者，君主」；中性詞「ādhipatya」意為「（至上的）主權，君臨（於位）」；形容詞「ādhipateya」源自梵文的「adhipati」（指「頭部之要害」），這些詞在佛經翻譯裡，有些譯作「增上」，有些譯作「自在」。[310]又梵文陰性詞「upapatti」表「事件的發生，突發事件；出現；成功；結果……；起源，誕生」等義，佛經經文有譯作「生，受生，能生，往生……」者，[311]也有佛經將之譯作「有」，[312]故曇無讖譯作「增上生」與求那跋摩譯作「自在有」，是因為對梵文義理詮釋不同，故使用不同漢語詞對譯。

例 362「增上戒住」、「增上慧住」，《善戒經》作「戒行」、「慧行」。「增上意住」在《善戒經》中沒有對應的詞語。梵本「增上戒住」作「adhiśīla-vihāraḥ」，「增上慧住」作「adhiprajña-vihārās」[313]，梵文副詞「adhi」有「於上，於上方；

---

[307] （西漢）司馬遷：《新校史記三家注》（臺北：世界書局，1983 年），頁 1159。

[308] 從文獻用例來看，「增益」應是戰國末以來漢語通用的詞語，該詞亦見於《地持經》當中。

[309] （日）磯田熙文、古坂紘一：《瑜伽師地論・菩薩地・隨法・究竟・次第瑜伽處》（京都：法藏館，1995 年），頁 216。

[310] 林光明、林怡馨：《梵漢大詞典》（臺北：嘉豐出版社，2005 年），頁 33。

[311] 同上注，頁 1341。

[312] （日）平川彰：《佛教漢梵大辭典》（東京：靈友會，1997 年），頁 621。

[313] 同注 309，頁 62。

大的；於內；其他的」等義，當介詞用，有「在……之上」的意思。[314]中性詞「śīla」指「習慣，風俗；……好的行為或習慣……」等義，佛經裡，譯作「戒，持戒，禁戒，戒行」等。[315]陰性詞「prajña」則有「智，慧」等義。[316]故曇無讖譯作「增上戒」與「增上慧」，是顧及了梵文的「adhi」、「śīla」與「prajña」。求那跋摩譯作「戒」、「慧」，則略去了「adhi」的意義。

例 364-367 兩組例句沒有梵文本可供比對，但可看出「起增上煩惱犯」《善戒經》譯作「得上惡心」，「上惡心」與「增上煩惱」相對。「增上愚癡」《善戒經》則作「癡人」。求那跋摩仍然不用「增上」，而是選用了漢語的常用詞「上」以及「癡」作為對譯的詞語。

（二）「增上」作動詞

除了擔任名詞修飾語的用法之外，「增上」在《地持經》中也可作為謂語動詞，例如：

(368)略說報因有三種勝，令報**增上**：一者心淨，二者方便淨，三者福田淨。（地持經 T30n1581_p0891c28）

(369)如是八種因三事故而得**增長**。何等為三？一者心淨，二者莊嚴淨，三者福田淨。（善戒經 T30n1582_p0967a06）

(370)眼識是眼根增上果，乃至意識是意根增上果。生理不壞，是命根增上果。一切二十二根，各為**增上**，各有果生。

---

314 同注 310，頁 30。

315 同注 310，頁 1171。

316 同注 310，頁 912。

當知皆是增上果。（地持經 T30n1581_p0904a26）

(371)眼根眼識，乃至意法意識，名增上果。菩薩摩訶薩以知因果，**增長**作力修集於道，知不作不受，作不失果。（善戒經 T30n1582_p0978a07）

(372)菩薩瞋恚，出麁惡言，意猶不息，復以手打，或加杖石，殘害恐怖，瞋恨**增上**，犯者求悔，不受其懺，結恨不捨，是名第三波羅夷處法。（地持經 T30n1581_p0913b08）

(373)菩薩若瞋，不應加惡。若以手打，或杖或石，惡聲罵辱。或時無力，不能打罵，心懷瞋忿。若為他人之所打罵，前人求悔，不受其懺，故懷瞋恨，**增長**不息，心不淨者，是名菩薩第七重法。（善戒經 T30n1583_p1015a10）

(374)涅槃寂滅是憂檀那法。諸佛菩薩具足此法。復以此法傳授眾生。是名憂檀那。過去寂默諸牟尼尊展轉相傳。是名憂檀那。**增上**勇出乃至具足出第一有。是名憂檀那。（地持經 T30n1581_p0934c12）

(375)當知已說一切法界諸法根本。是名優陀那。優陀那者。過去無量一切諸佛亦如是說。能作上者名優陀那。**增長**善法名優陀那。（善戒經 T30n1582_p0997b02）

(376)度者，親近善友，信心得生。信**增上**已，離家惡行，受持禁戒。（地持經 T30n1581_p0900b21）

(377)入出家者，親近善友，諸佛菩薩信心得生。**得信心故**，捨離世法，受持修行出世之法。（善戒經 T30n1582_p0974b27）

(378)神足者，神力示現哀愍眾生，令得信樂。信**增上**已，修方便淨。（地持經 T30n1581_p0900c07）

(379)為示神通**生信心**者，菩薩摩訶薩以大神通示諸眾生，為憐愍故，欲令眾生心清淨故，……（善戒經 T30n1582_p0974c25）

上舉例 368-375《地持經》中作動詞用的「增上」，《善戒經》都譯作「增長」。《後漢書・孝桓帝紀》云：「六月，彭城泗水增長逆流。」[317]顯示「增長」也見於中土文獻。又例 376、378 中的「信增上已」，《善戒經》分別譯作「得信心故」與「生信心者」，以動詞「得」、「生」表「信心」的增生。

從上舉兩類「增上」在《地持經》與《善戒經》的經文對應關係來看，可以發現《善戒經》所用以翻譯的詞語如「憍慢」、「上」、「痴」、「增益」、「增長」、「得」、「生」等，都出現在中土文獻裡，這些詞在《地持經》裡也都有不少例子，因此可以推測「增益」、「增長」等詞，應為當時漢語通用的詞語。這反映出《善戒經》所用以對譯的漢語詞，較常使用漢語通用詞，而不是使用為了翻譯佛經新造的意譯詞「增上」。

利用 CBETA 電子佛典資料庫的檢索，可以發現「增上」不管是在南方真諦所譯的佛經，或者北方菩提流支所譯經典裡，都有許多用例出現。且在兩人的譯經中，「增上」也都有名前修飾語與謂語動詞兩種用法。這顯示在南北朝的佛經譯語中，「增上」是一常用的譯經語詞，但僅限於佛經翻譯的文獻，[318]因此「增上」在《地持經》與《善戒經》中出現次數的顯著落差，反映出曇無讖與

317　（宋）范曄撰、（唐）李賢等注：《後漢書》（北京：中華書局，1965年（1987年重印）），頁299。

318　《漢語大詞典》沒有收錄詞條「增上」。

求那跋摩譯經風格的差異。換句話說，在劉宋求那跋摩所譯的《善戒經》裡，明顯使用較多中土文獻的常用詞，來取代專為翻譯佛經所創造的意譯詞。

二、營

《說文》：「營，帀居也。从宮，熒省聲。」段玉裁注：「帀居謂圍繞而居，如市營曰闤，軍壘曰營，皆是也。……引伸之為經營、營治，凡有所規度，皆謂之營。」[319]故「營」有「經營、管理」的意思，如《淮南子・主術》：「執正營事，則讒佞姦邪無由進矣。」高誘注：「營，典。」[320]除了「經營、管理」，「營」在古漢語中還有「謀求」、「救護」等義，如《尚書・說命上》：「高宗夢得說，使百工營求諸野，得諸傅巖。」[321]及晉葛洪《抱朴子・崇教》：「志苟不固，則貧賤者汲汲於營生，富貴者沈淪於逸樂。」[322]此為「營」之「謀求」義。另外，《墨子・天志中》：「天之意不欲大國之攻小國也，大家之亂小家也，強之暴寡，詐之謀愚，貴之傲賤，此天之所不欲也。不止此而已，欲人之有力相營，有道相教，有財相分也。」孫詒讓注：「《文選・陸士衡贈從兄車騎詩》李注引鍾會《老子注》云：『經護為

319 （東漢）許慎撰、（清）段玉裁注：《說文解字注》（臺北：洪葉文化，1999 年），頁 346。

320 何寧：《淮南子集釋》（北京：中華書局，1998 年），頁 640-641。

321 （西漢）孔安國傳、（唐）孔穎達疏：《十三經注疏・尚書正義》（北京：北京大學出版社，1999 年），頁 246。

322 （晉）葛洪撰、（清）孫星衍校正：《抱朴子》（臺北：世界書局，1955 年），頁 112。

營。』」[323]此為「營」引申為「衛護、救助」之意。

在《地持經》與《善戒經》裡，「營」表「經營、管理」或「謀求」義的用法基本相同，例如：

(380)我從昔來常求欲事，為諸苦因生無量大苦。所謂**營**世生業，治生種殖，奉事王家，如是諸苦，莫不備經。（地持經 T30n1581_p0919a13）

(381)諸所作者，出家衣鉢業等，在家**營**生業等。（地持經 T30n1581_p0919b21）

(382)信心清淨身口意業，隨其力能助彼**營**理。令其無礙。（地持經 T30n1581_p0908a17）

(383)**營**事苦者，熏鉢縫衣、染作浣濯，眾僧使役，供給師長。若為供養，塗掃佛塔。為善法故，終不休息。為阿耨多羅三藐三菩提故，忍種種苦，是名**營**事苦。（善戒經 T30n1582_p0986b15）

(384)復次菩薩摩訶薩**營**他事業如造己務，甘心喜樂，不辭懃苦，是名受樂。（善戒經 T30n1582_p0998a28）

(385)能求財物，得已能護，**營**生富足。（善戒經 T30n1582_p0994b15）

上舉例 380-385「營世生業」、「營生」、「營理」、「營事」等，「營」皆表「經營」或「謀求」義。然而《地持經》除了上述

---

323 （清）孫詒讓：《墨子閒詁》（臺北：鶩聲文物供應公司，1970 年），卷 7，頁 10-11。

兩種義項的用法以外，「營」還有「幫助、救助」的意思，例如：

(386)眾生所作如法事中。隨其所能，悉往**營助**。是名力因。（地持經 T30n1581_p0891c27）

(387)菩薩摩訶薩以清淨食施於眾生，見危懼者，能為**救解**，是故其身獲得大力。（善戒經 T30n1582_p0967a03）

(388)菩薩大力具足故，眾生所作，悉能**營助**。眾生知恩，咸來歸仰。凡出言教，即皆承用，是名大力具足果。（地持經 T30n1581_p0892a16）

(389)菩薩成就是大力者，則能修行一切善法，能懃精進，**救拔**眾生煩惱諸苦，是故菩薩求於大力，是名報果。（善戒經 T30n1582_p0967b03）

(390)若眾生所作悉皆**營助**，精進堪能，是名八種除惱忍。（地持經 T30n1581_p0920a13）

例 386「隨其所能，悉往營助」，《善戒經》作「能為救解」；例 388「悉能營助」，《善戒經》譯作「能懃精進，救拔眾生煩惱諸苦」。從「救解」、「救拔」的對比中，可知「營助」有「解救、幫助」的意思。例 390「悉皆營助」在《善戒經》中沒有對應的文句，但「營助」與例 386、388 用法相同。《漢語大詞典》收錄詞條「營佐」，釋義為「幫助」，並引《法苑珠林》卷四五：「又願片時營佐之者，除七病而莫遺，分毫助讚之徒，獲七福而無竭。」[324]

---

[324] 漢語大詞典編輯委員會：《漢語大詞典（第七卷）》（上海：漢語大詞典出版社，1989 年），頁 268。

「佐」與「助」皆有「幫助」義，故上舉《地持經》「營助」的用例實與「營佐」相同，皆表「幫助」的意思。「營」的這一個義位，並沒有出現在《善戒經》當中。

三、首／頭

「首」字在甲骨文中作「」、「」，像頭有髮之形，故本義即指人體的「頭部」。後引申為「首領」、「首要」，如《易・乾》：「用九：見群龍无首，吉。」[325]「首」表「首領」的意思。又如《尚書・秦誓》：「予誓告汝群言之首。」孔傳：「眾言之本要。」[326]「首」表「首要」。「頭」的本義，也指身體之頭部，故《說文》云：「頭，首也。」[327]王力《漢語史稿》指出「首」乃上古漢語的基本詞彙，但到了後代，在一般口語裡已被「頭」所取代，他說：

> 戰國以前，只有「首」沒有「頭」。金文裏有很多「首」字，卻沒有一個「頭」字。《詩》《書》《易》都沒有「頭」字。到了戰國時代，「頭」字出現了。它可能是方言進入普通話裏的。作為「首」的同義詞，它在口語裏逐漸代

---

325 （魏）王弼注、（唐）孔穎達疏：《周易正義》（臺北：廣文書局，1972年），頁6。

326 （西漢）孔安國傳、（唐）孔穎達疏：《十三經注疏・尚書正義》（北京：北京大學出版社，1999年），頁569。

327 （東漢）許慎撰、（清）段玉裁注：《說文解字注》（臺北：洪葉文化，1999年），頁420。

替了「首」。[328]

由於在口語裡，「頭」逐步取代了「首」，因此以「首」表「人體頭部」的用法也就逐漸消失。不過，在《善戒經》裡，「首」仍可表「人體頭部」，例如：

(391)勝精進菩薩摩訶薩，為於善法不救**身首火**故。如是菩薩勝於一切聲聞緣覺。（善戒經 T30n1582_p0987b27）

(392)善人精進者，菩薩為善法故，懃精進時，設燒**身首**，不以為熱。（善戒經 T30n1582_p0987b12）

「首」字出現在《善戒經》中的次數不多，共僅 4 次，其中 2 次乃是作為音譯詞「首陀」與「摩醯首羅」的用字，其餘 2 次如上舉例 391 與 392。其中例 391，《地持經》翻譯如下：

(393)三者勝進精進，諸餘煩惱上煩惱心住，斷彼煩惱如救**頭然**故。（地持經 T30n1581_p0921a19）

兩相比對，可知《善戒經》「救身首火」即《地持經》的「救頭然」，「首」字明顯表達「人體頭部」的意思。例 392「設燒身首，不以為熱」，《地持經》沒有對應的文句，但依前後文語境，仍可推知「首」即「頭」義。這說明單音節詞「首」在《善戒經》中只出現了表「人體頭部」的用法，後世通用的「首領」、「首

[328] 王力：《漢語史稿》（北京：中華書局，2004 年），頁 566。

要」義，反倒沒有出現。除了「首」以外，《善戒經》還有口語詞的「頭」，其例句如：

(394)世尊！如是等菩薩摩訶薩，眾生云何乃從是人乞索**頭**目髓腦血肉及諸所須。（善戒經 T30n1582_p0960c09）

(395)大施者。能捨妻子。無上施者。**頭**目髓腦骨肉皮血。（善戒經 T30n1582_p0960c27）

(396)爾時優波離於其晨朝從禪定起。即詣佛所**頭**面作禮。右遶三匝却坐一面。（善戒經 T30n1582_p0961c07）

(397)不厭生死者不應為說。人在已前不應為說。人覆**頭**者不應為說。求過失者不應為說。（善戒經 T30n1582_p0978c02）

(398)若有不信菩薩戒者。當破其**頭**令作七分。（善戒經 T30n1582_p0984c27）

至於「首」字在《地持經》中的用法，則沒有表「人體頭部」的例子。根據筆者的觀察與統計，「首」與「頭」在《地持經》與《善戒經》中的使用數據如下表：

表四十六：詞素「首、頭」使用次數統計表

	地持經	善戒經
首	3	2
頭	4	6
賢首	1	0
導首	2	0

頭面	0	1
首陀	2	1
摩醯首羅	1	1

上表「頭」在《地持經》中使用了 4 次，都是表示「人體頭部」的意思，例如：

(399)不為高坐無病者說。覆**頭**者在前行者。悉不為說。（地持經 T30n1581_p0904c16）

(400)二者隨他所須，**頭**目手足，種種支節，血肉筋骨，乃至髓腦，隨其所求，一切施與。（地持經 T30n1581_p0906b02）

(401)菩薩淨心修行布施，饒益無量諸眾生時，有求身體**頭**目支節，則不施與。（地持經 T30n1581_p0906b14）

至於《地持經》「首」字單音節詞的用例，都表「首要」之意，例如：

(402)應知應斷。布施忍辱，悲心為**首**。迴向菩提及欲生天。是名自利共他。（地持經 T30n1581_p0891a05）

(403)斷欲惡不善法，得初禪離生喜樂，是名遠離樂。二禪為**首**，覺觀止息，是名寂滅樂。（地持經 T30n1581_p0891b14）

(404)住此住者，十智成熟，不壞淨為**首**。如修多羅說。（地持經 T30n1581_p0942c12）

例 402「布施忍辱，悲心為首」指慈悲之心乃布施忍辱之首要必備的條件，例 404「不壞淨為首」亦指以不壞淨為首要，「首」皆表「首要」義。除了單音節詞「首」的用法，《地持經》「首」還出現「賢首」、「導首」等雙音節詞的用法，例如：

> (405)稱言：「**賢首**！此物先捨，已有所屬。」軟語發遣不令致恨。（地持經 T30n1581_p0908b27）
>
> (406)菩薩以願力自在力，於種種眾生、天龍、鬼神、阿修羅等，迭相惱亂，及諸外道，起諸邪見，惡不善行，悉生其中，為其**導首**，引令入正。（地持經 T30n1581_p0953a29）
>
> (407)等施眾生供設大會故。得七處滿相。已起未起為作**導首**。離於我慢柔和其性。（地持經 T30n1581_p0955c02）

「導首」《漢語大詞典》釋義為「前導，領頭」。例 405《地持經》經文「導首」正是「前導、領頭」的意思，又如例 406 中「為其導首」之後接以「引令入正」，說明「導首」引領他人的地位。至於「賢首」，丁福保《佛學大辭典》釋義云：「比丘之尊稱。猶言賢者，尊者。」[329]故可知不管是「導首」或「賢首」，其詞素「首」都是以「首領」或「首要」的意義與其他詞素結合，而不用「人體頭部」。顯然，「首」與「頭」在《地持經》裡，詞義與用法基本上是分開的。可是在《善戒經》中，「首」與「頭」的使用則有文言、口語詞同時並存的現象，反映出《善戒經》在某些用詞

---

[329] 丁福保：《佛學大辭典》（臺北：新文豐出版公司，2008 年），頁 2542。

上，仍帶有文言色彩的特點。

四、建立

「建立」在上古漢語中已經出現，《漢語大詞典》將之區別為「設置、設立」與「制定、訂立」兩個義位，前者如《尚書・洪範》：「七，稽疑。擇建立卜筮人，乃命卜筮。」[330]後者如《史記・秦始皇本紀》：「人善其所私學，以非上之所建立。」[331]與《漢紀・成帝紀》：「時有司不能廣宣主恩，建立法度。」[332]佛經文獻裡，「建立」也可以區分為兩個不同的義位，如丁福保《佛學大辭典》「建立」條云：「（雜語）設法門也。又築塔像也。」[333]其中「設法門」與中土文獻「制定、訂立」的用法，基本相同，應是承襲自漢語詞舊有的意思。「築塔像」則已進一步引申出有「興建、建造」之義。

這一詞語在《地持經》與《善戒經》中的使用次數，差異很大，根據筆者的統計，它在兩部佛經裡出現的次數如下：

表四十七：「建立」使用次數統計表

	地持經	善戒經
建立	51	1

330 （西漢）孔安國傳、（唐）孔穎達疏：《十三經注疏・尚書正義》（北京：北京大學出版社，1999 年），頁 314。

331 （西漢）司馬遷：《新校史記三家注》（臺北：世界書局，1983 年），頁 255。

332 （東漢）荀悅：《漢紀》（臺北：臺灣商務印書館，1968 年），頁 242。

333 丁福保：《佛學大辭典》（臺北：新文豐出版公司，2008 年），頁 1556。

上表顯示，「建立」在《善戒經》中只出現 1 次，其例句如下：

(408)復有不現見供養者，若菩薩佛涅槃後，為如來故，**建立**塔廟，**造作**龕窟，若一、若二，乃至無量，隨力能作，是名不現見供養。（善戒經 T30n1582_p0991b15）

例 408「建立塔廟，造作龕窟」，說明「建立」已有「建造」之意。與之相應的《地持經》經文，則不用「建立」一詞，其經文內容如下：

(409)若菩薩於如來般涅槃後，以佛舍利**起**偷婆，若窟，若舍，若一，若二，若多，乃至億百千萬，隨力所能，是名菩薩廣不現前供養。（地持經 T30n1581_p0925c21）

比較例 408 與例 409，可以看出《善戒經》「建立塔廟」，在《地持經》中譯作「起偷婆」，動詞「起」也有「興建、建造」的意思，如《漢書．郊祀志下》：「上自幸河東之明年正月，鳳皇集祋祤，於所集處得玉寶，起步壽宮，乃下詔赦天下。」[334]顯見，此處求那跋摩與曇無讖各自用了不同的詞，以表達建造塔廟的意思。

與《善戒經》不同的是，「建立」在《地持經》裡共出現了 51 次，使用次數要比《善戒經》多出許多，但是卻都沒有表「興建、建設」的用法，多數例子都是表達「設法門」的涵義，例如：

---

334 （東漢）班固撰、（唐）顏師古注：《新校漢書集注》（臺北：世界書局，1974 年），頁 1252。

(410)是故初發心是菩提根本，發是心已，見諸眾生受無量苦，而起悲心欲度脫之，是故初發心是大悲所依。依初發心**建立**菩薩菩提分法，及眾生所作，菩薩所學，悉能修習。（地持經 T30n1581_p0889c11）

(411)是故發心是阿耨多羅三藐三菩提根本。菩薩摩訶薩見苦眾生，心生憐愍，是故菩薩因慈悲心**發**阿耨多羅三藐三菩提心，因菩提心**修**三十七品，因三十七品，**得**阿耨多羅三藐三菩提。（善戒經 T30n1582_p0964b14）

(412)云何學所知真實義耶？如世智人依現智比智，及從師聞，思量修學。彼決定智所行處事，結集**建立**，是名學所知真實義也。（地持經 T30n1581_p0893a01）

(413)云何名方便流布？如世智人先以籌量，然後**造作**經書論議，是名方便流布。（善戒經 T30n1582_p0968b07）

(414)依處者，略說有四種，若所應作，不隨**建立**而生羞恥，是名初依處。所不應作，隨順**建立**而生羞恥，是名第二依處。若為惡覆藏而生羞恥，是名第三依處。若自疑悔能自除滅，續起羞恥，是名第四依處。是名依處。（地持經 T30n1581_p0928b20）

(415)因緣慚愧有四種，一者不應作而作，生於慚愧。二者應作不作，生於慚愧。三者心自生疑而生慚愧。四者於覆藏罪恐他知故而生慚愧（善戒經 T30n1582_p0993c11）

(416)知四方眾生俗數**建立**種種名字，謂過去八種事六種同行，如是種種悉能了知。（地持經 T30n1581_p0956c25）

(417)了知四方種種眾生種種名字，過去眾生念八事。（善戒經 T30n1582_p1011b05）

上舉例 410「依初發心建立菩薩菩提分法」、例 412「結集建立」、例 414「不隨建立（所應作）而生羞恥」、「隨順建立（所不應作）而生羞恥」、例 416「建立種種名字」等，「建立」都表示「設法門」的涵義。與之相應的《善戒經》則都不用該詞。從翻譯的內容來看，《善戒經》多數例子也沒有明確與「建立」相對的詞語，如例 411、415 與 417 等。只有例 413「造作經書議論」以「造作」一詞與「建立」相對。[335]

若從梵漢對比的角度來觀察，《地持經》「建立」有對譯梵文的「vyavasthānaṃ」，也有對譯梵文「pratiṣṭhety」或「pratiṣṭhāya」的例子，其例句如：

(418)諸波羅蜜次第**建立**有三種：一者對治，二者因起，三者報果。（地持經 T30n1581_p0954c09）

(419)若說次第，則有三事：一者對治故，二者生故，三者得果故。（善戒經 T30n1582_p1009a15）

(420)如來於此百四十不共法，作九種佛事，廣說則有無量，是名如來住，是名**建立**。何以故？依菩薩學所學，**建立**一切利眾生事，是故名為**建立**。（地持經 T30n1581_p0959a22）

(421)如來具足一百四十不共之法，如是九事能作佛事，是

335 上舉例 408《善戒經》「造作」也與「建立」相對，但與例 412 不同的是，例 408 中的動詞「建立」後面接的是具體名詞，明確具有「建造」的意思；例 412「建立」之後，則沒有賓語名詞出現。在語義表達上，例 412「建立」的對象是「彼決定智所行處事」，也非具體名詞，故仍是表示「設法門」之意。

> 名如來行，是名如來地，是名如來畢竟地。何以故？為如來行、如來地、如來畢竟地，於無量億那由他劫，受菩薩戒，修菩提行，畢竟菩薩能教無量無邊眾生，住畢竟地。（善戒經 T30n1582_p1013b16）

例 418「次第建立有三種」，「次第建立」梵文本作「anukrama-vyavasthānaṃ」。[336]梵文「vyavasthā」具有「固定，不變；決定，確立……」等意思，「vyavasthāna」當中性詞時，有「繼續或持續的；堅持不懈」之意，當形容詞時，也有「永續的」意思。[337]曇無讖以「建立」對譯，應是表達設立諸波羅蜜法，使之永久持續的涵義。例 419《善戒經》則沒有譯出這一設置法門的意思。例 420「是名建立」與「是故名為建立」，「建立」都用以對譯梵文的「pratiṣṭhety」。「建立一切利眾生事」的「建立」，也對應梵文本的「pratiṣṭhāya」。[338]梵文「pratiṣṭhā」有「止住，停止，靜止；不動，安定；於……堅忍不拔的」等諸多意思，曇無讖將之譯作「建立」，採取的也是令此法門能夠持續、停住的意思。《善戒經》中與之相近的經文，則是以「為如來行、如來地、如來畢竟地」的「為……行」與「為……地」，以及「住畢竟地」的動詞「住」與「建立（設法門）」的概念相應。

從上述的分析，可以看出《地持經》「建立」基本只有「設門

---

336 （日）磯田熙文、古坂紘一：《瑜伽師地論・菩薩地・隨法・究竟・次第瑜伽處》（京都：法藏館，1995 年），頁 276。

337 林光明、林怡馨：《梵漢大詞典》（臺北：嘉豐出版社，2005 年），頁 1491-1492。

338 同注 336，頁 464。

法」的義位用法，沒有「建造」義。反觀《善戒經》，雖只出現一個例子，但這個例子的「建立」卻正好是表示《地持經》沒有的「建造」義。這或許反映該詞在兩部譯經中的使用上，具有不同的義位。

第五節　小　結

本章分析《地持經》與《善戒經》中的「意譯詞」。首先利用同經異譯經文內容的比較，列舉兩部佛經在使用上具有明顯區別的詞彙。這些詞語，有些只見於《地持經》，有些則只出現在《善戒經》裡。透過分析，發現在曇無讖與求那跋摩兩位譯師所翻譯的意譯詞之間，大致可區分為「兩經存在相應詞語」、「無明確對應詞語」以及「兩經皆有而比例懸殊或義項有別的詞語」等三種情形。

進一步分析造成這種用詞差異的因素，在「兩經具有相應詞語」的部分，翻譯詞語的不同，有些是受到譯者對原文認知角度的影響，因而選用了不同的意譯詞去對譯佛經經文。例如「愛語」跟「軟語」，一個取義於「親切、親愛」，強調此法能使眾生產生親愛之心；另一則是著眼於「溫柔、柔和」，以「溫柔之語」能令眾生所接受。又如「施設」與「流布」，一將重點放在「法、名」的人為造作意義；另一則是把焦點置於「法、名」的世間周知與流傳散布。與此相同的例子，還有如「綺語」與「無義語」、「疲厭」與「愁惱」……等。

其次，有些用詞上的出入，是因為選用了不同的同義詞或近義詞來翻譯，例如「虛偽」與「如幻／不真實」、「勇猛」與「勇健」、「習近」與「親近」、「開覺」與「知」、「推」與

「求」、「龕窟」與「窟／舍」、「疑網」與「妄想／疑／疑惑」等。這種因譯者對原文認知理解有異，或選用不同同義詞而造成翻譯詞語的差別，多半反映出譯師用詞風格的特點。不過，若從只有出現在《地持經》或《善戒經》中的詞語來看，大體反映出曇無讖的翻譯用語，存在著數量較多的承古詞，求那跋摩則較多使用新興詞語的特色。

「無明確對應詞語」的部分，這些只出現於某一部經，在另一部佛經中沒有相應之詞的用語，仍然以《地持經》所使用的詞條較多。分析這類詞語，可以發現除了譯者選詞風格的因素之外，還有部分原因，是因為譯者翻譯時採用略譯或純意譯的方式所造成的結果。例如「無餘」一詞的使用，從梵漢對比的資料來看，在曇無讖的翻譯中，譯出了梵文「nāto bhūyaḥ」的涵義，求那跋摩則沒有譯出。又如「偏黨」，曇無讖利用漢語舊有的詞語，譯出了梵文「saṃvibhāga-śīlaś」或「na pakṣa-patitaḥ」的意思，而在求那跋摩的翻譯裡，是採用純意譯（pure translations）的方式，譯出整句或整段的大意，因此也沒有與梵文對應之詞。由於譯者翻譯時，略去了原典的部分用語，因此產生某些用詞不出現在所翻譯的佛經裡的現象。

然而，若從「無明確對應詞語」的用詞來觀察，也顯示出大部分只見於《地持經》而不見於《善戒經》的用語，多是承古的舊詞。這與第一類「兩經具有相應詞語」所呈現出來的特色相同。這些承古詞，有些來自於先秦漢語固有的舊詞，如「闕」、「顏」、「旨趣」、「巧便」、「習近」、「偏黨」、「孤獨」、「依怙」等。另有一些則是佛經翻譯裡古譯或舊譯時期的翻譯用詞，例如「綺語」、「殊勝」、「勝妙」、「眾具」等。相較於許多只見於

《地持經》的承古詞，少部分只出現在《善戒經》裡的詞語，則是反映出新興用語的特性，例如「推求」、「伴侶」、「龕窟」、「楚毒」與「錯謬」等。因此，就曇無讖與求那跋摩的翻譯風格而言，其中的一個特色，就在於用詞上的「承古」與「創新」。

除了承古詞與新興詞語的特點，兩位譯師在翻譯用詞上還有另外一個特徵，那就是曇無讖所用以翻譯的詞語，較多是只侷限在佛經文獻裡的用語，或利用漢語原有材料構成的仿譯詞。反觀求那跋摩的翻譯，則比較多使用漢語通用的詞彙。例如「愛語」與「軟語」、「五明（處）」與「方術」、「開覺」與「知」等。

此外，本章「表一」當中的某些雙音節詞語，在兩部譯經中分布不均的情形，還有一些是因為某些單音節詞或詞素沒有出現在另一部佛經的緣故，例如《地持經》中的「迫」、「侵」、「惓」、「顧」、「纏」等，在《善戒經》裡都沒有出現，因而也就沒有「逼迫」、「迫切」、「侵犯」、「侵逼」、「厭惓」、「疲惓」、「懈惓」、「顧念」、「顧戀」等詞。《善戒經》當中的「妒」、「侶」跟「推」等，也未見於《地持經》，因此也沒有「妒嫉」、「嫉妒」、「妒心」、「貪妒」、「伴侶」、「推求」等詞。

至於「兩經皆有而比例懸殊或義項有別」的情形，所呈現出來的是即使某些詞同時見於《地持經》與《善戒經》，但在義位或語法功能的使用上，仍然可能會有差別。例如「建立」在《善戒經》中，只存在「築塔像（興建、建造）」這個用法。但在《地持經》裡，則只有使用「設法門（制訂、訂立）」的義位。又如單音節詞或詞素「營」，在《地持經》裡除了「經營、管理」與「謀求」兩義位之外，尚有「衛護、救助」的用法。但在《善戒經》中，則沒有發現具有「衛護、救助」義的用例。

語法功能部分，「增上」在《善戒經》中，只出現了 4 次擔任名詞前的修飾語，但在《地持經》裡，除了作為名詞修飾語以外，還有許多作為謂語動詞的例子。另外，筆者曾經就《地持經》與《善戒經》中的「云何」與「何等」作過比較與分析，指出兩部譯經在表達詢問事物種類或內容項目時，《地持經》除了 1 個例子是用「何等」以外，其餘都是使用「云何」作為疑問詞。但在《善戒經》中，卻都是使用疑問詞「何等」，不用「云何」。此一現象顯示「云何」由謂詞性的詞語衍生出體詞性功能的變化，在《地持經》與《善戒經》裡也有著不同的發展。[339]由於一個詞可同時出現在南、北兩部佛經當中，說明他們是南北通用的詞語。因此，從「詞形」上來說，難以看出譯師使用詞語的差別。但若就詞義或語法功能的差異來談，這部分的詞語，仍能反映出用詞特點的不同。

339 曾昱夫：〈說何等，云何說——論「云何」體詞性主語用法的來源與演變〉，《東吳中文學報》第 34 期，2017 年，頁 357-378。

第五章　《地持經》與《善戒經》的 AA 式重疊詞

重疊是讓某一語言形式重複出現而構成新詞的手段，它是漢語構詞系統中，一種重要的構詞類型，同時也是漢語重要的語法手段。被重疊的語言形式，又稱作「基式」，重疊之後的語言形式，則稱作「重疊式」。[1]重疊式又可區別為衍聲與衍義兩種不同的功能。前者重複的語言形式，單純用以表音，屬單純詞中的「疊音詞」；後者重複的語言形式，具有表義的功能，屬「疊義詞」。「疊義詞」又可根據基式詞性的不同，區分為名詞重疊、動詞重疊、形容詞重疊、量詞重疊、副詞重疊等不同的小類。胡敕瑞（2002）曾經分析過東漢佛經與先秦漢語所反映出來的重疊構詞現象，他說：

> 先秦重疊構成的雙音詞雖然也不少，但是與佛典相比至少有兩點不同：一是先秦重疊式雙音詞語音重疊居多而語義重疊較少，所以先秦重疊詞絕大多數是用來象聲和繪景。佛典中

1　石鋟：《漢語形容詞重疊形式的歷史發展》（北京：商務印書館，2010年），頁1。

> 出現的新興重疊式雙音詞，語音重疊僅有 2 例，其餘全是語義重疊，用來象聲和繪景的很少；佛典許多語義重疊式所包含的意思倒是與現代漢語重疊式有很多相同之處，譬如佛典中由重疊構成的量詞和有些名詞含有「每」的意思、表示周遍性，……由重疊構成的形容詞和副詞含有「量」的概念，……二是先秦重疊雙音詞多是形容詞，名詞、動詞、副詞少；佛典中出現的新興重疊雙音詞名詞最多，此外還有先秦未見的代詞、量詞等。[2]

可知東漢以來的漢譯佛經裡，不僅產生了大量的新興重疊詞，且有許多重疊詞的類型是先秦所沒有的。因此，分析漢譯佛經中的重疊形式，將有助於了解漢語重疊構詞發展的情形。

然而，由於漢譯佛經屬於翻譯語言的文獻資料，許多佛經當中的詞彙，在內部結構與語義概念上，都與一般傳世文獻的用法不同，因而增加了識讀佛經的難度。例如《地持經》中有如下一個例子：

> (01)四者以是因緣，**在在**所生，得大財富，得大種性，得大眷屬。（地持經 T30n1581_p0898c23）

在例 01 中，若從外在詞形看，「在在所生」中的「在在」可被歸為重疊構詞的用法，但是在慧琳《一切經音義》卷二十七〈見寶塔

---

2 胡敕瑞：《《論衡》與東漢佛典詞語比較研究》（成都：巴蜀書社，2002 年），頁 66。

品〉中，收錄有「在在所往」詞條，其釋義云：「在在者，所住在處；所往者，所往至處。」[3]據此，則「在在」的內部結構實為動賓關係，而非重疊構詞的現象。漢譯佛經中的詞語結構，有許多類似這種內部結構不同於一般中土文獻詞語的情形出現，辛嶋靜志（2016）就曾說過：

> 讀漢譯佛典的人都會注意到，佛典中的漢語與中國古典漢語十分不同。原因之一在於，來自印度、中亞等地的譯者不熟悉漢語，使用了詞彙的特殊表達，或是造大量新詞，用以表現當時在中國沒有的思想、概念，使用既成詞彙時也遠離了其本意。[4]

因此，在分析佛經語言的詞彙現象時，除了利用傳統訓詁方法進行探索之外，還必需兼顧佛經語言的性質，廣泛採取較一般傳世中土文獻不同的方式進行研究。對此，辛嶋靜志（2016）說：

> 漢譯佛典是「翻譯」，我們可以把它與梵語、巴利語等經典，或是其他譯者的「異譯」對照比較。……把漢譯佛典的語法、詞彙與梵語等佛典或異譯相比較，就可以清楚、準確地找出它們的意思，解開許多疑團。[5]

3　（唐）釋慧琳、（遼）釋希麟：《正續一切經音義附索引兩種（二）》（上海：上海古籍出版社，1988 年），頁 1088。

4　（日）辛嶋靜志著，裘雲青、吳蔚琳譯：《佛典語言及傳承》（上海：中西書局，2016 年），頁 1-2。

5　同上注，頁 2。

從佛經輸入的過程來看，漢譯佛經的翻譯，存在著大量的重譯經典，這類同經異譯的佛經語料，對於我們正確識讀佛經詞語有著正面的影響，因此有效利用同經異譯的比對，將有助於解決上述詞彙分析的困難。舉例來說，在《地持經》裡，有下面一段經文：[6]

> (02)淨智成就一切大自在力。所謂**種種**化化神力。**種種**變變神力。一切智知無所罣礙隨其所欲存亡自在。（地持經 T30n1581_p0896b04）

若單就《地持經》的前後文句觀察，其中「種種化化神力，種種變變神力」二句，實在不容易釐清句子內部成分的關係。但是若進一步比較其他重譯經典的文句，則往往可以幫助我們弄清楚句子的內部結構。以此段文句來說，玄奘譯本翻譯如下：

> (03)於現法中勝真實義所行處智極清淨故，普能獲得一切自在。謂諸菩薩於種種化獲得，能化神通自在。於種種變獲得，能變神通自在，普於一切所知境智皆得自在。（瑜伽師地論 T30n1579_p0490c28）

兩相比較，可以看出「種種化化神力，種種變變神力」應該讀為「種種化，化神力；種種變，變神力」，「化化」與「變變」並非重疊構詞的形式。由此亦說明佛經語言分析中，同經異譯對比分析

6 在 CBETA 電子佛典資料庫中，此例的斷句有問題，但為了說明同經異譯對比方法的效用，因此將例 02 引文依資料庫的原文照錄，暫不更動其標點斷句。

的重要性。因此，本章節分析《地持經》與《善戒經》重疊式構詞現象時，除了單就兩經譯文比較之外，也會參考較多玄奘譯本及梵文本的經文，以之判斷兩經中重疊構詞的語言形式。底下依據基式詞性的不同，分類討論兩經重疊構詞使用的情形。

第一節　名詞重疊

漢語名詞重疊的現象，至少在中古時期即已相當普遍，如石毓智（2003）指出：

> 在現代漢語裏，重疊表遍指是量詞的一條語法規則，凡是單音節的而且能與數詞自由搭配的量詞都能夠表示遍指。但是這條語法規則的形成經歷了一個漫長的過程。剛開始的時候只是個別的詞彙現象。在先秦時期只有「人人」一個形式。爾後成員逐漸增加。……到了中古時期，表遍指的名詞重疊式就相當發達了，很多普通的名詞都可以採用這一語法形式。[7]

在佛經裡，也不乏名詞重疊的用例。從語義上來看，名詞重疊通常帶有「每」的涵義。根據筆者的分析，《地持經》與《善戒經》名詞重疊的例子如下：

7　石毓智：〈中古時期名詞重疊式的發展及其影響〉，《漢語史學報》第 3 輯，2003 年，頁 206。

一、口口

「口」屬名詞性詞素，在《地持經》中，「口」可重疊，構成重疊式「口口」，其例句如：

(04)威儀俱生力者，常右脇臥如師子王。草蓐不亂，風不動衣，行如師子，步若牛王。先舉右足，次左足隨。行處平正，無沙礫瓦石。行時安詳，諸根寂靜。若入門時，下門為高。食無完過，**口口**無遺。如是無量未曾有事，當知皆是聖威儀所攝俱生神力。（地持經 T30n1581_p0899b29）

此段經文，與之相對應的《善戒經》，譯作：

(05)又共生者，如來所行不可思議。常右脇臥，如師子王。若草若葉，無有動亂。隨藍猛風，不動衣服。發足行步如師子王、白鵝王等。若欲行時，先發右足。所行之處，高下皆平。食無完過，遺粒在口。是名共生不可思議。（善戒經 T30n1582_p0973c11）

兩相比對，《地持經》「食無完過，口口無遺」即《善戒經》中的「食無完過，遺粒在口」。「口口無遺」乃是表達將所食之物每一口皆吃得乾乾淨淨，故《善戒經》說「（無）遺粒在口」，指的就是口中沒有剩餘的食物。可知「口口」重疊，有「每一口」的意思。不過，重疊詞「口口」在《地持經》裡，只有上舉例 04 一個例子，在《善戒經》裡則沒有出現這個重疊詞。

二、生生

「生」可當動詞，也可當名詞。當名詞時，可表「生命」或「一生、一輩子」，重疊時，則含有「世世代代」或「生生世世」的意思。例如在竺法護所譯《生經》中，有如下一段經文：

(06)佛告比丘，此諸人等，不但今世各自稱譽，常歎己身第一無雙，前世亦然，**生生**所歸，皆伏吾所。（西晉・竺法護譯・生經 T03n0154_p0087b11）

例 06 在「生生所歸」的前文，有「今世」、「前世」之用語，「生」與「世」前後對應，顯見「生生」即「生生世世」的意思。此一重疊詞「生生」亦見於《地持經》，但同樣沒有出現在《善戒經》裡，[8]其例句如：

(07)淨心菩薩不墮惡趣，**生生**常得無盡之財。（地持經 T30n1581_p0908a21）

(08)如是大願能生無量百千大願，不離眾生界，不離順世

8　《善戒經》有些經文表面上看去似乎是「生生」連文，但其內部結構並非重疊構詞的現象，如：「菩薩如是增長善法，不生憍慢，於諸眾生生憐愛心。（善戒經 T30n1582_p0969a09）」其正確的讀法應為「於諸眾生，生憐愛心」。此類用法亦見於《地持經》中，如：「如是諸佛菩薩二種神足。能辦二事。一者為令眾生生信樂故。（地持經 T30n1581_p0898a04）」，其正確的讀法也是「為令眾生，生信樂故」。而如例 07 與例 08 這種「生生」重疊修飾謂語詞組的用法，實際上在《善戒經》中並沒有出現。

間。此諸大願，**生生**常行，終不忘失。（地持經 T30n1581_p0941b07）

重疊詞「生生」在《地持經》中，主要有上舉兩個例子，數量並不多。其中例 07「生生常得無盡之財」，在唐玄奘所譯《瑜伽師地論》中，作「如是生生必定獲得無盡財寶」[9]，兩者同樣都表達出生生世世能夠獲得無盡財寶的意思。例 08「此諸大願，生生常行，終不忘失」，指大願生生世世常久實行而不忘失。該句有對應的梵文本內容，其經文為「eṣāṃ me mahā-praṇidhānānāṃ janmani janmani yāvad bodhi-paryanta-gamanād avigamaś ca = asaṃpramoṣaś ca = avisaṃyogaś ca syād iti samyak-cittaṃ praṇidadhāti」，與「生生」一詞對應的梵文為「janmani janmani」。[10]梵文「janman」有「誕生；出現；生命，存在……」等義，佛經翻譯通常譯作「生，能生，出生，初生，受生，……世」等，[11]故《地持經》將梵文「janmani janmani」譯作「生生」，形成名詞重疊的現象。而從中也可以看出曇無讖譯經較多採用直譯的方式，受梵文影響較大。

三、身身觀

在曇無讖所譯的《地持經》裡，有「身身觀」一詞，其經文內容及與之相對應的《善戒經》經文如下：

---

9 唐玄奘譯《瑜伽師地論》（T30n1579_p0508a27）。

10 （日）磯田熙文、古坂紘一：《瑜伽師地論・菩薩地・隨法・究竟・次第瑜伽處》（京都：法藏館，1995 年），頁 104-105。

11 林光明、林怡馨：《梵漢大詞典》（臺北：嘉豐出版社，2004 年），頁 524。

(09)云何菩薩於大乘方便三十七品如實了知？是菩薩住**身身觀**，不於**身身**而起妄想。亦非一切非性，於彼身離言說自性，如實了知，是名第一義**身身**觀念處。若菩薩觀世諦者，隨無量處方便，知**身身**觀念處，如**身身**觀念處，餘念處及餘道品亦復如是。（地持經 T30n1581_p0929c24）

(10)云何名知菩薩所修三十七品？菩薩觀身，**循身觀**，作是觀時，不著身相，不作空相，亦知是身不可宣說，是名觀身第一義。為流布故，說名為身，如身餘三十七品亦如是。菩薩摩訶薩觀是身時，不作苦，不作集，不作滅，不作滅因緣道，何以故？法界不可說故。（善戒經 T30n1582_p0994c20）

上舉《地持經》「身身觀」，《善戒經》作「循身觀」。唐慧琳《一切經音義》卷二十二「循身觀」條云：「珠叢曰『循，巡也。』今謂四念處中，第一觀身不淨，從頭至足次第巡歷，三十六物皆不淨也。」[12]《法苑殊林》引《正法念經》云：

(11)比丘修行者，如實見身，從頭至足循身觀察，彼以聞慧。或以天眼，觀髑髏內，自有蟲行，名曰腦行。……復有諸蟲名歐吐蟲，以食違多生歐吐，是名內修行者**循身觀**。（法苑殊林 T53n2122_p0794a07）

12　（唐）釋慧琳、（遼）釋希麟：《正續一切經音義附索引兩種（一）》（上海：上海古籍出版社，1988 年），頁 846。

又劉宋求那跋陀羅所譯《雜阿含經》有下面一段經文：

> (12)所謂四念處，何等為四？**身身**觀念處，受、心、法法觀念處。（劉宋求那跋陀羅譯雜阿含經 T02n0099_p0139b07）

可知「循身觀」為「四念處」之一，指由頭至足，次第觀身為不淨之修行法門。《地持經》譯作「身身觀」，則是以「身身」之重疊用法，表身體各個不同部位的意思。筆者以 CBETA 電子佛典檢索，發現在東晉瞿曇僧伽提婆所譯《中阿含經》中，也有下面這個例句：

> (13)世尊！若無**身身**念者，彼便輕慢於一梵行而遊人間。（東晉瞿曇僧伽提婆譯中阿含經 T01n0026_p0453a01）

其注文云：「身身念～Kāye kāyagatā sati.」，根據《梵漢大詞典》，梵文「kāya」有「身體，有形體」之義，「kāya-gata」為「在肉體中的」意思，[13]「sati」則為「韻律的一種」，[14]故可看出譯作「身身」的重疊用法，也是在翻譯時，受到梵文形式的影響所致。

四、處處

「處」當名詞時，一般用來表達「地方、場所」，乃中古漢語

---

[13] 林光明、林怡馨：《梵漢大詞典》（臺北：嘉豐出版社，2004 年），頁 586。

[14] 同上注，頁 1154。

常見的處所名詞。在《地持經》中，出現了兩例「處處」重疊的用法，其翻譯經文如下：

(14)此事起菩薩戒，佛於**處處**修多羅中說，律儀戒、攝善法戒、攝眾生戒。（地持經 T30n1581_p0917a03）

(15)又此六波羅蜜，**處處**修多羅中，世尊分別說。（地持經 T30n1581_p0923a18）

上舉例 14 與例 15，在《善戒經》中，都沒有與之相對應的文句，但在唐玄奘所譯的《瑜伽師地論》裡，對應的經文內容分別如下：

(16)復次如是所起諸事菩薩學處，佛於**彼彼**素怛纜中隨機散說，謂依律儀戒、攝善法戒、饒益有情戒。（瑜伽師地論 T30n1579_p0521a12）

(17)復次如是六種波羅蜜多，世尊**彼彼**素怛纜中，處處散說。（瑜伽師地論 T30n1579_p0529b24）

例 14、15 的「修多羅」於玄奘譯本作「素怛纜」，「處處」則與「彼彼」相對。其中例 14 另有相應的梵文本經文為「teṣu teṣu sūtrânteṣu vyagrāṇi bhagavatā ākhyātāni samvara-śīlaṃ kuśala-saṃgrāhakaṃ śīlaṃ satvârtha-kriyā-śīlaṃ ca = ārabhya」。[15]比較之下，可看出《地持經》「處處」一詞，是用來對譯梵文的「teṣu

15 （日）羽田野伯猷：《瑜伽師地論・菩薩地・戒品》（京都：法藏館，1993 年），頁 214。

teṣu」，玄奘則以「彼彼」對譯。兩者所用詞語不同，關鍵在於梵文「teṣu」為第三人稱代詞的處格形式，故曇無讖以表達處所的「處處」對譯，[16]唐玄奘則著眼於「teṣu」的代詞性質，故譯之以「彼彼」。不過，例 17 玄奘譯本「彼彼素怛纜中，處處散說」，玄奘也用了「處處」一詞表達「每一處；到處」的意思。而由於這個例句沒有對應的梵文可供參照，因此無法明確得知「彼彼」與「處處」是否各自對譯不同的梵文。但是若同時比對例 14「處處修多羅中」與例 16「彼彼素怛纜中」；例 15「處處修多羅中」與例 17「彼彼素怛纜中」，顯然與「處處」相對應的，都是「彼彼」。因此筆者推想，玄奘譯經，應是同時兼顧梵文「teṣu」的代詞與處格性質，故除了以「彼彼」對譯代詞「teṣu」外，同時還在後文中，以「隨機」、「處處」譯出處格的涵義。

五、事事

竺家寧（2006）指出「事事」是佛經中的常用詞，意思是「每件事」，為名詞用法。[17]在《地持經》裡，出現了 2 次「事事」的例子，其例句如下：

(18)有四種求，四種如實知。云何四種求？一者名求，二者事求，三者自性施設求，四者差別施設求。名求者，菩薩於

16 曇無讖所譯《地持經》中，也有將梵文「teṣu teṣu」譯作「彼彼」的情形，其例句將在第三小節代詞重疊中討論。

17 竺家寧：〈《慧琳音義》與佛經中的名詞重疊現象〉，徐時儀、陳五雲、梁曉虹編：《佛經音義研究——首屆佛經音義研究國際學術研討會論文集》（上海：上海古籍出版社，2006 年），頁 88。

名名分齊觀，名求，如是**事事**分齊觀，事求。自性施設，自性施設分齊觀，自性施設求。差別施設，差別施設分齊觀，差別施設求。（地持經 T30n1581_p0895c18）

(19)云何隨事求如實知。菩薩於**事事**分齊。求觀色等假名事。一切言說事離言說。是名第二隨事求如實知。（地持經 T30n1581_p0896a08）

「分齊」一詞，有「界限、差別」的意思，如李維琦《佛經詞語滙釋》將「分齊」一詞區別為「制限，界限」與「分量」兩個義項，[18]《佛光大辭典》則將「分齊」釋為「限界、差別」，其云：

指限界、差別。又指有所差別之內容、範圍、程度，或指具有程度差別之階位、身分等。為佛教論書中之常用語彙；其不云「分別」或「界別」等語者，概用以強調程度上之差異、區別，而非僅為一般性質之異同出入而已。後世多與「分際」一詞混同。[19]

上舉例 18，在《善戒經》中的對應經文如下：

(20)云何推名？菩薩摩訶薩唯知名名，不見名物，是名推名。云何推物？唯知是物，不知餘者，是名推物。云何推

18　李維琦：《佛經詞語滙釋》（長沙：湖南師範大學出版社，2004 年），頁 121-122。

19　「佛光山電子大藏經」，網址：http://etext.fgs.org.tw/search02.aspx，查詢日期：2016 年 12 月 22 日。

性？知名流布，是名推性。云何推分別？名不見物，物不見名，是名推分別。（善戒經 T30n1582_p0970c21）

比對之下，可知《地持經》「名求」實為「求名」，「事求」則為「求事」，「求」有「推求」之意。其中「名名分齊」一句，前一「名」字為動詞，後一「名」字為名詞，所指的是「對事物命名之界限與分際的推求」，故《善戒經》經文譯作「唯知名名，不見名物」。後文「事事分齊」一句的內部結構，也應作如是觀，前一「事」字為動詞，後一「事」字為賓語名詞，故《地持經》中的「事事」，實非重疊構詞的用法。

不過，在《善戒經》中有一例表「每一事物」的「事事」，其例句為：

(21)復次菩薩聞求者來，即出承迎，為施床座。既得相見，先意共語，軟言問訊，隨所須物，**事事**供施。（善戒經 T30n1582_p0981a12）

例 21「隨所須物，事事供施」，在《地持經》中譯作「隨其所須，施令滿足」，《瑜伽師地論》譯作「隨彼所樂，悉皆施與」，可知整段話意指根據「求者」所需要的事物，每一種事物都能供給施捨求索之人。「事事」為名詞重疊後，表「每」一事物的用法。

六、念念

佛經中的「念念」，表時間詞「剎那」之義，顏洽茂（1992）將之歸為「複音詞」中的「單純詞」，他說：

> 完全重疊式的特徵是「不疊不能用」（呂淑湘《中國文法要略》，第九頁）。它是一種原始形式（primary form），而不是一種由單向雙的轉化形式（derivatives），上古尤其是《詩經》中是一種非常能聲的形式，三經而外，尚有璬璬、……灼灼等，基本上是對上古的襲用，也有當時新產生的，如「念念」，猶言剎那。[20]

但是，若將「念念」視為「不疊不能用」的「單純詞」，意味著「念念」重疊式不會有單音節的基式用法。然而丁福保《佛學大辭典》「念念」條云：「（術語）梵語剎那，譯曰念，剎那者，時之極少，凡物變化於極少時者，莫如心念，故剎那義翻為念。念念者，剎那剎那也。勝鬘寶窟中末曰：『外國剎那，此云念也。』……又前後之心念，亦云念念。」[21]可知「念」有「剎那」義，乃取義於心念變化之快速，因而引申出有極少時之意。故以漢語「念」表「剎那」，乃是採用意譯的手段。[22]「念念」並非一開始就只有重疊式而無單音節基式，例如《地持經》與《善戒經》有下面這一組對應的經文：

20　顏洽茂：《魏晉南北朝佛經詞彙研究》，佛光山文教基金會總編輯《《法藏文庫》中國佛教學術論典碩博士學位論文》（高雄：佛光山文教基金會出版，2001 年），頁 139-140。

21　丁福保：《佛學大辭典》（臺北：新文豐出版公司，2008 年），頁 1350。

22　梁曉虹（1994）即是將佛經中「一念」視為意譯詞。（參梁曉虹：《佛教詞語的構造與漢語詞彙的發展》（北京：北京語言學院出版社，1994 年），頁 46。）

(22)四者，發一**念**願，性自然樂，無量淨法及無厭行。（地持經 T30n1581_p0941a01）

(23)發願菩薩摩訶薩一**念**之願，能得無量無邊福德。（善戒經 T30n1582_p1003b07）

例 22 與 23 的梵文本經文為「eka-kṣaṇaṃ samutpanne 'pi tasmin praṇidhāne dharma-prakṛti(ḥ) sā tādṛśī yāprameya-śukla-dharma = iṣṭa-phalā bhavati bodhisatvānāṃ」，[23]兩部佛經中的「一念」，都是對譯梵文的「eka-kṣaṇaṃ」。梵文「eka」有「單一的，單獨的，唯一的，一個的」等義，[24]「kṣaṇam」有「頃刻地，立即地，一瞬地」等義。[25]藉此可清楚看出兩部經都是以單音節詞「念」對應梵文的「kṣaṇaṃ」。又兩經之中，還有如下幾例：

(24)於**念念**中具足十波羅蜜及一切菩提分法。（地持經 T30n1581_p0944a02）

(25)菩薩爾時**一一念**中增長一切十波羅蜜，具足成就助菩提法。（善戒經 T30n1582_p1005c22）

(26)第六住菩薩能入寂滅，今住此地**念念**寂滅，而不證寂滅。（地持經 T30n1581_p0944a22）

(27)行六行時入滅盡定，今此行中雖**念念**滅，不取涅槃。

---

23 （日）磯田熙文、古坂紘一：《瑜伽師地論・菩薩地・隨法・究竟・次第瑜伽處》（京都：法藏館，1995 年），頁 92。

24 林光明、林怡馨：《梵漢大詞典》（臺北：嘉豐出版社，2004 年），頁 428。

25 同上注，頁 621。

（善戒經 T30n1582_p1006a09）

例 24 與例 25 所對應的梵文本經文作「tasya citta-kṣaṇe daśa-pāramitā pramukhāḥ sarve bodhi-pakṣyā dharmāḥ」，[26]「念念」與梵文「kṣaṇe」相對應。若單就兩經經文比較，《地持經》「念念」在《善戒經》中作「一一念」，「一一」具有「每一」的意思，因此「念念」重疊式實際上具有「每一」的涵義，是在基式重疊之後所衍生出的語義。例 26 與例 27 的梵本經文作「ṣaṣṭhe vihāre bodhisatvo nirodhaṃ samāpadyate[|] asmiṃs tu pratikṣaṇaṃ samāpadyate」，「念念」對譯梵文的「pratikṣaṇaṃ」。[27]梵文「pratikṣaṇaṃ」有「每一剎那或瞬間，連續」之義，[28]同樣反映「念念」重疊式所具有的「每」義。因此，「念念」重疊式的使用，應與「嗷嗷」、「灼灼」等詞的性質不同，它絕非「不疊不能用」的「單純詞」，而是單音節詞「念」的重疊式。

以單音節動詞「念」表「剎那」，是在佛經翻譯中形成的佛化漢詞，如梁曉虹（1994）云：

> 在對譯一種外語時，大要是利用舊詞表示新義和創造新詞兩種方法。……在外語翻譯中，把現有的詞轉用到新概念上去，這種「經濟」的造詞法，更會充分利用。所謂「佛化漢詞」，就是指用漢語固有詞表示佛教意義，這是「舊瓶裝新

---

[26] 同注 23，頁 174。

[27] 同注 23，頁 180。

[28] 同注 24，頁 945。

酒」。[29]

以心念轉變之快速，形容時間的極短暫，故借以對譯梵文的「kṣaṇaṃ」，從而也使得單音節詞「念」有了新的語義概念，構成佛經用語中重要的時間名詞，「念念」是由此一時間名詞所衍生的重疊式，因而具有「每一」的意義。

由於「念念」在佛經翻譯裡，已是重要的時間詞，因而在所觀察的兩部譯經裡都有出現，不過在使用次數上仍有些許不同，它在《地持經》中出現了 9 次，而在《善戒經》裡只有 3 次。

第二節　代詞重疊

代詞具有代替實詞的功能，其本身雖然不表示什麼具體的詞彙意義，但在句子的組織結構裡，卻扮演著重要的角色。一般來說，代詞又可以進一步區分為人稱代詞、指示代詞與疑問代詞。在《地持經》與《善戒經》裡，出現重疊式的，主要是指示代詞的用法。

一、彼彼[30]

「彼」在古漢語裡，是個常見的代名詞，可用作「人稱代

---

29 梁曉虹：《佛教詞語的構造與漢語詞彙的發展》（北京：北京語言學院出版社，1994 年），頁 65。

30 「彼彼」重疊式不見於《善戒經》，一卷本《善戒經》有一個例子，經文內容如下：「本無惡口出惡言。若顛狂者。若知呵責有大利益。若知瞋**彼彼**得利益。若為護戒不生瞋者得罪。（T30n1583_p1016b19）」，但此例斷句應為「若知瞋彼，彼得利益」，故非重疊構詞的現象。

詞」，如《孟子・滕文公上》：「彼丈夫也，我丈夫也，吾何畏彼哉？」[31]也可以用作「指示代詞」，如《孟子・公孫丑下》：「彼一時，此一時也。」[32]在《地持經》裡，代詞「彼」出現了許多重疊詞「彼彼」的用法，其例句如：

(28)云何生死智通？謂佛菩薩天眼清淨過於人眼。……天眼光明，照見悉知，乃至化色、天細微色，一切悉見。上至色究竟天，下至無擇地獄。於十方世界亦不一一別相方便。十方無量無邊世界，一切色像，一時普觀。於**彼彼**佛剎、**彼彼**如來、種種大眾，會坐說法，如是一切，悉見無餘。（地持經 T30n1581_p0898a20）

上舉例 28「彼彼佛剎、彼彼如來」與「種種大眾」相對文，顯見「彼彼」與「種種」語義相近似，在玄奘譯本裡，更是把《地持經》中的「種種」譯作「彼彼」，其經文如：

(29)云何諸佛菩薩見死生智通？謂佛菩薩以超過人清淨天眼，……又現見知諸光明色，諸微細色，諸變化色，諸淨妙色，下至無間，上至色究竟宮，不由作意，皆能見知。若作意時，能見上下無量無數餘世界色，亦能見傍無量無數諸世界中一切諸色，乃至能見**彼彼**佛土、**彼彼**如來安坐**彼彼**異類大會，宣說正法。顯然無亂。（瑜伽師地論 T30n1579_

31　（清）焦循：《孟子正義》（北京：中華書局，1987 年（1998 年重印）），頁 320。

32　同上注，頁 309。

p0494b14）

此一翻譯詞語的對應關係，透露出「彼彼」與「種種」的意義相近。而觀察上下文語境所要表達的概念，也可看出「彼彼佛剎、彼彼如來」具有「種種佛剎、種種如來」的涵義。漢語量詞的重疊，一般帶有「每」的意思。因此，能與之代換的「彼彼」，顯示了代詞的重疊式也同樣帶有「每」義。

不過，雖然「彼彼」語義上帶有「種種（或「每一種」）」的意思，但是從語法功能來看，它仍然是個指示代詞，所以在佛經裡，「彼彼」可以與其他指示代詞相對應，例如：

(30)樂止觀者，**彼彼**止觀相，心住不動，不勤方便，能自觀察，處所攝受，心不散亂，是名樂止觀。（地持經T30n1581_p0905b07）

此例在《瑜伽師地論》中的翻譯經文如下：

(31)云何樂修習奢摩他、毘鉢舍那？謂諸菩薩即於**如是**止觀相中，其心無動。於無功用，離諸加行。任運轉處，攝受無亂。是名樂修習奢摩他、毘鉢舍那。（瑜伽師地論T30n1579_p0504a18）

經文中的「奢摩他」與「毘鉢舍那」，即「止」、「觀」的音譯詞形式。而《地持經》中的「彼彼止觀相，心住不動」，玄奘法師譯作「如是止觀相中，其心無動」，「彼彼」與指示代詞「如是」相對應，顯示其具有代詞的性質。

從漢語重疊構詞的發展來看，代詞一般沒有重疊式的用法，故佛經語料裡所出現的這類代詞重疊現象，多半是翻譯時，受到來源語的影響而產生的。這一推論，可由梵漢對比的資料加以驗證。例如在《地持經》中，有如下一個例子：

> (32)疾得神通，**彼彼**善法，不以少心、下心而生足想。（地持經 T30n1581_p0939c06）

此例《善戒經》譯作「即得阿耨多羅三藐三菩提，善法增長，修行無厭」，梵文本作「kṣiprābhijñā bhavaṃti teṣu teṣu kuśala-dharmābhinirhāreṣu na ca = alpa-mātrakeṇa = avara-mātrakeṇa hīnena viśeṣādhigamena tuṣṭiṃ ā[pa]dyaṃte」，《地持經》「彼彼」一詞乃對譯梵文的「teṣu teṣu」。[33]又如：

> (33)種種界智力於諸眾生下中上界，如實知，如其心，如其根，如其欲，如其使，**彼彼**度門，教授利益。（地持經 T30n1581_p0957b17）

此例《地持經》中的「彼彼度門，教授利益」一句，在《善戒經》中沒有相對應的經文，梵文本經文則為「teṣu teṣv avaiāra-mukheṣv avavāda-kriyayā」，「彼彼」對譯梵文的「teṣu teṣv」。[34]另有一

---

[33] （日）磯田熙文、古坂紘一：《瑜伽師地論・菩薩地・隨法・究竟・次第瑜伽處》（京都：法藏館，1995 年），頁 54。

[34] 同上注，頁 385。

例，是對譯梵文的「tad」與「tasya」，如：

(34)於禪解脫，心得自在。**彼彼**色像，隨意悉成。是名禪解脫三昧正受。（地持經 T30n1581_p0956c04）

例 34「彼彼色像，隨意悉成」，梵文本作「yā tasya tad-anurūpasya samādheḥ samāpadyanatā」，[35]玄奘譯本作「若隨彼彼色類差別三摩地相而入定時」，兩經都把梵文「tasya tad-」譯作漢語的「彼彼」。

「tad」為梵文第三人稱代名詞的詞幹，「tasya」則為「tad」的陰性單數從格，「teṣu」又是「tad」的陽性複數處格的變格形式，[36]因此比較梵本與《地持經》之間的經文，可明顯看出「彼彼」重疊式受到梵文影響的痕跡。

第三節　形容詞重疊

形容詞重疊是漢語重疊式較早發展，數量也最多的類型。以現代漢語來說，形容詞的重疊形式又可以區別為 AA 式、ABB 式、AABB 式、A 里 AB 式、ABAB 式等不同的形式，[37]其中最早出現的，是單音節重疊的 AA 式。在《地持經》與《善戒經》裡，所看

35 同上注，頁 350。

36 釋惠敏、釋齎因：《梵語初階》（臺北：法鼓文化，1996 年），頁 65-66。

37 石鋟：《漢語形容詞重疊形式的歷史發展》（北京：商務印書館，2010 年），頁 4。

到的形容詞重疊現象，也是以 AA 式為主，未見有其他 ABB、AABB、A 里 AB、ABAB 等重疊式的例子。其重疊的詞條如下：

一、大大

《地持經》裡，出現了 4 次形容詞「大」的重疊式，其例句如：

(35)若菩薩於如來及支提現前供養，得大功德。不現前供養，得**大大**功德。共現前不現前供養，得最**大大**功德。（地持經 T30n1581_p0925c26）

(36)自作供養者，得大果報。他作供養者，得**大大**果報。自作他作供養者，得最**大大**果。（地持經 T30n1581_p0926a06）

上舉例 35 由「大功德」至「大大功德」、「最大大功德」，與例 36 由「大果報」至「大大果報」、「最大大果」，明顯呈現出程度逐漸加重的語義概念，可知形容詞「大」重疊之後，帶有「更大」之意，表達出程度上的加重。又例 35 一段經文，在《善戒經》中的翻譯如下：

(37)菩薩摩訶薩不現見三寶而設供養，勝於現見供養之者，不可稱量，不可為比，所得果報不可宣說。（善戒經 T30n1582_p0991b20）

從「不現見三寶而設供養，勝於現見供養之者」、「所得果報不可宣說」也表達出「不現見供養」所得功德大於「現見供養」的意思。例 36「大大果報」、「最大大果」，在《善戒經》中沒有直接對應的經文文句，但是其表達所得果報程度不同的概念，已隱含在例 37「所得果報不可宣說」之中，故藉由同經異譯的比較，可以更加確定這種形容詞重疊的用法，帶有程度加深的功能。不過，在兩部譯經裡，形容詞「大」的重疊式，並未見於《善戒經》當中。

二、了了

「了」當動詞用時，有「明白、曉了」及「終了、了結」等意思，這一口語用法至遲在漢代已經出現。[38]之後，表「明白、曉了」義的「了」又引申出有形容詞「聰明、聰慧」之意，如《後漢書・孔融傳》：「夫人小而聰了，大未必奇。」[39]又《玉篇》：「了，慧也。」[40]等。此一帶有「聰慧」義的「了」，在魏晉南北朝的文獻裡，還可重疊構成「了了」，且同樣具有形容詞的性質，語義上亦表達「聰慧」，例如晉袁宏《後漢紀・獻帝紀》：「禕曰：『小時了了者，至大亦未能奇也。』」[41]與此相關，南朝宋劉義慶《世說新語・言語》亦有「小時了了，大未必佳。」[42]的文

---

38 張泰源：《漢語動貌體系研究》（臺北：臺灣大學中國文學研究所博士論文，1993 年），頁 217。

39 （南朝宋）范曄撰、（唐）李賢等注：《後漢書》（北京：中華書局，1965 年（1987 年重印）），頁 2261。

40 （南朝陳）顧野王：《玉篇》（臺北：國立中央圖書館，1982 年），頁 411。

41 （晉）袁宏：《後漢紀》（臺北：臺灣商務印書館，1971 年），頁 356。

42 徐震堮：《世說新語校箋》（臺北：文史哲出版社，1989 年），頁 31。

句。此外，「了了」還具有「明白、清楚」的義位，如晉張華《博物志》：「問漢時宮中事，說之了了，皆有次序。」[43]可見「了了」一詞，常見於魏晉南北朝時期的中土文獻裡。

再就佛經資料來看，「了了」在東漢支婁迦讖的譯經中已經出現。根據辛嶋靜志（2012）的分析，「了了」在支讖所譯《道行般若經》裡，有幾種不同的用法。[44]一是表「清楚、明晰（clearly, lucidly）」，如：

(38)以生異方者，便面見佛說法，復聞波羅蜜，皆悉**了了**知之。（道行般若經 T08n0224_p0446c03）

(39)阿難！汝極尊般若波羅蜜，致重敬慈於是句。心所念句當令**了了**分明。心所念，餘悉棄之，一切心於是中。（道行般若經 T08n0224_p0478a29）

二是表「完全（entirely, completely）」，如：

(40)若三千大國土中薩和薩，皆使得人道，**了了**皆作人已，令人人作七寶塔，是輩人盡形壽供養，……云何，拘翼！其功德福祐寧多不？（道行般若經 T08n0224_p0433a06）

三是表「優秀（outstanding）」之意，如：

---

[43] （晉）張華撰、范寧校證：《博物志校證》（臺北：明文書局股份有限公司，1981 年），頁 86。

[44] （日）辛嶋靜志：《道行般若經詞典》（臺北：法鼓佛教學院 http://www.ddbc.edu.tw，2012 年），頁 323-324。

(41)善男子、善女人……夢中不見餘，但見佛，但見塔，……但見當作佛，但見餘佛國，但見**了了**佛尊法無有與等者，……（道行般若經 T08n0224_p0435b09）

「了了」表「明白、清楚」，與張華《博物志》「說之了了」的「了了」同義。表「完全」，可能來自「了」的副詞用法。[45]至於「優秀（outstanding）」，則與「小時了了，大未必佳」的「了了」意思相同。故綜合佛經語料與中土文獻，可以推測「了了」在中古漢語中，當是一個流行的口語詞。

在本文所觀察的《地持經》與《善戒經》裡，「了了」未見於《地持經》，在《善戒經》則總共出現了 16 例。[46]《善戒經》的用法如：

(42)何以故？菩薩摩訶薩雖不具足中道智慧，說生死相，亦有亦無，亦為流布無上佛法。雖在生死，亦能**了了**知生死過患，心無厭悔。（善戒經 T30n1582_p0968c09）

(43)初下之時，放大光明，遍照十方，**了了**自知始入母胞胎時，住時、出時，於十方面行七步時，無人扶侍，作如是言……。（善戒經 T30n1582_p0973b23）

(44)菩薩成就如是四依，**了了**能知世道、出世道。（善戒經

45 辛嶋靜志（2012）列出《道行般若經》中有「了不」詞條，具「完全」（not at all）之意，屬副詞。（參（日）辛嶋靜志：《道行般若經詞典》，頁 322。）

46 「了了」雖未見於《地持經》，但在曇無讖所譯的《大般涅槃經》與《大方等大集經》中，仍有許多「了了」的用例。

T30n1582_p0994c02）

(45)菩薩具足四無礙智，**了了**自知菩提之道，復能為人分別廣說。（善戒經 T30n1582_p0994c11）

(46)具十善法，知善不善。善業惡業、善有惡有、是乘非乘、若因若果，悉**了了**知。**了了**知故，自行十善。（善戒經 T30n1582_p1004b12）

(47)法界者，所謂煩惱垢淨，誰垢？誰淨？**了了**而知。（善戒經 T30n1582_p1006c06）

上舉這些「了了」的例句，在《地持經》中相應的經文內容，依序如下：

(48)何以故。菩薩與空解脫相應。在於生死**如實**知生死。不於生死無常等行而生厭離。（地持經 T30n1581_p0893a29）

(49)生母胎時。奇特光明充滿世界。**正**知入胎。住胎出胎。生墮地時。即行七步舉手而言。（地持經 T30n1581_p0899b08）

(50)大師修慧所知，一切四依，平等方便。菩薩於彼出要道，**皆悉明達**而不迷惑。（地持經 T30n1581_p0929c02）

(51)此四行菩薩**於一切法能自覺悟**，為他顯示。除此已，更無有餘。能自覺悟，況餘顯示。（地持經 T30n1581_p0929c13）

(52)如是性戒具足，染污不染污業，善趣惡趣業迹，因處果處，**如實**知。報果依果及彼業，**如實**知。自斷十惡，行十善業。（地持經 T30n1581_p0942a05）

(53)所可說法煩惱清淨。誰惱？誰淨？**悉如實知**。（地持經 T30n1581_p0944c25）

比較兩經翻譯的文句，可看出例 42、46 與 47 中的「了了知」、「了了而知」在《地持經》裡（例 48、52、53），是翻譯為「如實知」、「悉如實知」等。其中例 46 與例 47 有梵文本資料可供對照。在磯田熙文、古坂紘一編著的《瑜伽師地論・菩薩地・隨法・究竟・次第瑜伽處》一書裡，針對例 46、47、52、53 當中的「悉了了知」、「了了知故」與「如實知」等經文對比，作了以下的分析：[47]

梵文	yathā-bhūtaṃ	prajānā(ti	（Caturthaṃ Vihāra-paṭalaṃ）
曇無讖	如實	知	（住品）
求那跋摩	悉了	了知	（生菩薩地品）

梵文	yathā-bhūtaṃ	prajānāti	（Caturthaṃ Vihāra-paṭalaṃ）
曇無讖	如實	知	（住品）
求那跋摩	了	了知故	（生菩薩地品）

如果磯田熙文、古坂紘一這一漢梵翻譯詞語對應關係的分析是正確的，那麼「了了」的來源，就與重疊式「了了」無關。它實際上是副詞「了」後接雙音節動詞「了知」所形成的「了了知」詞組，其內部結構為「（悉）了(副)＋了知(動)」。但是這樣的分析，無法解釋上舉《善戒經》中，例 43「了了自知」、例 44「了了能知」

47 （日）磯田熙文、古坂紘一：《瑜伽師地論・菩薩地・隨法・究竟・次第瑜伽處》（京都：法藏館，1995 年），頁 124。

與例 47「了了而知」當中的「了了」，因為這些例句中的「了了」都出現在「自」、「能」、「而」的前面，顯然「了了」在句中是一緊密結合的語法成分。事實上，在例 47 裡，磯田熙文與古坂紘一是以「了了」一詞對應梵文「yathā-bhūtaṃ」的，其分析如下：[48]

梵文	yathā-bhūtaṃ	jñānaṃ	（Caturthaṃ Vihāra-paṭalaṃ）
曇無讖	如實	知	（住品）
求那跋摩	了了	而知	（生菩薩地品）

據此，則上舉例 46 在梵漢對譯的關係，應改為如下的結構才是較為合理的：

梵文	yathā-bhūtaṃ	prajānā(ti	（Caturthaṃ Vihāra-paṭalaṃ）
曇無讖	如實	知	（住品）
求那跋摩	悉了了	知	（生菩薩地品）

梵文	yathā-bhūtaṃ	prajānāti	（Caturthaṃ Vihāra-paṭalaṃ）
曇無讖	如實	知	（住品）
求那跋摩	了了	知故	（生菩薩地品）

整個「了了」仍是重疊式用法。至於「了了」對應於「如實」，可以說明「了了」仍表「清楚、明晰」的概念。梵文「yathā」為「如……地，似……地」之意，[49]「bhūta」有「實有，實際發生

48 同上注，196。

49 林光明、林怡馨：《梵漢大詞典》（臺北：嘉豐出版社，2004 年），頁 1507。

的」等義，[50]故「yathā-bhūtaṃ」即「真實地，如實地」意思。「如實知」乃「真實地了知」，「了了知」則為「清楚明白地了知」，兩者概念相近，不同譯者選用不同詞語翻譯，因而產生如上的對應情形。若這一推測屬實，則又反映出曇無讖譯經時，較多採用直譯的方法，故以漢語「如」對譯梵文「yathā」，以漢語「實」對譯梵文「bhūtaṃ」。而求那跋摩則較多使用新興口語詞加以翻譯，各有不同的特色。

第四節　副詞重疊

根據語義表達的內容，漢語副詞又可分別為「時間副詞」、「程度副詞」、「範圍副詞」、「情狀副詞」、「肯定否定副詞」與「語氣副詞」等。[51]「時間副詞」用以表示動作行為發生的時間。「程度副詞」表達性質狀態或某些動作行為所達到的各種程度。「範圍副詞」對事體的範圍、數量或動作行為、性質、狀態的範圍、數量進行總括、限定或統計。「情狀副詞」表示動作行為進行的方式、手段，或進行的狀態及結果。「肯定否定副詞」用以表肯定與否定。「語氣副詞」則是表示各種說話的語氣。[52]至於副詞的重疊式，則往往增加了「強調」的附加意義。

在《地持經》與《善戒經》裡，並非所有的副詞類別都有重疊

---

50 同上注，頁 283。

51 竺家寧：《漢語語法之旅》（臺北：洪葉文化，2018 年），頁 127。

52 各類副詞的解釋，除「肯定否定副詞」外，基本參考高育花（2007）的說明。（高育花：《中古漢語副詞研究》（合肥：黃山書社，2007 年），頁 18-41。）

式的用法，根據筆者的觀察，副詞的重疊式在兩部佛經裡，出現較多的是情狀副詞、時間副詞與範圍副詞，其重疊式詞語如下：

一、漸漸

現代漢語「漸漸」一詞，具有表示程度或數量隨時間緩慢地增減的涵義，[53]一般出現在動詞或形容詞之前，擔任副詞狀語。該詞在漢代文獻資料裡已經出現，如東漢荀悅《漢紀・武帝紀》：「廣偽死，漸漸騰而上馬，抱胡兒而鞭馬南馳。」[54]漢譯佛經裡，也有許多「漸漸」的用例，其在《地持經》與《善戒經》裡的例句如下：

(54)見諸眾生死時，好色、惡色、下色、上色，乃至後生，**漸漸**增長，諸根成熟。（地持經 T30n1581_p0898a21）

(55)如是菩薩知法知義，於法於義已受不忘。未修習者，**漸漸**增進，聞思究竟，次第成熟，得喜淨心。（地持經 T30n1581_p0928c14）

(56)優波離，菩薩不能於一世中盡諸煩惱，當以方便**漸漸**令盡。（善戒經 T30n1582_p0962a07）

(57)菩薩戒因緣，得阿耨多羅三藐三菩提。受持讀誦書寫解說菩薩戒故，如來正法久住不滅，諸惡比丘漸就損滅。若無菩薩戒者，諸惡比丘**漸漸**熾盛，如來正法不久則滅。（善戒經 T30n1582_p1013c05）

53　呂叔湘：《現代漢語八百詞（增訂本）》（北京：商務印書館，1999年），頁 299。又高育花（2007）把「漸漸」歸入「情狀方式副詞」。（同上注，頁 36）

54　（東漢）荀悅：《漢紀》（臺北：臺灣商務印書館，1968 年），頁 117。

從「漸漸」出現的前後語境來看，佛經「漸漸」的用法與中土文獻沒有太大的差別，同樣都是表達「逐漸」的意思，故在例 55 前後文的「漸漸增進」與「次第成熟」中，「漸漸」與近義詞「次第」相對文。又例 57「諸惡比丘，漸漸熾盛」與前文「諸惡比丘，漸就損減」，單音節副詞「漸」與「漸漸」意思相等。

二、久久

「久」具有時間名詞與副詞兩種功能，在《地持經》與《善戒經》裡，單音節詞「久」一般用為副詞，例如：

(58)種性菩薩**久**處生死，或墮惡道。（地持經 T30n1581_p0889b08）

(59)四者，教化眾生，起未起疑，能為開解，護持正法，令得**久**住。（地持經 T30n1581_p0896b17）

(60)唯諸菩薩能令佛法**久**住不滅。（善戒經 T30n1582_p0964c08）

(61)如來正法**久**住不滅。（善戒經 T30n1582_p1013c07）

時間副詞「久」在《地持經》與《善戒經》裡，各有 1 例重疊式的用法，其例句為：

(62)軟成熟眾生**久久**乃淨，是名久攝。中成熟眾生不久得淨，是名不久攝。上成熟眾生於此生堪能清淨，是名後攝。（地持經 T30n1581_p0953c15）

(63)若有人言：「我是菩薩。」不能至心受持菩薩戒，心不

生信，是名名字菩薩。**久久**乃得阿耨多羅三藐三菩提。（善戒經 T30n1582_p1000b05）

例 62「久久乃淨，是名久攝」與後文「不久得淨，是名不久攝」相對比，「久久」與「久」同樣都是表達時間長久之意，重疊式「久久」，表達時間長度非常久遠。其與例 62、例 63 分別相對應的經文如下：

(64)若諸眾生諸根闇鈍，善根難熟，則**久遠**攝取。何以故？究竟當有清淨心故。若中根中熟，則不久遠。何以故？以不久遠得淨心故。（善戒經 T30n1582_p1008a19）

(65)當知若有言：「我是菩薩。」不善學菩薩所學者，當知是名字菩薩，非實菩薩。（地持經 T30n1581_p0937c10）

例 64《善戒經》與「久久乃淨，是名久攝」相對應的文句為「善根難熟，則久遠攝取」，乃是以「難熟」表達所需時間長久之意。例 65 在《地持經》中，則沒有翻出與「久久乃得阿耨多羅三藐三菩提」一句相對應的意思。

三、時時

時間副詞「時時」在現代漢語裡，具有「時常、經常」的意思，[55]此一用法，漢代即已出現，如《史記・袁盎晁錯列傳》：

---

55 呂叔湘：《現代漢語八百詞（增訂本）》（北京：商務印書館，1999 年），頁 494。

「袁盎雖家居，景帝時時使人問籌策。」[56]中古漢譯佛經裡，亦常見到「時時」的用例，如

(66)譬如緣油炷而然燈，彼**時時**增油治炷，彼燈常明，熾然不息。（劉宋・求那跋陀羅譯・雜阿含經 T02n0099_p0101b01）

(67)云何除垢母？**時時**為兒洗浴浣濯，是名除垢母。云何乳母？**時時**飲食乳養，是名乳母。（後秦・弗若多羅譯・十誦律 T23n1435_p0178b17）

(68)有如是等眾華香樹，其華敷榮，常若新出。復有眾果，摩頭迦樹、鳳凰子樹……香鬘樹、香華樹，種種色華，**時時**常敷。（元魏・瞿曇般若流支譯・正法念處經 T17n0721_p0108b17）

上舉三例漢譯佛經的例子，「時時」也都有「時常」的意思，如例 66 因「時時增油治炷」而使彼燈能「常明」。例 65「為兒洗浴浣濯」與「飲食乳養」也都是「除垢母」與「乳母」經常所當為之事。例 68「時時常敷」，「時時」與「常」更並列連文。凡此都可說明「時時」具有「時常」的涵義。

但是除了沿襲漢代以來，表「時常」的義位之外，漢譯佛經也有不表「時常」，而是具有「偶爾」義的新用法，例如：

56 （西漢）司馬遷撰、會合三家注：《新校史記三家注》（臺北：世界書局，1983 年），頁 2744。

(69)尊者大目乾連復語曰：「賢者阿難！聽我說喻。智者聞喻，即解其義。賢者阿難！猶如優曇鉢華，時生於世。賢者阿難！如來、無所著、等正覺亦復如是，**時時**出世。賢者阿難！汝可速為世尊侍者，瞿曇當得大果。」（東晉・瞿曇僧伽提婆譯・中阿含經 T01n0026_p0472b29）

(70)譬如優曇花，一切皆愛樂，天人所希有，**時時**乃一出。（後秦・鳩摩羅什譯・妙法蓮華經 T09n0262_p0010a28）

(71)吾聞如來時一出世，如優曇鉢花**時時**乃出，故來求現，欲決所疑。寧有閑暇暫相見不？（後秦・佛陀耶舍共竺佛念譯・長阿含經 T01n0001_p0025a11）

例 69「猶如優曇鉢華，時生於世」與「（如來・無所著・等正覺）時時出世」前後相對；又例 70「時一出世」與「時時乃出」亦前後對文，顯示「時時」與「時生於世」、「時一出世」之單音節副詞「時」的語義相同。再比較例 70 所言「（優曇花）天人所希有，時時乃一出」，說明「優曇花」的「希有」，非經常可見，故可看出這些經文中的時間副詞「時時」，都具有「偶爾」的意思。朱慶之（1992）認為這一用法的「時時」，乃當時習用的「口語詞」或「俗語詞」。[57]而在《善戒經》裡，根據筆者的觀察，這兩種語義概念的用法並存。例如：

(72)**時時**猶有身口意惡業。**時時**生貪念於五欲。於己有物**時**

[57] 朱慶之：《佛典與中古漢語詞彙研究》（臺北：文津出版社，1992年），頁 113。

時慳惜。**時時**隨他不自決定。或時不能觀佛法僧實與不實。諸佛菩薩不可思議。不求因不求果。不求多不求少。於得不得不生憂喜。行非方便行不行方便行。少有聞慧**時時**忘失。具足苦不利智。少念阿耨多羅三藐三菩提不懃精進。不懃精進，不得甚深信解之心。（善戒經 T30n1582_p1003a08）

上舉例 72《善戒經》的經文，在《地持經》裡，與之相對應的內容為：

(71)**或時**起邪身口意業，**有時**貪著五欲境界，**有時**慳惜所有眾具，由佛菩薩生於淨信，不能自起真實智慧。所謂「三寶功德真實義，諸佛菩薩神通力，若因若果若得義，若得方便若境界。」少聞少思智慧成就，不能無量。**或時**忘失，成就菩薩遲苦之道。不能專精行大菩提熾然方便深樂淨信。（地持經 T30n1581_p0940b22）

兩相比較，可以看出《善戒經》「時時」一詞，在《地持經》中譯作「或時」或「有時」，故「時時」可解釋為「偶爾」的意思。但在下面這些例子裡，「時時」則無法用「偶爾」的概念去解釋，如：

(74)菩薩善知定慧捨，**時時**修集三相，入相、住相、起相，不失正念，至心精懃，是名緣三相精進。（善戒經 T30n1582_p0987c19）

(75)思惟修集舍摩他、毘婆舍那，恭敬供養尊重讚歎師長和

上者舊有德。**時時**供給瞻視走使。（善戒經 T30n1582_p0982c14）

例 74「時時修集三相，入相、住相、起相，不失正念，至心精懃」在《地持經》中譯作「相三昧住起相，常善觀察，不妄分別」[58]，「時時修集」、「不失正念」正與《地持經》的「常善觀察，不妄分別」相對應，故「時時」應解釋為「經常」之意。又例 75，根據磯田熙文、古坂紘一（1995），《善戒經》的「時時」對應梵文本的「kālena kālaṃ」，[59]而梵文「kālena kālaṃ」有「時常」的意思，[60]所以此處的「時時」也要解釋為「時常」。從這些例子的使用可看出《善戒經》對「時時」一詞的用法，既有承襲舊有詞語的概念，也有新興語義的成分。[61]至於《地持經》則未見有

58 CBETA 經號：T30n1581_p0921b13。

59 （日）羽田野伯猷編集：《瑜伽師地論・菩薩地・戒品》（京都：法藏館，1993 年），頁 14。

60 林光明、林怡馨：《梵漢大詞典》（臺北：嘉豐出版社，2004 年），頁 548。

61 關於「時時」在《善戒經》裡可以表「時常」，也可以表「偶爾」的情形，筆者認為可能是受到翻譯語言的影響。以文中所舉例 72 來說，之所以把「時時」解釋成「偶爾」，乃是因為同經異譯的比對結果。但是如果再進一步比對梵漢本之間的內容，可以發現「時時」一詞對應梵文本的「ekadā」，而梵文「ekadā」可以有「同時地，立刻地，常常地，從前，某時，某日」等義（參林光明、林怡馨《梵漢大詞典》，頁 429），因此筆者推測《地持經》譯作「有時」、「或時」，是因為曇無讖譯本著眼於梵文「ekadā」所具有的「某時」義項，至於《善戒經》譯作「時時」，則是強調「ekadā」的「常常地」這一義項。若此一推測屬實，則「時時」一詞在《善戒經》裡，就只有表「時常」義的用法。不過由於兩部佛

副詞「時時」重疊式的用例。

四、日日

「日」在古漢語中，具有時間副詞的功能，可用於謂語前或句首作狀語，表示動作行為發生的時間，其重疊形式「日日」同樣具有時間副詞功能，表示動作行為天天發生或一天比一天更有進展。[62]此一時間副詞，在《地持經》裡出現了 2 個用例，其例句如下：

(76)初發心堅固有二方便：一者淨心方便，二者道方便。淨心方便者，彼安隱心、快樂心**日日**增長。（地持經 T30n1581_p0890b22）

(77)不犯者，若上聰明能速受學。若久學不忘。若思惟知義。若於佛法具足觀察，得不動智。若於**日日**常以二分受學佛經，一分外典。是名不犯。（地持經 T30n1581_p0915c01）

其中例 77「若於日日常以二分受學佛經」一句，在南宋思溪藏、元大普寧寺藏、明方冊藏及宮內省圖書寮本等版本中，「於日日」皆作「一日中」。由於有版本用字的差異，暫不計入重疊詞的例證。但例 76 則明確可視為「日日」重疊式的用法，與其相對應的《善戒經》及《瑜伽師地論》的經文翻譯為：

經能夠比較的例證不多，因此只能存疑而暫記於此。

62 何樂士：《古代漢語虛詞詞典》（北京：語文出版社，2004 年），頁 334-335。

(78)不退菩薩有二種心。何等為二？一者性莊嚴，二者專心受持莊嚴。常念欲令眾生安樂，是名性莊嚴。（善戒經 T30n1582_p0965b06）

(79)最初發心堅固菩薩有二加行：一意樂加行，二正行加行。意樂加行者，謂即利益安樂意樂，日夜增長。（瑜伽師地論 T30n1579_p0482a16）

其中《地持經》「彼安隱心、快樂心，日日增長」，在玄奘譯本中，譯作「利益安樂意樂，日夜增長」，顯然「日日增長」即「日夜增長」，「日日」表達「每一天、每一日」之義，與「日夜」之每一日每一夜屬相類似的用法。《善戒經》譯文作「常念欲令眾生安樂」，代之以副詞「常」，用以表達這種每日每夜的涵義。

五、疾疾

「疾」有「急速」之義，《爾雅・釋言》：「疾，壯也。」郭璞注：「壯，壯事，謂速也。」邢昺疏：「急疾、齊整皆於事敏速強壯也。」[63]在句子中用為動詞，如《易・繫辭上》：「唯神也，故不疾而速，不行而至。」[64]但是在《地持經》與《善戒經》裡，「疾」一般擔任副詞狀語的功能，例如：

(80)設作惡業，心生慚愧，能**疾**悔除，不令增長。（地持經

63　（晉）郭璞注、（宋）邢昺疏：《十三經注疏・爾雅注疏》（北京：北京大學出版社，1999 年），頁 59。

64　（魏）王弼注、（唐）孔穎達疏：《周易正義》（臺北：廣文書局，1972 年），頁 71。

T30n1581_p0888c09）

(81)彼諸眾生**疾**修善法，遠離諸惡，得隨所欲。（地持經 T30n1581_p0933b17）

(82)以如法受教故，則能**疾**得聲聞菩提、緣覺菩提，得阿耨多羅三藐三菩提。（善戒經 T30n1582_p0979b15）

(83)雖知求者心無悒遲，然能**疾**捨，稱其所求。（善戒經 T30n1582_p0982a03）

此一副詞「疾」在《地持經》中，出現了 2 例重疊式的例句，其經文及與之相對的《善戒經》文句如下：

(84)不留難施者，菩薩有來求者，**疾疾**布施，不作留難，時滿所願，過其速望。（地持經 T30n1581_p0909c04）

(85)無礙施者，菩薩摩訶薩行施之時，不為一切劇務世事之所障礙，雖知求者心無悒遲，然能**疾捨**，稱其所求，是名無礙施。（善戒經 T30n1582_p0982a02）

(86)入淨心地菩薩，見諦聲聞，聞佛所說，信受不疑。乘如來所說，具足法乘。善能調御，遊平等道。**疾疾**正向無餘涅槃。（地持經 T30n1581_p0935b27）

(87)菩薩若得清淨之道，爾時方生慚愧之心：「如來實常，我云何言如來無常？」是故如來說有為法，一切無常苦、無我等，涅槃寂靜。（善戒經 T30n1582_p0998a10）

例 84「疾疾布施，不作留難」，在例 85《善戒經》中，譯作「然能疾捨，稱其所求」，「疾疾」與「疾」皆表達「速急」之意。例

86《地持經》「疾疾正向無餘涅槃」一句，《善戒經》無與「疾疾」相對應的詞語，在玄奘譯本中，同樣譯作「疾疾」，其經文為：

> (88)菩薩聲聞於佛所說不生疑惑，乘佛所說，喻如一切支具圓滿妙莊嚴車，無上法乘如善御者，隨所行地，隨所應到，**疾疾**進趣，無所稽留。（唐玄奘譯瑜伽師地論 T30n1579_p0545b18）

例 86「疾疾正向」與例 88「疾疾進趣」，皆表速急趣向的概念。副詞「疾」重疊之後，仍然屬於副詞，修飾動詞組「布施」、「正向」、「進趣」等。不過，由同經異譯的角度來看，《地持經》「疾疾」因為可以與《善戒經》的單音節詞「疾」相對應，因而語義上不容易判斷是否有程度加強的功能。另外，在《善戒經》裡也沒有「疾疾」重疊式的例句。

六、數數

先秦文獻裡，已有「數數」重疊的例子，如《莊子・逍遙游》：「彼其於世未數數然也。」唐陸德明釋文云：「司馬云：『猶汲汲也。』崔云：『迫促意也。』」[65]可知「數數然」有「迫促、迫切」之意，為形容詞用法。不過「數數然」並非單純 AA 式的重疊式，而是 AAB 的形式。《漢書・李陵傳》：「立政等見

65 （清）郭慶藩：《莊子集釋》（北京：中華書局，1961 年（1997 年重印）），頁 17-19。

陵，未得私語，即目視陵，而數數自循其刀環，握其足，陰諭之，言可還歸漢也。」[66]此「數數自循其刀環」則有屢次撫摩刀環，暗示李陵可返還漢之意，此時「數數」已有「屢次，經常」的涵義。董志翹、蔡鏡浩（1994）云：

> 「數」作為副詞，表「屢次」、「常常」義，此常見。「數數」疊用作副詞，表「屢次」、「常常」義，始見於漢代。至魏晉後漸多見。[67]

單音節「數」可表「屢次、常常」，至漢代「數數」亦可表「屢次、常常」，故「數數」即單音節「數」的 AA 重疊式。此一重疊式也見於曇無讖所翻譯的《地持經》裡，其經文例句如：

> (89)菩薩不令求者**數數**往返，留難生惱，然後方施。（地持經 T30n1581_p0907b03）
>
> (90)若於四法**數數**違犯，不生慚愧，歡喜愛樂，言是功德，是名上煩惱犯。（地持經 T30n1581_p0913b17）
>
> (91)又菩薩正思具足，具足行隨順入有所捨，依義不依於味，闇說明說，如實知。先思量應入者，入已入者，**數數**思惟。（地持經 T30n1581_p0905a16）
>
> (92)云何菩薩心無疲厭？有五因緣，修正方便而不疲厭。一

---

66 （東漢）班固撰、（唐）顏師古注：《新校漢書集注》（臺北：世界書局，1974 年），頁 2458。

67 董志翹、蔡鏡浩：《中古虛詞語法例釋》（長春：吉林教育出版社，1994 年），頁 494。

者菩薩性自有力而不疲厭，二者於不疲厭**數數**修習而不疲厭……（地持經 T30n1581_p0928c06）

上舉諸例，「數數」通常都表達「常常、屢次」的意思。如例 89「不令求者數數往返」指的是「不讓求者多次往返」；例 90「數數違犯」意指「經常（或多次）違犯」；例 91「數數思惟」表達「經常反覆思惟」；例 92「數數修習」則指透過「反覆經常的修習」以達到「不疲厭」的目的。除了從前後文語意推斷外，也可由同經異譯的角度加以參照。以例 91 來說，該段經文在《善戒經》裡的翻譯內容，雖然字句有較大的出入，但如果從經文所表達的概念來比較，那麼與之相對應的經文，應為下面這一段文句：

(93)思惟正義，不思非義。至心思惟真實之義。為菩提道，**繫心**思惟，依於實義，不依文字，思惟分別，此是佛語，此非佛語。（善戒經 T30n1582_p0978c19）

與「數數思惟」相近的，為「繫心思惟」一句。兩相參照，可知佛經所要表達的，乃是「反覆思惟，令繫於心」的概念。這也可以由唐玄奘所譯《瑜伽師地論》的經文得到印證，其所譯內容如下：

(94)凡所思惟，但依其義，不依其文。如實了知，黑說大說，正能悟入最初思惟。既悟入已，**數數**作意，令得堅固。（瑜伽師地論 T30n1579_p0503c14）

「既悟入已，數數作意，令得堅固」所表達的，正是「經常反覆思惟，令繫於心」的意思。因此，「數數」在佛經中的用法，與《漢書・李陵傳》表「屢次；經常」的概念相同，可說是承襲自漢代以來的用法。

另外，在《地持經》裡，還有下面這個例子，具有梵文本的對應經文：

(95)或時思惟，知樂眾生，缺減而不能斷。或有除斷而**數數**缺減，或時能說菩薩法藏。（地持經 T30n1581_p0940c08）

例 95「或有除斷而數數缺減」一句，梵文本作「prahāṇa vān punaḥ punaḥ skhalitādhyācāratayā」，[68]梵文「punar」有「再度；再次；一再地」的意思，「punaḥ punaḥ」或單為「punaḥ」時，則有「經常，重複」的意義，佛經翻譯多譯作「數，數數，數數更」等。[69]以「數數」對譯梵文的「punaḥ punaḥ」，顯示「數數」在佛經當中，除了漢語自身的來源，還可能受到來源語的影響，但由於這個例子在知恩院本藏經中作「或有除斷而數缺減」，「數數」並未重疊，因此只能當作旁證，並且印證其在佛經中，確實是表達「經常、屢次」之意。此一重疊式用語，在《善戒經》中則沒有出現。

七、一一

數詞「一」在古漢語中可用為副詞，出現在謂語動詞前作狀

68 （日）磯田熙文、古坂紘一：《瑜伽師地論・菩薩地・隨法・究竟・次第瑜伽處》（京都：法藏館，1995 年），頁 84-85。

69 林光明、林怡馨：《梵漢大詞典》（臺北：嘉豐出版社，2004 年），頁 985。

語，其重疊形式「一一」具有狀態副詞的性質，位於動詞前，表示動詞行為逐一進行的方式，可釋義為「逐一（地）」、「一個一個（地）」等意思，[70]例如東漢王充《論衡・儒僧》：「是必使上取楊葉，一一更置地而射之也。」[71]從《地持經》與《善戒經》的使用情形來看，也有不少「一一」重疊的例子，例如：

(96)三十二相以自莊嚴，為最後身，諸魔怨惡所不能壞。坐佛樹下，慈心伏魔，一一支節有那羅延力。（地持經 T30n1581_p0899b12）

(97)況復十方無量世界，一一世界各有無量無數菩薩。（地持經 T30n1581_p0902b03）

(98)菩薩若化作身，若二若三乃至百千萬億身。彼一一身悉禮如來，彼一一身化作百千手，彼一一手以種種華香供養如來及支提。（地持經 T30n1581_p0926a28）

(99)菩薩住攝眾生戒有十一種，於一一種成就一切行。（地持經 T30n1581_p0911b10）

(100)……十二者身毛上靡，十三者一一毛右旋……（地持經 T30n1581_p0955a15）

(101)彼一一住，若中上根者，一一經億百千大劫。多有成就軟根者，不在數中。（地持經 T30n1581_p0945a20）

(102)如所說法如說有者，一法之中應無量名。無量名故，

---

70 何樂士：《古代漢語虛詞詞典》（北京：語文出版社，2004 年），頁 482。

71 （明）黃暉：《論衡校釋》（北京：中華書局，1990 年（2006 年重印）），頁 361。

則有無量性。何以故？一一法中有無量名故。（善戒經 T30n1582_p0969b22）
(103)若作像，若作塔，若一若二，若乃至百千無量萬億。一一塔中，一一像前，恭敬禮拜。（善戒經 T30n1582_p0992a01）

上舉《地持經》與《善戒經》的例子，除例 99「於一一種成就一切行」為重疊式「一一」位於量詞之前的用法，其餘的例子，「一一」都位於名詞前擔任定語修飾成分。語義上，這些例子中的「一一」都可以解釋為「每一個」。如例 96「一一支節有那羅延力」指「每一個支節都有那羅延力」；例 97「一一世界各有無量無數菩薩」指「每一個世界都各自有無數的菩薩」；例 103「一一塔中，一一像前，恭敬禮拜」為「在每一座塔中，每一座佛像前恭敬禮拜。」

「一一」在佛經裡的這種用法，與古漢語位於動詞前作狀態副詞有些不同。李維琦（2004）指出「一一」與名詞組合，是該詞作為「每一」這個概念義使用時的分布條件，中土文獻幾乎沒有這種用法的現象。[72]顯然，在對譯佛經語言的過程裡，由於受到來源語的影響，使得「一一」衍生了新的語法功能。這可借由梵漢對勘的資料加以證明。如上舉例 100 有梵文本對照，其在梵本中作「ekaika-romā [|] ekaikam asya roma-(kū)pe jātaṃ nīlaṃ kuṇḍalaka-

72 李維琦：《佛經詞語彙釋》（長沙：湖南師範大學出版社，2004 年），頁 352。

jātaṃ pradakṣiṇāvarttaṃ」，[73]「一一毛」主要對譯梵文的「ekaika-romā」。梵文「ekaika」屬形容詞，具有「每次一個的，一個一個的，每一個的」等意義。[74]由於「ekaika」概念上與漢語重疊詞「一一」相近，所以在翻譯時，就以之與梵文的「ekaika」相對譯，因而也使得重疊詞「一一」出現了大量用於名詞前作定語的用法。

八、各各

現代漢語「各」具有指示代詞與副詞兩種用法，指示代詞「各」主要用在名詞或量詞的前面，指某一個範圍內的所有個體；副詞「各」則可以表示分別做或分別具有的意思。[75]在古漢語裡，「各」可重疊，構成「各各」重疊式。何樂士（2004）引漢樂府〈孔雀東南飛〉：「執手分道去，各各還家門」，認為「各各」一詞在古漢語當中，屬範圍副詞，用在動詞謂語前擔任狀語，「表示整體內的每個成員都做出同樣的動作行為。可譯為『各自』等。」。[76]竺家寧（2006）則認為佛經語料裡的「各各」，具有代詞的性質，並云：

73　（日）磯田熙文、古坂紘一：《瑜伽師地論・菩薩地・隨法・究竟・次第瑜伽處》（京都：法藏館，1995 年），頁 291。

74　林光明、林怡馨：《梵漢大詞典》（臺北：嘉豐出版社，2004 年），頁 430。

75　呂叔湘：《現代漢語八百詞（增訂本）》（北京：商務印書館，1999 年），頁 222-223。

76　何樂士：《古代漢語虛詞詞典》（北京：語文出版社，2004 年），頁 139。

> 佛經中「各各」出現的頻率很高。具有代詞的性質，其前總是有一個指代的主語，通常是複數的「一群人」。這是漢文佛典表現原文複數形式的手段之一。因此，「各各」總是和「諸」、「我等」搭配出現。[77]

語義上，「各各」具有「各自」或「個個，每一個」的意思。

若就《地持經》與《善戒經》當中的用例來觀察，可發現「各各」在《善戒經》中只出現了 1 次，《地持經》則有 8 次用例，顯示《善戒經》較少使用「各各」這一重疊式。詞性上，「各各」多數擔任副詞，亦可作為代詞。底下列出「各各」在《地持經》與《善戒經》中的使用情形加以討論。

(104)時諸大眾，**各各**自見入菩薩身。所往相似者，若至刹利眾，如彼色像，身量脩短音聲語言，悉與彼同。（地持經 T30n1581_p0897a26）

(105)是故十方無量世界，隨其所淨空無佛處，同行菩薩**各各**成佛。是故無量世界有無量佛。（地持經 T30n1581_p0902b07）

(106)芽莖相續乃至成熟，是名長因。種種種子**各各**自生，是名自種因。（地持經 T30n1581_p0903a25）

(107)五者怨相違，謂毒蛇鼠狼猫鼠是等蟲獸，**各各**怨害。（地持經 T30n1581_p0903b04）

---

77 竺家寧：〈《慧琳音義》與佛經中的名詞重疊現象〉，徐時儀、陳五雲、梁曉虹編：《佛經音義研究——首屆佛經音義研究國際學術研討會論文集》（上海：上海古籍出版社，2006 年），頁 85。

(108)……是名漏盡智力。如是十種智力**各各**差別。（地持經 T30n1581_p0958b18）

(109)三十二相雖復**各各**說其因緣，真因緣者，持戒精進。何以故？若不持戒能修精進，尚不得人身，況得三十二相。（善戒經 T30n1582_p1010b01）

上舉例 104-108 出自《地持經》，這些例句中的「各各」，若從句子內部結構關係切入，可以有兩種分析的方式，一是將「各各」視為代詞，擔任句中的主語，其指代的對象為前面的名詞組成分，如例 104 的結構關係，可分析為：「〔各各主〕〔自見入菩薩身謂〕」，「各各」指代「時諸大眾」。例 105 可分析為：「〔各各主〕〔成佛謂〕」，「同行菩薩」為其指代的對象。例 106 的內部結構為：「〔各各主〕〔自生謂〕」，「各各」指代「種種種子」。第二種分析方式，則是將「各各」視為句中的副詞，擔任狀語，修飾其後的謂語詞組，如例 104-106 的內部結構可分別分析為：「〔〔諸大眾主〕〔〔各各狀〕〔自見入菩薩身謂 2〕謂 1〕〕」、「〔〔同行菩薩主〕〔〔各各狀〕〔成佛謂 2〕謂 1〕〕」、「〔〔種種種子主〕〔〔各各狀〕〔自生謂 2〕謂 1〕〕」。[78]由於漢語缺乏形態變化的特點，故從表層形式來看，「各各」既可分析為代詞，亦可分析為副詞，這也是為什麼何樂士（2004）將「各各」視為範圍副詞，竺家寧（2006）卻將之視為代

[78] 三個例句中，「各各自見入菩薩身」、「各各成佛」、「各各自生」為整個句子的謂語成分，以「謂１」標示，其內部可再切分成「狀語（各各）」與被修飾的動詞組（「自見入菩薩身」、「成佛」、「自生」），以「謂２」標示。

詞的因素。

然而，若是就同經異譯的比對，以及梵漢對勘的角度作進一步的觀察，可以發現上舉例句中的「各各」，有許多應理解為範圍副詞的用法。如例 104 與例 106 在《善戒經》中的翻譯內容如下：

(110)是諸大眾各不自知來往處所。或時往至婆羅門眾，現同其像。同色同衣，形質脩短，與彼無差。音聲無別。（善戒經 T30n1582_p0971c28）

(111)子滅芽生，從芽得果，名增長因。如從子生穀，因穀生子，是名轉因。（善戒經 T30n1582_p0977a12）

對照之下，可看出《地持經》「各各自見入菩薩身」，在《善戒經》裡，譯作「各不自知來往處所」，「各各」對應的是單音節範圍副詞「各」，兩者雖然在語義上，一表肯定一表否定，但都在強調諸大眾各自的認知行為。又例 106，《地持經》「種種種子各各自生」在《善戒經》中譯作「從子生穀，因穀生子」，可知經文要表達的乃是「子」、「穀」展轉相互生息的意思，依此理解，「各各」實際上具有「展轉、相互」之意。這一語義概念，在例 107 表達得更加清楚，其經文「各各怨害」中的「各各」，已無法單純解釋為「各自」或「個個，每一個」的意思，而是具有「互相」的涵義，這也可由《瑜伽師地論》的翻譯對比得到印證：

(112)五怨敵相違，謂毒蛇、鼠、狼、猫狸、鼷鼠，**互為**怨敵惡知識等。（瑜伽師地論 T30n1579_p0501b05）

比較《瑜伽師地論》的翻譯，可以知道例 107 的「各各怨害」，是指毒蛇、鼠、狼、猫狸、鼷鼠等蟲獸之間互相傷害的意思。「各各」具有「（各自）互相」的概念。而這種「（各自）互相」義位的出現，也和對譯梵文詞語相關。如上舉例 108，梵文本作「ayam eṣāṃ daśānāṃ tathāgata-balānāṃ anyonyaṃ viśeṣaś ca = aviśeṣaś ca veditavyaḥ」，[79]其中「各各」對應梵文副詞「anyonyaṃ」。梵文「anyonya」有「相互地，輪流地」意思，「anyonyam」在佛經中則有譯作「互，相互，更互，迭互，各各互；彼此；相，更相；展轉」等詞語，[80]如玄奘譯本把整段經文譯作「當知是名如來十力，展轉相望亦有差別，亦無差別」，即是以「展轉相望」對譯梵文的「anyonyam」。[81]顯然，在受到梵文對譯的影響下，「各各」擴充了它的語義範疇。因此，就上述兩種結構分析的方式來看，把《地持經》「各各」視為副詞功能的詞語，較能涵蓋同經異譯及梵漢對勘中諸多例句所要表達的意義。

不過，「各各」作為範圍副詞的用法，一般都是位在謂語之前擔任狀語。但是在《地持經》裡，有一個例子是「各各」位於名詞之前，其例句為：

> (113)不近善友聽受正法，習不正思惟，無明等生，是名攝因。**各各**種子無明等生，是名生因。（地持經 T30n1581_

79　（日）磯田熙文、古坂紘一：《瑜伽師地論・菩薩地・隨法・究竟・次第瑜伽處》（京都：法藏館，1995 年），頁 424。

80　林光明、林怡馨：《梵漢大詞典》（臺北：嘉豐出版社，2004 年），頁 126。

81　同注 79。

p0903c07）

上舉「各各種子無明等生」，「各各」位於名詞「種子」之前擔任定語修飾語，不管是就語義或語法功能來看，都沒有辦法視為範圍副詞的用法，只能理解成指示代詞，表「個個，每一個」之意。這也顯示重疊式「各各」除了副詞功能外，同時還具有代詞的作用。

第五節　量詞重疊

位於數詞之後的量詞，是用來計算人、事、物或動作次數等等的單位詞。放在名詞前面用以修飾名詞的，稱為「名量詞」。放在動詞之後，用來修飾動詞的，則稱為「動量詞」。量詞的重疊，語義上通常也會帶有表示「每一個」的意思，如朱德熙（1982）云：

> 重疊式量詞就是單音節量詞的重疊式。……這類重疊式包含「每」的意思，「個個」就是「每一個」，「張張」就是「每一張」。[82]

在《地持經》與《善戒經》裡，量詞的重疊式，有「種種」一詞。

一、種種

現代漢語的量詞「種」，可以是「集合量詞」，也可以是「個

82 朱德熙：《語法講義》（北京：商務印書館，1982 年（據 2004 年）），頁 26。

體量詞」，[83]當作「集合量詞」時，主要用在修飾兩個以上個體組成的事物。作「個體量詞」時，則用來修飾個體的事物。單音節量詞「種」重疊之後，帶有「每一種」或「各種各樣」的意思。

重疊式「種種」，至遲在漢代已經出現，如《史記·淮南衡山列傳》：「秦皇帝大說，遣振男女三千人，資之五穀種種百工而行。」[84]在《地持經》與《善戒經》裡，「種種」也是使用次數很多的重疊詞之一，其例句如：

(114)為貪利故，作求利相。為欺彼故，無緣自說**種種**功德。（地持經 T30n1581_p0891a03）

(115)自在菩薩十方世界**種種**變現，教化眾生。（地持經 T30n1581_p0891a11）

(116)寒暑飢渴**種種**苦惱，已起未起，對治令息。息已樂知生，是名苦對治樂。（地持經 T30n1581_p0891b09）

(117)信家非家，出家學道，解脫**種種**在家之難，是名出家樂。（地持經 T30n1581_p0891b13）

(118)師子菩薩復作是言：「世尊，我亦能以**種種**方便攝持眾生。」（善戒經 T30n1582_p0960a14）

(119)寶手菩薩言：「世尊，我能施彼無量眾生**種種**諸寶。」（善戒經 T30n1582_p0960b21）

(120)菩薩如是增長智慧，不生憍慢，破壞眾生**種種**邪見。

83 呂叔湘：《現代漢語八百詞（增訂本）》（北京：商務印書館，1999年），頁 688。

84 （西漢）司馬遷：《新校史記三家注》（臺北：世界書局，1983 年），頁 3086。

（善戒經 T30n1582_p0969a10）

這些例子中的「種種」，都具有「各種各樣」或「每一種」的涵義。若就梵漢對勘的資料來看，也可明確看出佛經「種種」所表達的意思，如：

(121)隨時修習**種種**勝願，常勤精進，供養三寶。（地持經 T30n1581_p0910b18）

(122)五者眾生**種種**恐怖，師子、虎狼、王賊、水火，悉能救護。（地持經 T30n1581_p0910b29）

(123)能救眾生**種種**恐怖，所謂師子、虎狼、水火、王賊。（善戒經 T30n1582_p0983a04）

例 121 的梵文本經文作：「kālena ca kālaṃ vicitrāṇāṃ samyak-praṇidhānānāṃ triṣu ratneṣu」，[85]其中「種種」對譯梵文的「vicitrāṇāṃ」，而梵文「vicitra」具有「各種的，多樣的，不同的」等意思。[86]例 122 與例 123，是《地持經》與《善戒經》同經異譯相對應的經文，其梵文本作「vividhe bhyaś ca siṃha-vyāghra-rāja-cora = udaka = agnyādikebhyo vicitrebhyo bhaya-sthānebhyaḥ satvānām ārakṣā」，[87]「種種」對譯梵文的「vividhe」。而梵文

85 （日）羽田野伯猷：《瑜伽師地論・菩薩地・戒品》（京都：法藏館，1993 年），頁 16。

86 林光明、林怡馨：《梵漢大詞典》（臺北：嘉豐出版社，2004 年），頁 1414。

87 同注 85，頁 20。

「vividha」也有「多種類的，各式各樣的」意思。[88]比較之後，可看出曇無讖與求那跋摩都是援取漢語中與梵文意思相近同的詞語「種種」，來對譯梵文佛經的詞句。由此也可看出重疊式「種種」在當時應是一常用的詞語。不過，就該詞在兩部譯經中的使用情形來看，其統計數據如下表：

表四十八：重疊詞「種種」次數統計表

	地持經	善戒經
種種	147	56

從上表的統計，可看出曇無讖譯經在使用「種種」一詞的頻率上，是相對高於求那跋摩的。

第六節　小　結

本章分析《地持經》與《善戒經》中，重疊構詞使用的情形。若從重疊構詞基式的詞性來說，兩部譯經裡出現的重疊式，以副詞重疊的詞條數量是最多的一類，包含「漸漸」、「久久」、「時時」、「日日」、「疾疾」、「數數」、「一一」、「各各」等。其次是名詞重疊，如「口口」、「生生」、「身身」、「處處」、「事事」、「念念」等。至於形容詞重疊一類，本是先秦漢語以來，漢語內部發展較快，產生數量較多的重疊式類別，但是在《地持經》與《善戒經》裡，出現的詞條與次數，反而沒有副詞、名詞

88　同注 86，頁 1469。

類來得多。在所觀察的語料裡，僅有「大大」、「了了」而已。

另外，與漢語內部發展呈現顯著不同的，是指示代詞「彼」的重疊式用法。傳世的中土文獻裡，基本不用指示代詞「彼」的重疊式「彼彼」，[89]但是在曇無讖所譯的《地持經》裡，共出現了 14 次「彼彼」重疊式。從語義上看，「彼彼」重疊也都具有「每」的附加意義，故在譯經裡可以與「種種」產生交替的現象。這些指示代詞重疊的例子，若就梵漢對勘的比較，可明顯看出受到梵文形式的影響。與「彼彼」相同，在本章所分析的重疊式詞條裡，像是「生生」、「身身」、「處處」、「數數」、「時時」、「一一」等，也都可以從梵文本與漢譯本的對比中，發現受到梵文形式影響的痕跡。例如「時時」在中土文獻裡的用法，本是指「經常、屢次」的意思，但在佛經文獻裡，則出現了與「或時」這類表「偶爾」義相同的用法。「一一」在中土文獻裡，雖已具有「每一」的涵義，但是一般是位於謂語動詞前擔任狀語的用法，可是在佛經文獻裡，則衍生出名詞修飾語的定語功能，擴充了「一一」在句子結構所扮演的語法功能角色。凡此，都顯示出在漢語重疊式發展的過程裡，佛經翻譯所帶來的影響。

不過，就兩經重疊式的形式來看，主要都還只有 AA 式的重疊形式，而沒有雙音節重疊的 ABAB 或 AABB 等重疊式的例子。這基本也反映了在翻譯佛經時，雖然會受到來源語的影響，但同時仍有著本土語言的制約，故在重疊式的發展上，還是以當時較通用的

89 筆者根據中央研究院「古漢語文獻語料庫」進行檢索，在上古與中古漢語語料庫裡，除佛經語料以外，只有《墨子・經說下》與公孫龍子〈名實論〉有「彼彼」連文的例子，但兩例皆非重疊式用法。（網址：http://hanji.sinica.edu.tw/，檢索日期：2018 年 4 月 23 日。）

單音節重疊式 AA 式為主。

其次，就《地持經》與《善戒經》的比較來看，這些重疊式在兩部佛經中的使用情形，大抵如下表所統計的次數：

表四十九：AA 式重疊詞使用次數統計表

	重疊詞	地持經	善戒經
名詞	口口	1	0
	生生	2	0
	身身觀	5	0
	處處	2	0
	事事	0	1
	念念	9	3
代詞	彼彼	14	0
	各各（代詞）	1	0
形容詞	大大	4	0
	了了	0	16
副詞	漸漸	6	4
	久久	1	1
	時時	0	10
	日日	2	0
	疾疾	2	0
	數數	12	0
	一一	19	12
	各各（副詞）	7	1
量詞	種種	147	56
總計		234	104

根據上表的統計，可以看出《地持經》對重疊構詞的使用情形，不管是就重疊式的詞條數量，或是相同重疊式的使用次數，都明顯多於《善戒經》。例如「口口」、「生生」、「身身」、「處處」、「彼彼」、「大大」、「日日」、「疾疾」、「數數」等，都只見於《地持經》，而不出現在《善戒經》裡。相同重疊詞出現的次數，如「各各」、「一一」、「種種」、「念念」、「漸漸」等，也都是在《地持經》中，出現了較多次數的用例。這顯示出曇無讖的譯經語言中，較常運用重疊式詞語的特色。

進一步觀察部分只出現在《地持經》而不見於《善戒經》的重疊詞，其與梵文本對照的情形，反映出有些重疊詞的運用，是受到翻譯時對譯梵文的影響。例如「彼彼」、「處處」對譯梵文的「teṣu teṣu」，「生生」對譯梵文的「janmani janmani」，「數數」對譯梵文的「punaḥ punaḥ」，這些重疊詞所對應的梵文本經文，也都有同一梵文詞語重複出現的特色，而這樣的對應關係，正說明曇無讖譯經時，較多採取直譯方式的特點。

除此之外，有少數幾個只見於《善戒經》，而不出現在《地持經》裡的詞條，如「了了」與「時時」。「了了」為漢代以來，新興的口語詞，而由同經異譯與梵漢對勘的資料來看，與之對應的《地持經》譯作「如實」，兩者對譯的梵文為「yathā-bhūtaṃ」，梵文「yathā」為「如……地，似……地」之意，「bhūta」為「實有，實際發生的」意思，正好也顯示曇無讖直譯風格的特色。重疊式「時時」，《地持經》未見，與之對應的詞語，有用「有時」、「或時」，也有用副詞「常」的，反映出「時時」在《善戒經》中，既有承自古漢語「經常」之意，亦有翻譯佛經時，所產生的新義項用法。

第六章　結　論

佛經語言的研究，目的是要把佛經當中的語言現象弄清楚，如此一來，不僅可以幫助讀者閱讀佛經，同時也可以藉由語言現象的探索，掌握漢語歷史的脈動。然而，漢譯佛經畢竟是屬於翻譯語言的文獻，許多佛經當中的詞彙，在內部結構與語義概念上，都與一般傳世的中土文獻不同，因而增加了識讀佛經的難度。為了避免錯誤理解佛經詞語的意思，就必需有一些具體的研究方法，以減少誤讀的情形出現。

在佛經翻譯的歷史過程中，許多佛經往往會由不同譯者進行翻譯，形成所謂的「重譯經」或「同經異譯」。由於這類重譯經典是經由不同譯師，針對同一部佛經所進行的翻譯。透過比較兩種或兩種以上不同版本的翻譯，往往能夠較為有效的掌握佛經經文的內容。因此，利用同經異譯的比較分析，對於準確掌握佛經用語的意義或語法功能，會有較大的助益。以此探討漢語史的發展，方能得出比較可靠的推論。

然而，由於佛經中的重譯經典，通常是由時代先後的不同譯師對同一部佛經進行翻譯，因此，學術界對於重譯經的研究，多半也都是從歷時演變的角度進行觀察與探論。以此基礎分析漢語史的發展，相對也就形成偏重歷時演變而較少關注共時地域分析的結果。本書以「《菩薩地持經》與《菩薩善戒經》詞彙比較研究」作為主題，就是希望能夠擴展佛經語言研究的視角，使佛經語料除了提供漢語史歷時演變的依據以外，也能兼及地域分布的條件，觀察中古漢語南北通語在詞彙使用上的異同。在本書的第三章至第五章裡，筆者分別從「音譯詞」、「意譯詞」與「AA 式重疊詞」三方面切入分析，比較了兩部佛經翻譯詞彙的特點。在第六章裡，將綜合前面各章節的討論，總結本書的研究成果。

第一節　曇無讖與求那跋摩譯經詞彙的異同

根據筆者對《地持經》與《善戒經》「音譯詞」與「意譯詞」的分析，發現兩部佛經所使用的詞彙系統，基本上是相同的。以「音譯詞」來說，大部分出現在《地持經》裡的音譯詞，也都會在《善戒經》裡面出現，顯示兩部佛經擁有多數共同的音譯詞。少數音譯詞當中「同詞異形」的現象，在音節數相同的不同音譯詞裡，部分詞語的差別，只是文字使用不同的結果，也就是不同譯者使用了語音相同的不同漢字去對譯梵文詞語，例如「琉璃／瑠璃／流璃」、「迦旃延／迦栴延」、「尼乾／尼揵」等。其中「迦旃延／迦栴延」一組詞的對比，還有可能是版本傳抄時，因字形相近所產生的結果。

其餘漢字音值不同的音譯詞，原因則與譯師對梵文音節分析相異有關。這方面又可歸納為：「漢字對譯的音節不同」跟「語音取捨增減分析不同」兩種情形。在語音取捨增減分析不同上，有時會因為略去梵文的某些音段，因而形成不同的音譯詞；有時則是出現同一輔音分屬兩個漢字音節的情況。而在觀察的詞例裡，較為特別的，是《善戒經》同時出現了「多陀阿伽度」與「菴摩勒／阿摩勒」等以帶有塞音韻尾〔-k〕的漢字，對譯沒有〔-k〕尾的梵文。顧滿林（2005）指出這是一種增加輔音的現象，但對於形成這種現象的原因，則認為有待考察。然而，若以漢語音韻史演變的角度思考，入聲韻尾〔-p〕〔-t〕〔-k〕的消失，是漢語音韻史發展的趨勢之一，唐末詩人胡曾〈戲妻族語不正〉：「呼十卻為石，喚針將作真；忽然雲雨至，總道是天因。」[1]也已透露出在唐末時期的部分方言裡，塞音韻尾有產生弱化的情形出現。因此，這種以帶有塞音韻尾〔-k〕的漢字，對譯沒有〔-k〕尾的梵文，是否有可能是受到漢語方音的影響呢？因為就梵漢對音來說，若從梵文的角度考量，會認為是增加輔音，但若反過來從漢語的演變切入，那麼這種現象，也許正是反映出某些方言中，入聲韻尾〔-k〕已逐漸消失的結果，所以可以使用原本的入聲字去對譯沒有〔-k〕尾的梵文。

不過，由於這類音譯詞，在《地持經》與《善戒經》的對比中，數量並不多，因此這個推論仍舊只能暫時存疑，而有待進一步的研究與分析。至於「同為音譯而音節數不同」的現象，多數也是音節取捨不同，因而形成節譯與全譯的差異。有些音譯詞只見於某一部佛經的情形，則與翻譯原本或翻譯方法略譯、直譯不同有關。所以整體來說，兩部佛經在音譯詞的使用上，除了少數受到譯師翻譯風格的影響外，其餘並沒有太大的差別。

在「意譯詞」部分，雖然討論的內容著重描述了兩經各自特有詞語的差異，但這些只出現在其中一部佛經裡的意譯詞，只是整部佛經詞彙當中的少數用詞，其餘絕大多數的詞彙，實際上是相同的。並且，若從第四章所整理的「表十二：相異詞語統計表」來

---

[1] （清）聖祖：《全唐詩》（北京：中華書局，1960 年），頁 9863。

看，也顯示出只出現在《地持經》的詞語，通常也會出現在曇無讖翻譯的其他佛經裡。而只出現在《善戒經》中的用詞，多數也都可以在曇無讖翻譯的其他佛經中找到相同的用詞。這說明兩位譯師所使用的翻譯詞彙，同質性很高。所以，即使部分詞語在《地持經》與《善戒經》中有分布不均的現象，但在所翻譯的其他佛經裡，仍然是同時並用。[2]許理和（1991）曾經指出：

> 晚漢的譯經者面對著如何忠實地翻譯外國名稱、詞語的這個難題，他們明顯地動搖於兩個極端之間：一個極端是嚴格遵循原文，因而最大限度地採用音譯法，……另一個極端就是為了儘可能地便於理解而全部用意譯法，……不過這兩種極端最後都消失了，到公元 3 世紀後期，混合而成的譯經詞彙系統已經形成了，音譯和意譯在這種統一之中發揮著各自的作用。[3]

從前面幾個章節的比較，基本印證了許理和所云「混合而成的譯經詞彙系統已經形成了」這一事實，所以在曇無讖所翻譯的《地持經》與求那跋摩翻譯的《善戒經》中，才會存在著大量相同的音譯詞與意譯詞。

2　只出現在《地持經》中的大部分詞語，都沒有出現在求那跋摩所翻譯的另外兩部佛經當中，關於這一現象的解釋，可參考本書第四章第一節的說明。

3　（荷蘭）許理和（Erik Zürcher）著、顧滿林譯：〈關於初期漢譯佛經的新思考〉，四川大學漢語史研究所編《漢語史研究集刊（第四輯）》（成都：巴蜀書社，2001 年），頁 296。

不過，雖然兩經所使用的詞彙系統大體相同，但也並非完全一致。從詞語比較的分析中，還是可以發現北涼曇無讖與南宋求那跋摩譯經語言的部分差異，根據筆者的觀察，這種差異，大致上可歸納為底下幾個方面。

一、直譯與略譯

佛經的翻譯方法，有「直譯」與「略譯」的差別。所謂「直譯」，指的是依照梵文（或其他西域語言）原文逐字逐句的翻譯。至於略譯，則是只有翻譯譯者認為重要的部分，並沒有將全部原文的內容如實的翻譯出來。兩者之間，以直譯的方式較為符合原典的形式。從梵漢對比資料的分析，可以發現《地持經》與《善戒經》基本上都存在著略譯的情況，也就是對於梵文本的經文，兩部佛經在許多地方，都沒有把所有的梵文詞語一一翻譯出來。然而兩者在略譯的程度上，是有區別的。

若與梵文本的經文進行比對，求那跋摩的翻譯，在略譯的程度上，明顯較高。例如在第三章對音譯詞的討論中，造成「修多羅」使用次數相差懸殊的其中一個因素，就是求那跋摩譯經省去了對梵文「sūtram」的翻譯。又如在意譯詞的比較上，也可以發現許多意譯詞沒有出現在《善戒經》裡，是因為求那跋摩沒有譯出某些梵文詞語的原因，如第四章所舉「無餘」、「偏黨」、「殊勝」與「勝妙」等詞，都反映出這種現象。這些翻譯詞語的現象，顯示出曇無讖的翻譯與梵本經文的內容是比較接近的。反觀求那跋摩的翻譯，則與梵文本的出入較大。因此，從某種程度上來說，曇無讖的譯本是比較傾向直譯的風格，求那跋摩譯本則略譯的幅度較大。

曇無讖譯經傾向直譯的風格，也可以從構詞詞序的角度來觀察，例如本書第五章討論兩經「AA 式重疊詞」的使用情形，其中出現在《地持經》裡的「彼彼」、「處處」、「生生」、「數數」等重疊詞的使用，多少都受到了梵文「teṣu teṣu」、「janmani janmani」、「punaḥ punaḥ」等形式的影響。除此之外，在第四章討論「分齊」一詞的使用，我們曾經舉過例 259 與例 260 一組例句，現將它重錄於下：

> (01)名求者，菩薩於名名**分齊**觀，名求。如是事事**分齊**觀，事求。自性施設，自性施設**分齊**觀，自性施設求。差別施設，差別施設**分齊**觀，差別施設求。（地持經 T30n1581_p0895c20）
>
> (02)云何推名？菩薩摩訶薩唯知名名，不見名物，是名推名。云何推物？唯知是物，不知餘者，是名推物。云何推性？知名流布，是名推性。云何推分別？名不見物，物不見名，是名推分別。（善戒經 T30n1582_p0970c21）

比較兩經經文，可以發現《地持經》的「名求」、「事求」、「自性施設求」、「差別施設求」即《善戒經》的「推名」、「推物」、「推性」與「推分別」，曇無讖的翻譯是以「賓—動」結構對譯梵文，求那跋摩的翻譯則是較符合漢語的「動—賓」結構。可惜的是，這個例子沒有梵文本的經文可供對照，無法直接觀察「名求」、「事求」、「自性施設求」與「差別施設求」是否就是直接對譯梵文的結果。但是仍然可以從其他具有梵文本經文的對比中，發現類似的現象。如下面這組例句：

(03)哀愍境界有五種。一者受苦眾生，二者**惡行眾生**，三者放逸眾生，四者邪趣眾生，五者煩惱所使眾生，從地獄乃至一切**苦受**相續，是名受苦。（地持經 T30n1581_p0937c27）

(04)憐愍者有五因緣。一者受苦眾生，二者**行惡眾生**，三者放逸眾生，四者邪見眾生，五者樂煩惱眾生。**受苦**眾生者，常受苦惱乃至無有一念之樂，是名受苦。（善戒經 T30n1582_p1000b26）

上舉例 03 的「惡行眾生」即例 04 的「行惡眾生」，「惡行／行惡」在梵文本經文中作「duścarita-cāriṇaḥ」。又例 03「一切苦受相續」中的「苦受」，對應的梵文本作「duḥkhā vedanā」，[4]《善戒經》則譯作「受苦眾生者，常受苦惱……」。梵文「duścarita」當過去被動分詞時，表「惡劣的舉止，做壞事」，中性詞表「惡劣的行為，犯罪」等義。[5]梵文「cārin」則有「行動，施行」之意。[6]又梵文中性詞「duḥkha」指「痛苦，艱難，悲慘，受苦」。[7]陰性詞「vedanā」有「知覺，感受」之意，作中性詞用時，也有「體認到」的意思。[8]顯然，曇無讖翻譯成「惡行眾生」與「苦受相續」，明顯受到梵文原典的影響，求那跋摩則改以漢語常用的詞

---

4 （日）磯田熙文、古坂紘一：《瑜伽師地論・菩薩地・隨法・究竟・次第瑜伽處》（京都：法藏館，1995 年），頁 6。

5 林光明、林怡馨：《梵漢大詞典》（臺北：嘉豐出版社，2004 年），頁 416。

6 同上注，頁 315。

7 同上注，頁 405。

8 同上注，頁 1404。

序，譯為「行惡眾生」與「受苦眾生者……」。

類似的例子也見於第三章第五節中，對於半音譯半意譯詞「菩提分法」與「助菩提法」的討論，其中曇無讖所譯「菩提分法」同樣是依梵文構詞的詞序對譯的結果；求那跋摩所譯「助菩提法」，則是採用較符合漢語動賓結構的詞序來翻譯。凡此，都可說明曇無讖譯經風格具有較濃厚的直譯特色。此一直譯風格特色的延伸，是曇無讖所使用的詞語，比較容易受到梵文原典的影響，因而出現了較多只侷限在佛經文獻裡的詞彙，例如「愛語」、「五明（處）」、「開覺」等詞，就是受到這種翻譯風格影響的意譯詞。

二、承古與創新

曇無讖與求那跋摩譯經詞語另一個較為明顯的區別，在於所用以翻譯的詞彙，具有「承古」與「創新」的不同，特別是在「意譯詞」的使用上，《地持經》中所出現的「承古詞」明顯比《善戒經》來得多。

在第四章的討論中，本書將《地持經》與《善戒經》「意譯詞」對比的情形，區分為「兩經具有相應詞語」、「無明確對應詞語」與「兩經皆有而比例懸殊或義項有別」等三種類別。第一類「兩經具有相應詞語」指的是有些「意譯詞」只出現在兩部佛經當中的其中一部，但在另外一部佛經中，有與它具體相對應之詞。第二類「無明確對應詞語」則是有些只出現在其中一部佛經的詞語，在另外一部佛經裡，沒有與它相應的詞。

從經文比對的結果來看，一二兩類這種只出現在其中一部佛經的意譯詞，以《地持經》中的詞條數量較多，並且這些只見於《地持經》的詞語，有很多都是承襲自較早期的用語，例如「闕」、

「顏」、「綺語」、「施設」、「巧便」、「習近」、「無餘」、「無間」、「偏黨」、「殊勝」、「眾具」、「孤獨」、「孤煢」、「依怙」等。其承古的來源，有些來自於先秦漢語固有的舊詞，如「闕」、「顏」、「旨趣」、「巧便」、「習近」、「偏黨」、「孤獨」、「依怙」等。另有一些，則是佛經翻譯裡，古譯或舊譯時期的翻譯用詞，例如「綺語」、「殊勝」、「勝妙」、「眾具」等。反觀少部分只出現在《善戒經》裡的詞語，則多是屬於新興詞，例如「推求」、「伴侶」、「龕窟」、「楚毒」與「錯謬」等。

必需特別說明的是，《地持經》與《善戒經》在詞彙使用上，具有「承古」與「創新」的不同，並不意味著《地持經》中沒有新興詞語，或者《善戒經》沒有承古詞的存在。相反的，在《地持經》裡仍然可以見到如「剎土」等新興的翻譯詞。因為為了推廣佛經的流布，本就需要使用較多的口語新詞，如此才能被廣大民眾所接受。同時，在《善戒經》裡也仍然保留了許多的承古詞，例如「首」字在《善戒經》中還保有「身體頭部」的義位，就是沿襲古漢語的用法。因此，這種「承古」與「創新」的特色，其實是兩部佛經對相同內容翻譯時，在詞彙使用上，《善戒經》呈現出較多新詞語的運用，而《地持經》則保有較多承襲自古代用語的詞彙。

三、其他

除了上述兩種用詞上的差異以外，第四章所舉「兩經皆有而比例懸殊或義項有別」的用詞現象，還反映了《地持經》與《善戒經》所使用的部分意譯詞，詞形雖然相同，但是所具有的「義位」卻不一定完全一致。如「建立」在《地持經》裡只出現了「設法門」的義位，在《善戒經》所出現的唯一一個例子，則是表「建造」義的「築塔像」的用法。又如單音節詞「首」與「頭」，在《地持經》裡，詞義與用法基本上是分開的，都是以「首」表「首領、首要」之意，以「頭」表「身體頭部」的意思，但在《善戒經》中，除了以新興詞「頭」表「身體頭部」的涵義，部分例子中，「首」也具有早期「頭部」義的用法。單音節詞「營」同樣在兩經中反映出類似的情況，也就是《地持經》與《善戒經》的單音節詞「營」，表「經營、管理」或「謀求」義的用法基本相同，但卻只有《地持經》中出現了「幫助、救助」義位的用法。

其次，兩經共有的詞語，有時所反映出來的差異，是在於語法功能的部份，這類情況，可以「增上」及「云何」為代表。「增上」在《地持經》中，同時具有擔任名前修飾語及謂語動詞兩種用法，但在《善戒經》裡，只出現了名前修飾語的例子。「云何」則是在《地持經》裡，同時具有謂詞性及體詞性疑問代詞的功能，但在《善戒經》中則只有謂詞性的疑問代詞用法。

第二節　中古漢語的南北異同

在漢語史的研究領域裡，前輩時賢除了探索縱向的歷時演變以外，一直以來也都希望能夠尋找出古代漢語中所存在的方言異同現象。一如現代漢語方言可區分為官話、吳語、贛語、湘語、客語、粵語及閩語等，古代漢語在不同地域之間，也應該存在著不同的方言。然而，傳世文獻裡，除了西漢揚雄的《方言》明確記錄了漢代的方言語料，以及西晉郭璞替《爾雅》、《方言》作注時，保留了部分的方言詞彙以外，真正有關實際方言記錄的文獻資料，可以說是少之又少。由於文獻不足的緣故，因而使得方言發展在詞彙歷史的探究上，難以得到真正的開展。

以漢語中古時期而言，陸法言〈切韻序〉提及「吳楚則時傷輕淺，燕趙則多傷重濁；秦隴則去聲為入，梁益則平聲似去」、「江東取韻，與河北復殊」[9]，這段話明確指出當時南北地域之間，語言存在差異的事實。但是〈序〉中所云南北地域之間的語言差異，指的應該是以「通語、雅言」為主的南北差異，並非如同今日漢語各大方言的區別。也因此顏之推、蕭該等才會「論南北是非，古今通塞」，試圖整合南北語言的異同。然而當時的南北雅言，差異的程度究竟有多大？這也是從事漢語史研究的學者，試圖想要探索的議題之一。

從詞彙的角度分析，王東（2008）、王東、羅明月（2006）、汪維輝（2007）、李麗（2011）等，分別從中土文獻中，能夠代表南北地域差異的語料進行考察，梳理出可能反映南北方言不同的詞彙。但是從他們研究的成果來看，所得到能夠代表南北不同方言詞的詞語並沒有想像中多。另外，周玟慧（2012）從漢語雙音組合的構詞現象切入，想要從系統性的構詞分析，探討南北通語之間的不同，所得出的結論，也是漢語中古時期的南北異同具有「大同小異」的特點，她說：

> 發現中古詞彙重要特色為每個同義聚合中雙音組合的樣式非常豐富，以及在南北朝時期南北兩大通語大同小異的現象。

9　（宋）陳彭年等：《校正宋本廣韻》（臺北：藝文印書館，2012 年），頁 12-13。

> 此外並藉由比較南北常用詞更替現象，發現南北小異之中，南方文人較常使用新詞入文；而北方相對保守。[10]

本書從佛經語料「同經異譯」的研究視角切入，分析具有南北地域分布差異的兩部翻譯佛經，整體所呈現出來的詞彙差別，也沒有預期中來得多。根據本書第四章的詞彙分析，在所觀察的文獻資料裡，可能具有地域特色的詞語，只有「龕窟」、「等比」、「殊勝」、「楚毒」等，呈現出南北分布上較為明顯的差別。其餘的詞條對比，則比較多是呈現新舊語詞之間的關聯。這或許也說明了文獻資料所反映出來的漢語中古時期南北差異，就是「大同」與「小異」。筆者認為主要是因為目前能夠據以分析中古漢語地域方言差異的材料，都只能借由傳世的書面語料進行研究。然而傳世的書面語料，往往都是以當時流通範圍較廣的通語進行書寫，即使是較能反映口語的佛經文獻，背後所用以書寫的語言，也多是當時通行的雅言。如《高僧傳》對於諸譯師傳記的記載，在曇無讖的傳記中云：

> 河西王沮渠蒙遜僭據涼土，自稱為王，聞讖名，呼與相見，接待甚厚。蒙遜素奉大法，志在弘通，欲請出經本，讖以未參土言，又傳傳譯，恐言舛於理，不許即翻，於是學語三年，方譯寫〈初分〉十卷。[11]

---

10 周玟慧：《中古漢語詞彙特色管窺》（臺北：萬卷樓圖書股份有限公司，2012 年），頁 161。

11 （南朝梁）釋慧皎：《高僧傳》（北京：中華書局，1992 年（2004 年重印）），頁 77。

「讖以未參土言」所指的「土言」應非方言俗語的概念，而是指前文「僭據涼土」的「涼土之言」。又如〈晉廬山僧伽提婆〉傳記中云：

> 僧伽提婆，此言眾天，或云提和，音訛故也。本姓瞿曇氏，罽賓人。……後山東清平，提婆乃與冀州沙門法和俱適洛陽。四五年間，研講前經，居華稍積，博明漢語，方知先所出經，多有乖失。……以晉太元（公元三七六至三九六年）中，請出《阿毘曇心》及《三法度》等。提婆乃於般若臺手執梵文，口宣晉語，去華存實，務盡義本，今之所傳，蓋其文也。[12]

僧伽提婆以晉太元中翻譯《阿毘曇心》等經，因此後文云「口宣晉語」。再如〈宋京師中興寺求那跋陀羅〉傳記云：

> 初住祇洹寺，俄而，太祖延請，深加崇敬。……譙王欲請講華嚴等經，而跋陀自忖，未善宋言，有懷愧歎，即旦夕禮懺，請觀世音，乞求冥應。……豁然便覺，心神悅懌。旦起，道義皆備領宋言，於是就講。[13]

求那跋陀羅於南朝宋時進入漢土，因而《高僧傳》對他的描述為「未善宋言」與「道義皆備領宋言」。上述三段《高僧傳》對於曇

---

12 同上注，頁 37-38。

13 同上注，頁 131-132。

無讖、僧伽提婆與求那跋陀羅的記載，顯示當這些國外的譯師進入中國之後，所接觸與學習的，就是當時通行的通語，之所以傳記中區別為「（涼）土言」、「晉語」與「宋言」，則是受到史傳體裁的影響。

由於古代能夠行諸書面，得以流傳於後世的文獻，往往是憑藉南北通行的雅言進行書寫，就連反映較多口語現象的佛經語料，這些譯師在翻譯時，也都是以當時的通語進行翻譯，而不是利用某一特定的方言作為翻譯的基底語言。因此，反映在文獻語料上，很自然地就會呈現出南北差異不大的結果。因為畢竟是兼及各地域之間能夠流通的語言，若差異太大，則無法溝通，也就失去其作為通語的功用，而這就是南北通語「大同」的語言基礎。

不過，雖是通語，也必定存在著細微的差異，一如現在施行於中國大陸的普通話，與通用於臺灣的國語，在溝通上是沒有問題的，但是在某些詞彙用語方面，也確實存在著隔閡。這正是南北雅言之間的「小異」。而南北通語間的「小異」，若從佛經文獻來看，藉由同經異譯的詞彙對比分析，所呈現出來的差異性，就在於「承古」與「創新」的不同。這與周玟慧（2012）從雙音構詞及詞彙替換的角度觀察，指出「南方文人較常使用新詞入文，北方相對保守」的結論大體一致。且這一特色，早在一千多年前，顏之推在《顏氏家訓》中提及「南方水土和柔，其音清舉而切詣，失在浮淺，其辭多鄙俗。北方山川深厚，其音沈濁而鈋鈍，得其質直，其辭多古語。」[14]已經為我們作出了明確的記錄與說明了。

---

[14] 王利器：《顏氏家訓集解》（北京：中華書局，1996 年），頁 529-530。

第三節　未來展望

本書探討《地持經》與《善戒經》翻譯詞彙的異同，除了藉以觀察曇無讖與求那跋摩在譯經語言風格上的差異外，也希望藉由兩部佛經分屬南北譯場的特點，找尋能夠反映地域特色的詞語。初步研究所得，雖然能夠具體反映南北用語的詞彙並不多，但大體仍能呈現南、北雅言「承古」與「創新」的差別。而在具體分析兩經詞彙差異時，如何判定詞語的地域特徵，是從事這方面研究過程中最感困難之處，因為《地持經》與《善戒經》雖然具有分屬南北地域的性質，但由於是透過翻譯的文本，中間難免會有譯者個人風格的因素摻雜在內。並且從曇無讖與求那跋摩所翻譯的其他佛經來說，能夠作為參照語料的佛經數量也不相同。例如求那跋摩的譯經，較為確定的《四分比丘尼羯磨法》與《優婆塞五戒相經》，兩經合計也只有 1 萬 6 千餘字，這對作為比較的數據來說，數量是偏少的。所以在分析的過程中，筆者也經常感到證據不夠充份的研究侷限。因此，如何從重譯經之中，發掘更多能夠反映南北差異的文獻語料，以之作為進一步比較分析的依據，將是這方面的研究，未來需要進一步深入開展的方向。

對此，筆者另外根據王文顏（1993）「佛典重譯經考錄」的研究成果，篩選出具有南北地域分布特色的重譯經典。不過，由於「佛典重譯經考錄」中所列的佛經，有許多其實是存在著譯者有誤或具有疑義的失譯經。因此，我們也參照了小野玄妙《佛教經典總論》及呂澂〈新編漢文大藏經目錄〉的考證，將重譯經考錄中，譯者署名有誤或有疑義的失譯經典汰除，所得到的佛經大致如下表所列：

編號	北方		南方	
	經名	譯者	經名	譯者
01	維摩詰所說經三卷	姚秦鳩摩羅什(A.D.406，新編：0165)	維摩詰經二卷	吳支謙(A.D.222-A.D.252，新編：0164)
02	龍施菩薩本起經一卷	西晉竺法護(A.D.266-A.D.307，新編：0203)	龍施女經一卷	吳支謙(A.D.222-A.D.252，新編：0202)
03	阿惟越致遮經三卷	西晉竺法護(A.D.284，新編：0141，四卷)	廣博嚴淨不退轉輪經四卷	劉宋智嚴共寶雲(A.D.427，新編：0143)
04	入楞伽經十卷	元魏菩提流支(A.D.513，新編：0074)	楞伽阿跋多羅寶經四卷	劉宋求那跋陀羅(A.D.443，新編：0073)
05	如來莊嚴智慧光明入一切佛境界經二卷	元魏曇摩流支(A.D.501，新編：0352，元魏曇摩流支譯……先作菩提留支譯〔經〕。)	度一切諸佛境界智嚴經一卷	梁僧伽婆羅(新編：0353，梁曼陀羅仙共僧伽婆羅譯。)
06	攝大乘論釋十卷	隋達摩笈多(A.D.609，新編：0979)	攝大乘論釋十五卷	陳真諦(A.D.563，新編：0978)
07	長阿含經之五：小緣經	姚秦佛陀耶舍(A.D.413，新編：0539)	中阿含經之一五四：婆羅婆堂經	東晉僧伽提婆(A.D.397-8，新編：0465)
08	長阿含經之六：轉輪聖王修行經	姚秦佛陀耶舍(A.D.413，新編：0539)	中阿含經之七十：轉輪王經	東晉僧伽提婆(A.D.397-8，新編：0465)
09	長阿含經之七：弊宿經	姚秦佛陀耶舍(A.D.413，新編：0539)	中阿含經之七十一：蜱肆經	東晉僧伽提婆(A.D.397-8，新編：0465)
10	長阿含經之八：散陀那經	姚秦佛陀耶舍(A.D.413，新編：0539)	中阿含經之一零四：優曇婆邏經	東晉僧伽提婆(A.D.397-8，新編：0465)

11	長阿含經之十三：大緣方便經	姚秦佛陀耶舍(A.D.413，新編：0539)	中阿含經之九十七：大因經	東晉僧伽提婆(A.D.397-8，新編：0465)
12	長阿含經之十四：釋提桓因問經	姚秦佛陀耶舍(A.D.413，新編：0539)	中阿含經之一三四：釋問經	東晉僧伽提婆(A.D.397-8，新編：0465)
	雜寶藏經之七十三：帝釋問事緣	元魏吉迦夜共曇曜(A.D.472，新編：0882)		
13	長阿含經之十九：大會經	姚秦佛陀耶舍(A.D.413，新編：0539)	雜阿含經之一一九二	劉宋求那跋陀羅(新編：0425)
14	長阿含經之二：遊行經	姚秦佛陀耶舍共竺佛念(A.D.413，新編：0539)	中阿含經之六十八：大善見王經	東晉僧伽提婆(A.D.397-8，新編：0465)

表中所列具有南北分布差異的佛經，除了吳支謙譯《維摩詰經》與姚秦鳩摩羅什譯《維摩詰所說經》；西晉竺法護譯《阿惟越致遮經》與劉宋智嚴共寶雲譯《廣博嚴淨不退轉輪經》在時代上差距較遠外，其餘佛經，在年代上都是比較接近的，而這些重譯經典，都將是本研究未來可進一步深入探索、比對的語料來源。

參考書目

一、傳統文獻[1]

周・左丘明傳、晉・杜預注、唐・孔穎達正義：《十三經注疏・春秋左傳正義》，北京：北京大學出版社，1999 年。

戰國・尸佼：《尸子》，臺北：藝文印書館，1966 年，百部叢書集成影印湖海樓叢書本。

西漢・毛亨傳、東漢・鄭玄箋：《毛詩鄭箋》，臺北：臺灣中華書局，1983 年。

西漢・毛亨傳、東漢・鄭玄箋、唐・孔穎達疏：《十三經注疏・毛詩正義》，北京：北京大學出版社，1999 年。

西漢・孔安國傳、唐・孔穎達疏：《十三經注疏・尚書正義》，北京：北京大學出版社，1999 年。

西漢・司馬遷：《新校史記三家注》，臺北：世界書局，1983 年。

西漢・河上公注：《老子河上公注》，大安出版社編輯部：《老子四種》，臺北：大安出版社，1999 年。

西漢・揚雄撰、宋・司馬光集注：《太玄集注》，北京：中華書局，1998 年。

西漢・劉向：《戰國策》，臺北：里仁書局，1990 年。

東漢・班固撰、唐・顏師古注：《新校漢書集注》，臺北：世界書局，1974 年。

東漢・荀悅：《漢紀》，臺北：臺灣商務印書館，1968 年。

1 按時代先後排列，時代之下按作者姓氏筆畫由少至多排列。

東漢・高誘注：《呂氏春秋》，臺北：藝文印書館，1959 年。

東漢・許慎撰、清・段玉裁注：《說文解字注》，臺北：洪葉文化，1999 年。

東漢・劉珍等：《東觀漢記》，臺北：藝文印書館，1970 年，百部叢書集成影印聚珍版叢書本。

魏・王弼注、唐・孔穎達疏：《周易正義》，臺北：廣文書局，1972 年。

晉・袁宏：《後漢紀》，臺北：臺灣商務印書館，1971 年。

晉・張華撰、范寧校證：《博物志校證》，臺北：明文書局，1981 年。

晉・郭璞注、宋・邢昺疏：《十三經注疏・爾雅注疏》，北京：北京大學出版社，1999 年。

晉・葛洪撰、清・孫星衍校正：《抱朴子》，臺北：世界書局，1955 年。

南朝宋・范曄撰、唐・李賢等注：《後漢書》，北京：中華書局，1965 年（1987 年重印）。

南朝梁・沈約：《新校本宋書附索引》，臺北：鼎文書局，1987 年。

南朝梁・皇侃：《論語義疏》，北京：中華書局，2013 年。

南朝梁・劉勰：《文心雕龍註（增訂本）》，臺北：明倫出版社，1970 年。

南朝梁・釋僧祐：《出三藏記集》，北京：中華書局，2003 年。

南朝梁・釋慧皎：《高僧傳》，北京：中華書局，2004 年。

南朝陳・徐陵編、清・吳兆宜注：《玉臺新詠箋注》，北京：中華書局，1985 年（1999 年重印）。

南朝陳・顧野王：《玉篇》，臺北：國立中央圖書館，1982 年。

北涼・曇無讖譯、劉宋・求那跋摩羅譯：《菩薩地持善戒經會譯（上、下）》，臺北：新文豐出版公司，1983 年。

北魏・楊衒之著、楊勇校箋：《洛陽伽藍記校箋》，北京：中華書局，2006 年（2008 年重印）。

北魏・酈道元撰、陳橋驛校證：《水經注校證》，北京：中華書局，2007 年。

北齊・魏收：《魏書》，臺北：藝文印書館，1956 年。

唐・尹知章注、清・戴望校正：《管子校正》，臺北：世界書局，1958 年。

唐・李善：《文選》，臺北：藝文印書館，2003 年。

唐・李延壽：《新校本南史附索引》，臺北：鼎文書局，1985 年。
唐・釋道宣：《廣弘明集》，臺北：臺灣中華書局，1965 年。
唐・釋慧琳、遼・釋希麟：《正續一切經音義附索引兩種》（一）～（五），上海：上海古籍出版社，1988 年。
宋・丁度等：《集韻》，臺北：臺灣中華書局，1965 年。
宋・洪興祖：《楚辭補註》，臺北：藝文印書館，2000 年。
宋・陳彭年等：《校正宋本廣韻》，臺北：藝文印書館，1998 年。
宋・趙彥衛：《雲麓漫鈔》，北京：中華書局，1996 年。
遼・釋行均：《龍龕手鏡（高麗本）》，北京：中華書局，2006 年。
明・黃暉：《論衡校釋》，北京：中華書局，1990 年（2006 年重印）。
清・王先謙：《荀子集解》，北京：中華書局，1988 年（1997 年重印）。
清・王念孫：《廣雅疏證（附索引）》，北京：中華書局，1983 年（2004 年重印）。
清・孫詒讓：《墨子閒詁》，臺北：驚聲文物供應公司印行，1970 年。
清・郭慶藩：《莊子集釋》，北京：中華書局，1961 年（1997 年重印）。
清・焦循：《孟子正義》，北京：中華書局，1987 年（1998 年重印）。
清・聖祖：《全唐詩》，北京：中華書局，1960 年。
王利器：《顏氏家訓集解（增補本）》，北京：中華書局，1993 年（1996 年重印）。
（日）羽田野伯猷：《瑜伽師地論・菩薩地・戒品》，京都：法藏館，1993 年。
何寧：《淮南子集釋》，北京：中華書局，1998 年。
徐元誥：《國語集解》，北京：中華書局，2002 年。
徐震堮：《世說新語校箋》，臺北：文史哲出版社，1989 年。
陳啟天：《增訂韓非子校釋》，臺北：臺灣商務印書館，1992 年。
傅紹傑：《吳子今註今譯》，臺北：臺灣商務印書館，1976 年。
楊伯峻：《春秋左傳注》，臺北：漢京文化事業有限公司，1987 年。
潘重規：《敦煌變文集新書》，臺北：文津出版社，1994 年。
（日）磯田熙文、古坂紘一：《瑜伽師地論・菩薩地・隨法・究竟・次第瑜伽處》，京都：法藏館，1995 年。

二、近人論著[2]

（一）專著

丁福保：《佛學大辭典》，臺北：新文豐出版公司，2008 年。

丁福保、何子培：《最新實用佛學辭典》，臺北：新文豐出版公司，1977 年。

小野玄妙著、楊白衣譯：《佛教經典總論》，臺北：新文豐出版公司，1983 年。

王　力：《漢語史稿》，北京：中華書局，2004 年。

王文顏：《佛典漢譯之研究》，臺北：天華出版公司，1984 年。

王文顏：《佛典重譯經研究與考錄》，臺北：文史哲出版社，1993 年。

方一新：《中古近代漢語詞彙學（上編）》，北京：商務印書館，2010 年。

方一新、高列過：《東漢疑偽佛經的語言學考辨研究》，北京：人民出版社，2012 年。

（日）太田辰夫著、江藍生、白維國譯：《漢語史通考》，重慶：重慶出版社，1988 年（1991 年）。

（日）平川彰：《佛教漢梵大辭典》，東京：靈友會，1997 年。

印　順：《印度佛教思想史》，新竹：正聞出版社，1988 年（2009 年重印）。

石　鋟：《漢語形容詞重疊形式的歷史發展》，北京：商務印書館，2010 年。

朱德熙：《語法講義》，北京：商務印書館，1982 年（2004 年重印）。

朱慶之：《佛典與中古漢語詞彙研究》，臺北：文津出版社，1992 年。

（日）宇井伯壽著、印海法師譯：《瑜伽論研究》，臺北：嚴寬祜基金會，2003 年。

呂　澂：《印度佛學源流略講》，《呂澂佛學論著選集》第 4 卷，濟南：齊魯書社，1991 年（1996 年重印）。

呂叔湘：《現代漢語八百詞（增訂本）》，北京：商務印書館，1999 年。

2 按姓氏筆畫由少至多排列。

李　煒：《早期漢譯佛經的來源與翻譯方法初探》，北京：中華書局，2011 年。

李　麗：《《魏書》《北史》異文語言比較研究》，成都：巴蜀書社，2011 年。

李素英：《中古漢語語氣副詞研究》，濟南：山東大學出版社，2013 年。

李維琦：《佛經詞語彙釋》，長沙：湖南師範大學出版社，2004 年。

汪維輝：《東漢－隋常用詞演變研究》，南京：南京大學出版社，2000 年。

（日）志村良治著、江藍生、白維國譯：《中國中世語法史研究》，北京：中華書局，1995 年。

（日）辛嶋靜志：《道行般若經詞典》，臺北：法鼓佛教學院 http://www.ddbc.edu.tw，2012 年。

（日）辛嶋靜志著，裘雲青、吳蔚琳譯：《佛典語言及傳承》，上海：中西書局，2016 年。

（日）佐藤達玄著、釋見憨、鍾修三、歐先足、林正昭譯：《戒律在中國佛教的發展（下冊）》，嘉義：香光書鄉出版社，1997 年。

何樂士：《古代漢語虛詞詞典》，北京：語文出版社，2004 年。

林光明、林怡馨：《梵漢大詞典》，臺北：嘉豐出版社，2004 年。

竺家寧：《佛經語言初探》，臺北：橡樹林文化出版，2005 年。

竺家寧：《漢語語法之旅》，臺北：洪葉文化，2018 年。

周生亞：《《搜神記》語言研究》，北京：中國人民大學出版社，2007 年。

周玟慧：《中古漢語詞彙特色管窺》，臺北：萬卷樓圖書股份有限公司，2012 年。

柳士鎮：《魏晉南北朝歷史語法》，南京：南京大學出版社，1992 年。

俞理明：《佛經文獻語言》，成都：巴蜀書社，1993 年。

胡敕瑞：《《論衡》與東漢佛典詞語比較研究》，成都：巴蜀書社，2002 年。

高育花：《中古漢語副詞研究》，合肥：黃山書社，2007 年。

（日）高橋晃一著、李鳳媚譯：《從〈菩薩地・真實義品〉到〈攝決擇分・菩薩地〉的思想發展：以 vastu 概念為中心》，高雄：彌勒講堂，2011 年。

梁曉虹：《佛教詞語的構造與漢語詞彙的發展》，北京：北京語言學院出版社，1994 年。

梁曉虹、徐時儀、陳五雲：《佛經音義與漢語詞彙研究》，北京：商務印書館，2005 年。

湯用彤：《漢魏兩晉南北朝佛教史》，臺北：臺灣商務印書館，1938 年（1998 年重印）。

遇笑容：《《撰集百緣經》語法研究》，北京：商務印書館，2010 年。

聖嚴法師：《戒律學綱要》，臺北：法鼓文化，1999 年。

聖嚴法師：《菩薩戒指要》，臺北：法鼓文化，1999 年。

董志翹、蔡鏡浩：《中古虛詞語法例釋》，長春：吉林教育出版社，1994 年。

漢語大字典編輯委員會：《漢語大字典》，武漢：湖北辭書出版社、四川辭書出版社，1986 年。

漢語大詞典編輯委員會：《漢語大詞典》，上海：漢語大詞典出版社，1989 年。

劉保金：《中國佛典通論》，石家莊：河北教育出版社，1997 年。

劉開驊：《中古漢語疑問句研究》，哈爾濱：黑龍江人民出版社，2008 年。

蔣紹愚：《古漢語詞彙綱要》，北京：商務印書館，2005 年。

魏培泉：《漢魏六朝稱代詞研究》（《語言暨語言學》專刊甲種之六），臺北：中央研究院語言學研究所，2004 年。

釋惠敏、釋齋因：《梵語初階》，臺北：法鼓文化，1996 年。

釋惠敏：《戒律與禪法》，臺北：法鼓文化，1999 年。

（二）期刊論文

丁邦新：〈重建漢語中古音系的一些想法〉，《中國語文》第 6 期，1995 年，頁 414-419。

王　東：〈「隅／角」歷時替換小考〉，《延安大學學報（社會科學版）》第 4 期，2005 年，頁 105-109。

王　東：〈南北朝時期南北詞語差異研究芻議〉，《長江學術》第 3 期，2008 年，頁 109-112。

王東、羅明月：〈南北朝時期的南北方言詞〉，《中南大學學報（社會科學版）》第4期，2006年，頁512-516。

王允亮：〈《水經注》與南方文獻研究〉，《中國文學研究》第 3 期，2010年，頁37-42。

王玥雯：〈三部《維摩詰經》疑問詞比較研究〉，《長江學術》第 3 期，2006年，頁170-173。

平川彰：〈大乘戒之研究〉，佐藤密雄等著、印海法師譯《四分戒律與大乘戒之研究》，臺北：嚴寬祜基金會，2003年，頁387-494。

石毓智：〈中古時期名詞重疊式的發展及其影響〉，《漢語史學報》第 3 輯，2003年，頁201-210。

江傲霜：〈從《維摩詰經》管窺同經異譯在詞彙發展中的重要地位〉，《上饒師範學院學報》第2期，2006年，頁94-97。

江傲霜：〈同經異譯的《維摩詰經》及其對漢語詞彙發展的貢獻〉，《海南大學學報（人文社會科學版）》第2期，2007年，頁192-197。

朱冠明：〈漢譯佛典語法研究述要〉，蔣紹愚、胡敕瑞主編《漢譯佛典語法研究論集》（北京：商務印書館，2013年），頁1-45。

朱慶之：〈梵漢《法華經》中的「偈」「頌」和「偈頌」（一）〉，四川大學漢語史研究所編《漢語史研究集刊（第三輯）》，成都：巴蜀書社，2001年，頁176-192。

朱慶之：〈梵漢《法華經》中的「偈」「頌」和「偈頌」（二）〉，四川大學漢語史研究所編《漢語史研究集刊（第四輯）》，成都：巴蜀書社，2001年，頁328-344。

呂　澂：〈瑜伽菩薩戒本羯磨講要〉，《呂澂佛學論著選集（卷二）》，濟南：齊魯書社，1991年（據1996年），頁1005-1035。

李　麗：〈南北朝時期漢語常用詞南北差異管窺〉，《湛江師範學院學報》第4期，2011年，頁130-133。

李　麗：〈南北朝時期漢語詞彙的南北差異研究——以《魏書》、《宋書》任職語義場的比較為例〉，《西南交通大學學報（社會科學版）》第 4 期，2012年，頁15-20（下轉92）。

李建生：〈兩部《維摩詰經》「云何」歷時研究〉，《湖北廣播電視大學學報》第 2 期，2008 年，頁 93-94。

（日）辛嶋靜志：〈《道行般若經》和「異譯」的對比研究——《道行般若經》與異譯及梵本對比研究〉，《漢語史研究集刊（第四輯）》，成都：巴蜀書社，2001 年，頁 313-327。

（日）辛嶋靜志：〈《道行般若經》和「異譯」的對比研究——《道行般若經》中的難詞〉，朱慶之編《佛教漢語研究》，北京：商務印書館，2009 年，頁 319-320。（原載《漢語史研究集刊》第五輯，成都：巴蜀書社，2002 年）。

（日）辛嶋靜志：〈利用「翻版」研究中古漢語演變：以《道行般若經》「異譯」與《九色鹿經》為例〉，《中正大學中文學術年刊》第 2 期，2011 年，頁 165-188。

汪維輝：〈論詞的時代性和地域性〉，《語言研究》第 2 期，2006 年，頁 85-90。

汪維輝：〈漢語常用詞演變研究的若干問題〉，《南開語言學刊》第 1 期，2007 年，頁 88-94。

汪維輝：〈六世紀漢語詞彙的南北差異——以《齊民要術》與《周氏冥通記》為例〉，《中國語文》第 2 期，2007 年，頁 175-184。

竺家寧：〈佛經語言研究綜述——詞彙篇〉，《佛教圖書館館刊》第 44 期，2006 年，頁 66-86。

竺家寧：〈《慧琳音義》與佛經中的名詞重疊現象〉，徐時儀、陳五雲、梁曉虹編：《佛經音義研究——首屆佛經音義研究國際學術研討會論文集》，上海：上海古籍出版社，2006 年，頁 83-108。

竺家寧：〈佛經語言研究綜述——詞義的研究〉，《佛教圖書館館刊》第 45 期，2007 年，頁 60-76。

竺家寧：〈佛經語言研究綜述——語法的研究〉，《佛教圖書館館刊》第 50 期，2009 年，頁 40-57。

周玟慧：〈南言北語——《宋書》與《魏書》同義並列結構比較研究〉，《東海大學文學院學報》第 7 期，2010 年，頁 113-127。

周玟慧：〈南言北語——《史記》《宋書》《魏書》「馳」「驅」相關雙音組合比較研究〉，《歷史語言學研究（第五輯）》（北京：商務印書館，2012 年），頁 35-47。
周祖謨：〈切韻的性質和它的音系基礎〉，《問學集》（臺北：河洛圖書出版社，1979 年），頁 434-473。
孟昭連：〈漢譯佛經語體的形成〉，《中南民族大學學報（人文社會科學版）》第 2 期，2009 年，頁 155-161。
林崇安：〈從〈菩薩地〉來看菩薩道〉，「弘善佛教」，網址：http://www.liaotuo.org/fjrw/jsrw/lca/63992.html，2014 年。
胡敕瑞：〈《道行般若經》與其漢文異譯的互校〉，《漢語史學報（第四輯）》，上海：上海教育出版社，2004 年，頁 127-146。
胡敕瑞：〈略論漢文佛典異譯在漢語詞彙研究上的價值——以「小品般若」漢文異譯為例〉，《古漢語研究》第 3 期，2004 年，頁 80-85。
胡敕瑞：〈中古漢語語料鑒別述要〉，《漢語史學報（第五輯）》，上海：上海教育出版社，2005 年，頁 270-279。
胡敕瑞：〈漢譯佛典所反映的漢魏時期的文言與白話——兼論中古漢語口語語料的鑒定〉，馮勝利主編《漢語書面語的歷史與現狀》，北京：北京大學出版社，2013 年，頁 157-180。
胡湘榮：〈從鳩摩羅什的佛經重譯本與原譯譯本的對比看系詞「是」的發展〉，朱慶之編《佛教漢語研究》，北京：商務印書館，2009 年，頁 336-347。（原載《湖南師範大學學報》第 3 期，1993 年。）
胡湘榮：〈鳩摩羅什同支謙、竺法護譯經中語詞的比較〉，《古漢語研究》第 2 期，1994 年，頁 75-79（下轉頁 21）。
胡湘榮：〈鳩摩羅什同支謙、竺法護譯經中語詞的比較（續）〉，《古漢語研究》第 3 期，1994 年，頁 82-86。
高列過：〈中古同經異譯佛典語言研究概述〉，《貴州師範大學學報（社會科學版）》第 6 期，2013 年，頁 143-148。
高婉瑜：〈論《阿彌陀經》漢文異譯本的詞彙與篇章風格〉，《淡江中文學報》第 21 期，2009 年，頁 89-118。
柴紅梅：〈《菩薩戒本》複音詞概況〉，《語文學刊》第 9 期，2011 年，頁 55-57。
梁啟超：〈翻譯文學與佛典〉，《佛學研究十八篇》，上海：上海古籍出版社，2001 年，頁 165-201。
梁曉虹：〈漢魏六朝譯經對漢語詞彙雙音化的影響〉，《佛教與漢語詞彙》，臺北：佛光文化事業有限公司，2001 年，頁 465-488。
陳文杰：〈同經異譯語言研究價值新探〉，《古漢語研究》第 1 期，2008 年，頁 82-87。
陳祥明：〈略論異譯經在佛典校勘方面的作用——以《起世經》及其異譯為例〉，《泰山學院學報》第 1 期，2007 年，頁 75-79。
陳祥明：〈從異譯經看中古部分語法現象的歷時層次〉，《岱宗學刊》第 3 期，2007 年，頁 28-29。
陳祥明：〈異譯經在漢語詞彙語法研究上的作用〉，《泰山學院學報》第 1 期，2008 年，頁 71-75。
陳源源：〈同經異譯佛經人名管窺——以《法華經》異譯三經為例〉，《西南交通大學學報（社會科學版）》第 3 期，2008 年，頁 22-26。
（荷蘭）許理和（Erik Zürcher）著、顧滿林譯：〈關於初期漢譯佛經的新思考〉，四川大學漢語史研究所編《漢語史研究集刊（第四輯）》，成都：巴蜀書社，2001 年，頁 286-312。
張海媚：〈表「處所」的「許」的地域色彩〉，《嘉興學院學報》第 5 期，2008 年，頁 107-111。
程曉朝：〈《修行本起經》與其異譯本《過去現在因果經》詞語比較舉隅〉，《遵義師範學院學報》第 5 期，2012 年，頁 46-49。
曾昱夫：〈論《齊民要術》中「許」字的語法功能與演變〉，《淡江中文學報》第 26 期，2012 年，頁 118-143。
曾昱夫：〈說何等，云何說——論「云何」體詞性主語用法的來源與演變〉，《東吳中文學報》第 34 期，2017 年，頁 357-378。
董　琨：〈「同經異譯」與佛經語言特點管窺〉，《中國語文》第 6 期，2002 年，頁 559-566。
遇笑容、曹廣順：〈也從語言上看《六度集經》與《舊雜譬喻經》的譯者問題〉，《古漢語研究》第 2 期，1998 年，頁 4-7。
廖桂蘭：〈翻譯與創作：邁向佛經翻譯問題的省思〉，《中國文哲研究通訊》第二十二卷第 1 期，2012 年，頁 87-104。

鄭阿財：〈敦煌疑偽經的語言問題——以《普賢菩薩說證明經》為例〉，《敦煌吐魯番研究》，第 8 卷，2005 年，頁 267-285。

劉海平：〈五、六世紀處所介詞詞組南北差異〉，《語文學刊》第 10 期，2011 年，頁 45-46（下轉頁 58）。

劉祥清：〈音譯漢化與音譯詞在漢語中的規範與接受〉，《湖南科技大學學報（社會科學版）》第 1 期，2016 年，頁 129-133。

盧巧琴：〈論同經異譯的語言學價值——以《無量清靜平等覺經》等三部異譯經為例〉，《中南大學學報（社會科學版）》第 1 期，2008 年，頁 137-142。

蕭　紅：〈六世紀漢語第一、第二人稱代詞的南北差異——以《齊民要術》和《周氏冥通記》為例〉，《長江學術》第 4 期，2010 年，頁 96-101。

錢群英：〈佛教戒律文獻釋詞〉，《語言研究》第 2 期，2004 年，頁 107-108。

羅素珍：〈語氣詞「邪（耶）」在南北朝的發展〉，《文教資料》第 7 期，2007 年，頁 172-174。

羅素珍、何亞南：〈南北朝時期語氣詞「耳」、「乎」的南北差異〉，《合肥師範學院學報》第 1 期，2009 年，頁 38-43（下轉頁 48）。

釋聖嚴：〈從三聚淨戒論菩薩戒的時空效應〉，《中華佛學學報》第 6 期，1993 年，頁 1-30。

顧滿林：〈試論東漢佛經翻譯不同譯者對音譯或意譯的偏好〉，四川大學漢語史研究所編《漢語史研究集刊（第五輯）》，成都：巴蜀書社，2002 年，頁 379-390。

顧滿林：〈東漢譯經中半音譯半意譯的外來詞簡析〉，四川大學漢語史研究所編《漢語史研究集刊（第六輯）》，成都：巴蜀書社，2003 年，頁 319-327。

顧滿林：〈東漢佛經音譯詞的同詞異形現象〉，四川大學漢語史研究所編《漢語史研究集刊（第八輯）》，成都：巴蜀書社，2005 年，頁 328-329。

Chen Shu-fen, “A Study of Sanskrit Loanwords in Chinese.” The Tsing Hua Journal of Chinese Studies, New Series 30.3 (Sep. 2000):375-426.

（三）學位論文

丁喜霞：《中古常用並列雙音詞的成詞和演變研究》，杭州：浙江大學中國古典文獻學博士學位論文，2004 年。

汪　禕：《中古同經異譯佛典詞彙比較研究——以竺法護和鳩摩羅什譯經為例》，南京：南京師範大學漢語言文字學碩士學位論文，2005 年 4 月。

李　麗：《《魏書》詞彙研究》，南京：南京師範大學漢語言文字學博士學位論文，2006 年。

何運敏：《《六度集經》同經異譯研究》，長沙：湖南師範大學漢語言文字學碩士學位論文，2007 年。

周玟慧：《從中古音方言層重探《切韻》性質——《切韻》、《玄應音義》、《慧琳音義》的比較研究》，臺北：臺灣大學中國文學研究所博士論文，2004 年。

周碧香：《《祖堂集》句法研究——以六項句式為主》，嘉義：中正大學中國文學研究所博士論文，2000 年。

季　琴：《三國支謙譯經詞彙研究》，杭州：浙江大學漢語言文字學博士學位論文，2004 年。

胡　曉：《《菩薩地持經》同經異譯詞彙研究》，杭州：浙江大學漢語言文字學碩士學位論文，2016 年。

倪小蘭：《《無量壽經》同經異譯研究》，杭州：浙江大學漢語言文字學碩士學位論文，2009 年。

張泰源：《漢語動貌體系研究》，臺北：臺灣大學中國文學研究所博士論文，1993 年。

曾憲武：《《菩薩念佛三昧經》同經異譯詞彙研究》，杭州：浙江大學漢語言文字學碩士學位論文，2011 年。

馮延舉：《北涼曇無讖譯經詞彙研究》，廣州：暨南大學漢語言文字學碩士學位論文，2008 年。

楊如雪：《支謙與鳩摩羅什譯經疑問句研究》，臺北：臺灣師範大學國文研究所博士論文，1998 年。
鄒偉林：《《普曜經》詞彙研究》，長沙：湖南師範大學漢語言文字學碩士學位論文，2006 年。
熊 娟：《中古同經異譯佛典詞彙研究——以《梵天所問經》異譯三經為例》，杭州：浙江大學漢語言文字學碩士學位論文，2007 年。
劉美琴：《初期瑜伽行派於佛陀觀的發展——以《瑜伽師地論・菩薩地・菩提品》為中心之考察》，臺南：成功大學中國文學研究所在職專班碩士論文，2006 年。
盧巧琴：《東漢魏晉南北朝譯經語料整理研究》，杭州：浙江大學漢語言文字學博士學位論文，2009 年。
顏洽茂：《魏晉南北朝佛經詞彙研究》，佛光山文教基金會總編輯《《法藏文庫》中國佛教學術論典碩博士學位論文》，高雄：佛光山文教基金會出版，2001 年。

（四）電子資源

中央研究院：漢籍電子文獻—古漢語語料庫，網址：http://hanji.sinica.edu.tw/。
中央研究院：「漢字古今音資料庫」，網址：http://xiaoxue.iis.sinica.edu.tw/ccr#。
中華電子佛典協會：「CBETA 電子佛典集成」，臺北：中華佛典電子協會，2008 年。
佛光山宗委會：「佛光山電子大藏經」，網址：http://etext.fgs.org.tw/search02.aspx。

國家圖書館出版品預行編目資料

《菩薩地持經》與《菩薩善戒經》詞彙比較研究

曾昱夫著. – 初版. – 臺北市：臺灣學生，2019.01
面；公分

ISBN 978-957-15-1784-1 (平裝)

1. 佛經 2. 詞彙 3. 比較研究

221.01 107020466

《菩薩地持經》與《菩薩善戒經》詞彙比較研究

著 作 者 曾昱夫
出 版 者 臺灣學生書局有限公司
發 行 人 楊雲龍
發 行 所 臺灣學生書局有限公司
地 址 臺北市和平東路一段 75 巷 11 號
劃撥帳號 00024668
電 話 (02)23928185
傳 眞 (02)23928105
E-mail student.book@msa.hinet.net
網 址 www.studentbook.com.tw
登記證字號 行政院新聞局局版北市業字第玖捌壹號
定 價 新臺幣五〇〇元
出版日期 二〇一九年一月初版
ISBN 978-957-15-1784-1

22101